U0820667

2022 年哈尔滨市社科联学术著作出版资助项目

城乡融合视域下推进乡村“未来社区”建设研究

赵永艳　著

哈尔滨工程大学出版社
Harbin Engineering University Press

内容简介

随着城市化进程的加快，城乡差距日益扩大，同时城市化进程也给乡村发展带来了机遇和挑战。在城乡融合的视域下，乡村“未来社区”建设是推进乡村振兴的有效途径之一。本书以乡村“未来社区”建设为主要研究内容，提出乡村“未来社区”建设要在城乡融合的大背景下进行，秉承城市化的理念，创造新的发展模式，通过城市的精神与乡村的生态做新的社区规划，在注重保护乡村特有的生态、人文和历史文化资源的同时，更好地利用现代化技术和理念，提高乡村社区的服务水平。

图书在版编目(CIP)数据

城乡融合视域下推进乡村“未来社区”建设研究/赵永艳著. —哈尔滨:哈尔滨工程大学出版社,2023.4

ISBN 978-7-5661-3864-4

Ⅰ.①城… Ⅱ.①赵… Ⅲ.①农村社区-社区建设-研究-中国 Ⅳ.①D669.3

中国国家版本馆 CIP 数据核字(2023)第 048786 号

城乡融合视域下推进乡村“未来社区”建设研究
CHENGXIANG RONGHE SHIYU XIA TUIJIN XIANGCUN “WEILAI SHEQU ” JIANSHE YANJIU

选题策划 邹德萍
责任编辑 张　曦
封面设计 李海波

出版发行 哈尔滨工程大学出版社
社　　址 哈尔滨市南岗区南通大街 145 号
邮政编码 150001
发行电话 0451-82519328
传　　真 0451-82519699
经　　销 新华书店
印　　刷 哈尔滨理想印刷有限公司
开　　本 787 mm×960 mm　1/16
印　　张 16.25
字　　数 340 千字
版　　次 2023 年 4 月第 1 版
印　　次 2023 年 4 月第 1 次印刷
定　　价 88.00 元
http://www.hrbeupress.com
E-mail:heupress@hrbeu.edu.cn

前　言

在乡村振兴战略背景和共同富裕愿景的指引下，如何加强乡村建设、缩小城乡发展差距、促进城乡融合已成为社会各界关注的焦点。中国作为“后发现代化国家”，曾一度深陷城乡二元社会结构泥沼，城乡融合一度是社会发展中一个遥不可及的梦想。我国的城乡融合是在改革开放之后，面对现代信息技术革命和飞速发展的社会环境，在新技术条件和新社会背景下发生的。现代网络信息技术、人工智能技术和新能源技术等的出现和发展，奠定了城乡融合发展的技术基础，使得城乡融合呈现新的社会形态和发展趋向。在新技术和新社会背景加持下，中国赶超式的发展，逐渐填平了城乡之间存在的鸿沟，中国社会城乡发展进入具有历史意义的融合发展的新阶段。

城乡融合发展是乡村未来社区建设发展重要的社会背景和基础条件。党的十九大提出实施乡村振兴战略，正式拉开了乡村振兴的大幕。以“工农互促、城乡互补、全面融合、共同繁荣”为典型特征的，代表新型城乡关系的“城乡融合”理念也随之提出。2019 年 5 月印发的《中共中央 国务院关于建立健全城乡融合发展体制机制和政策体系的意见》从城乡要素合理配置、城乡基本公共服务普惠共享、城乡基础设施一体化发展、乡村经济多元化发展、农民收入持续增长五方面提出了建立健全城乡融合发展体制机制和政策体系的意见。在城乡融合发展体制机制逐步建立健全的大背景下，乡村社区对于城市信息、文化的需求以及城市生活品质的向往，使得乡村成为实践城乡融合发展的典型区域，城乡融合发展已成为一种大势所趋，也是新时代乡村未来社区建设的重要社会背景。因此，城乡融合发展是奠定乡村未来社区建设的重要基础条件。

乡村未来社区是中国城乡融合发展的一种新趋向，是在新的技术条件和社会背景下发生的。

值得注意的是，这一城乡融合的发展新趋向恰好与浙江省嘉兴市的未来乡村、未来社区建设相结合，依托于新技术的支撑和经济快速发展，使新时代中国城乡融合发展呈现新动态。党的十九届五中全会明确指出，要健全城乡融合发展机制，推动城乡要素平等交换、双向流动，增强网络信息技术、人工智能、能源技术等新技术的出现，为城乡融合的推进提供了最为直接的技术支持，使得新近发生的城乡融合呈现新的社会形态和发展趋向。尤其是作为城乡融合的先导，中国的长三角区域当下正在开展的乡村未来社区建设，为各种新技术功能的施展提供了真实的社会依托和凭借，极大地推动了城乡要素的平等交换和双向流动，形成了具有创新意义的城乡融合平台及运作模式，揭开了新时代中国城乡融合的新序幕。

“未来社区”作为一个新生概念，关于其具体的内涵学界观点不一。2019 年，浙江省政府下发《浙江省未来社区建设试点工作方案》，全面启动未来社区建设，明确了未来社区的概念，即聚焦“人本化、生态化、数字化”三维价值坐标，以和睦共治、绿色集约、智慧共享为内涵特征，以美好生活为中心，全面构建以未来邻里、教育、健康、创业、建筑、交通、低碳、服务和治理等九大场景创新为重点的新型社区集成系统，打造有归属感、舒适感和未来感的新型城市功能单元。从这一概念可以看出，文件中提出的未来社区实际是以城市为对象和目标的。而关于乡村未来社区的概念，浙江省衢州市在规划设计中指出，“乡村未来社区是一种以面向未来为特征、以可持续发展为导向、以为居民提供高品质生活为中心的新型乡村社区形态”，其建设目的是基于乡村振兴的需求，通过产业导入和治理创新，实现农村新型社群重构，切实破解人才、土地要素制约等问题。

对比城市未来社区和乡村未来社区的概念与发展目标，可以发现二者在价值坐标、场景营造方面存在一定重合，但不同的是，乡村版未来社区建设相较于城市版未来社区建设，更突出乡村社区特色，包括乡村特有的乡音、乡情、乡文、乡俗、乡景等，同时更加强调人与自然的融合共生。也正因如此，乡村未来社区建设不会照搬城市未来社区建设的经验，而会在充分考虑乡村自身发展情况的基础上，走自己的特色发展路径。乡村未来社区与过去的乡村改造升级实践也不相同，其最显著的特点是更加关注村民的生产生活，关注“人”本身，主要目标是以“人”为核心搭建乡村多元生活场景。

政府主导及政策支持、居民等利益相关者参与行为、科学的社区规划、先进技术的应用、社区文化建设、便民基础设施建设以及产业发展水平等都是影响乡村未来社区建设的重要因素，基于此，本书从乡村社区建设、乡村社区治理与创新、乡村公共服务设计、乡村社区规划建设、乡村社区文化与教育建设和乡村社区养老建设几方面论述探讨了乡村社区的未来发展。

著 者

2022 年 12 月

目　录

第一章　绪　论

第一节　社区与未来社区

一、社区

1887 年,德国社会学家腾尼斯出版了《社区与社会》一书。滕尼斯认为,社区是由“自然意志”如本能、习惯和记忆等推动形成的,基于血缘、地缘和文化传统而形成的“共同体”(community);而社会则是由“理性意志”所推动形成的,是基于利益和契约为核心而形成的共同体。在后续的大量的社区研究中,“社区”这一概念逐渐丰富,逐渐扩展。一般认为,社区是人们具有归属感和认同感的地域性生活共同体。社区概念的区域范围可大可小,既可以把一座城市看作社区,也可以把一个居住单元理解为社区。

社区作为社会有机体最基本的内容,是宏观社会的缩影。欧洲工业革命以后,城市化进程的推进导致农村人口大量转变为城市人口,并呈现一种社会意识——“社区”。随着时代发展和研究深入,社区的内涵从原有血缘和地缘的社会集群丰富为“共同体思想”“地域性”“功能性”等多要素。英国社会学家安布罗斯·金构着眼于物质、社会、心理三个分析尺度,认为社区是一群拥有共存感、认同感和归属感的居民生活在有明确界限的地理区域内,在日常生活中有一定的沟通和交流。20 世纪 30 年代初,“community”一词由我国社会学者费孝通引入国内。

社区的概念自提出以来,随着社会变迁和学科发展,其内涵不断丰富,综合而言具有功能性特征和地域性特征两种。即社区是一群具有共同利益和信念的人在共同参与或组织生活的过程中形成的群体,并生活在一定的区域范围内。总体而言,我国大部分研究者对社区的理解是:社区是由居住在某一地方的人们组成的多种社会关系和社会群体,从事多种社会活动所构成的区域生活共同体。

二、乡村社区

乡村是最早形成的居民聚居地，一般以一定地理区域为范围，其概念与城市相对应，一般指城市建成区以外的广大地域。我国的乡村主要有自然村与行政村两种类型，自然村常常是家族聚居形成的，而行政村则是我国行政区划的最小单位，一般会设村民委员会作为乡村管理机构。

德国社会学家腾尼斯首先对“社区”进行了概念界定，腾尼斯认为社区是一种有机的社会联合体，一般是基于亲缘关系结合而成的。20世纪30年代，社会学家费孝通首次将“社区”的概念引入我国，随后国内关于社区建设的各类研究也逐渐兴起。对于社区，我国一般将其分为城市社区、城镇社区、乡村社区三类。

一般而言，乡村社区是以血缘、地缘为基础联系起来的，可以说乡村社区是一个熟人社会。正因如此，乡村社区成员会具有与生俱来的归属感，社区内部也会有较强的凝聚力。王少博在总结了学界关于乡村社区概念研究的基础上，提出乡村社区是居住在一定乡村地域范围内的农户、企业、地方政府等主体在农业生产区形成的具有制度、文化和意识的社会共同体。相较于传统的乡村，乡村社区更加强调居住功能和社会组织体系，所以它是组织更简单、更独立、更完整的系统单元。

三、乡村未来社区

“未来社区”是一个非常新的概念，有着复杂而丰富的内涵。2019年，浙江省政府下发《浙江省未来社区建设试点工作方案》，明确了未来社区的概念，即聚焦“人本化、生态化、数字化”三维价值坐标，以和睦共治、绿色集约、智慧共享为内涵特征，以美好生活为中心，全面构建以未来邻里、教育、健康、创业、建筑、交通、低碳、服务和治理等九大场景创新为重点的新型社区集成系统，打造有归属感、舒适感和未来感的新型城市功能单元。从这一概念可以看出，文件中提出的未来社区实际是以城市为对象和目标的。

而关于乡村未来社区的概念，衢州市在乡村未来社区规划设计中指出，“乡村未来社区是一种以面向未来为特征、以可持续发展为导向、以为居民提供高品质生活为中心的新型乡村社区形态”，其建设目的是基于乡村振兴的需求，通过产业导入和治理创新，实现农村新型社群重构，切实破解人才、土地要素制约等问题。基于乡村未来社区的建设目标，衢州市下辖的各个县（市、区）围绕不同类型，分别创建试点，衢州市乡村未来社区试点，坚持立足衢州市乡村特色，聚焦“人本化、田园化、科技化、融合化"价值坐标,营造未来文化、生态、建筑、服务、交通、产业、数字、治理及精神九大场景,突出乡村高品质生活,致力于打造现代化、国际化的新型乡村社区样本,实现居民生产生活与自然和谐共生、高度融合。

对比城市未来社区和乡村未来社区的概念和发展目标,可以发现二者在价值坐标、场景营造方面都存在一定重合,但不同的是乡村版未来社区相较于城市版未来社区建设,更突出乡村社区特色,包括乡村特有的乡音、乡情、乡文、乡俗、乡景等,同时更加强调人与自然的融合共生。也正因如此,乡村未来社区建设不会照搬城市未来社区建设的经验,而会在充分考虑乡村自身发展情况的基础上,走自己的特色发展路径。乡村未来社区与过去的乡村改造升级实践也不相同,其最显著的特点是更加关注村民的生产生活,关注"人"本身,主要目标是以"人"为核心搭建乡村多元生活场景。

第二节 未来社区建设相关学科理论基础

第二次世界大战后,一些西方国家的大城市中心产业和人口呈现移居郊区的趋势。原来繁华的中心区环境开始恶化,房屋和公共设施损坏、就业压力倍增、经济萧条等问题开始出现。为缓解这些不断出现并加剧的城市问题,西方国家开始了城市更新运动。社区作为城市更新的基本单元,借鉴可持续发展、社会冲突与自治、韧性和健康方面等理论在城市规划中的运用经验,逐渐丰富、更新社区研究的理论体系。

一、社区可持续发展理论

20 世纪中叶,人们在城市化带来的经济增长所形成的环境压力下,开始怀疑"增长=发展"的理念,国际社会开始反思和探寻经济、社会与环境协调发展之路。"可持续发展"的概念,是在 1987 年世界环境与发展委员会撰写的《我们共同的未来》这份报告中提出来的,并以"可持续发展"为主题对全球所担忧的环境和生存发展问题展开了描述。自此,可持续发展的理念开始出现,内容涉及自然、环境、社会、经济、科技、政治等诸多方面。此后,城市可持续发展理论将研究范围限定在城市当中,其复杂性和实际性更具研究的必要性。

当前,乡村社区已转变为城市和社区更新的主要对象,因为乡村社区在城市的发展进程中已演变为城市问题和矛盾的最集中地区。社区更新作为城市更新的基础单元,仅关注建造设计、规划建设等技术层面已不能满足当下社区更新的任务需求,迫切需要探究社区可持续发展的指标体系。因此,社区更新与改造逐渐突破传统的拆毁重建的粗放模式,进而转向可持续发展、以人为本、城市建设与自然有机结合的更新策略。

二、社区公众参与自治理论

19 世纪末期,处于工业化和都市化初期的英国出现贫富差距过大、社会矛盾尖锐等问题,为应对这些社会问题,英国开展"睦邻组织运动",又称为社会公社运动,倡导通过共同参与和居民自建的方式进行社区更新。社区公社运动在社区发展层面引导人们关注基层社区的建设,聚焦处理社会问题,社区层面的改造为社会治理弊病、和谐稳定地向前发展提供了启示。

在经济、政治体制不断改革的背景下,人们的社会生活结构发生变化,社区成为城市的重要社会组织方式,其建设也成为社会和谐的基础。我国现代社区建设和治理离不开各利益相关者的共同参与。然而,社区的和谐不仅需要政府、开发商等主体的参与,更离不开社区居民,通过发挥社区居民的潜力和自身能动性,帮助促进社区资源优化,以创造良好的社区环境并构建积极和谐的社区氛围。

现代社区建设与治理工作仍在许多方面秉承了"社区睦邻运动"的做法:二者都是以特定的社区为对象开展工作,以社区为依托,寻求解决社会问题的方法;二者在工作者的参与程度方面是基本相同的,工作者都生活在社区内,与工作对象一起工作,既是组织者,又是实际工作者;二者都尽量利用社区内的资源,虽然也争取外界专家、学者的参与帮助,但更多的是依靠工作者自身和本社区的力量解决问题。

三、社会冲突理论

社会冲突理论起源于马克思的社会冲突思想,经过不断继承与创新,到了 20 世纪 60 年代,社会冲突理论的发展逐渐走向完善。总体而言,社会冲突理论是从社会现实中存在的不同社会冲突中总结出的一套理论和方法,表现为反对结构功能主义的观点,强调以社会生活存在的冲突性来解释社会的变迁,是一种基本的社会过程形式。

社区作为社会的微观组织单元,贫富差距、社区难以形成共识、社会不平等、社会冲突等现象在社区中层出不穷,对社区更新的稳定性发展产生不利影响。为此,从社会冲突理论视角解决社区更新和发展中存在的问题主要从以下几个方面进行:首先,为应对社区群体贫富分化以及社区意识难以形成的困境,采取划分行政单元的社区模式,形成“分区治理”的形式;其次,为解决社区中存在的个体化或破碎化导致社区整合能力下降的问题,通过创建社区自治组织、制定社区规章制度等有效组织和管理手段提升社区的整合性;最后,社区组织化和公众参与机制还未完善,居民的利益诉求不能得到有效体现,尤其在社区更新过程中,居民参与或表达机制不健全是社区治理中存在的较为突出的问题。因此,从社会冲突的角度看,解决社区与居民、居民与居民、社区组织与居民,以及社区更新与社区治理之间存在的冲突和问题显得至关重要。

四、韧性社区理论

“韧性(resilience)”一词最早起源于物理学,是用来描述材料恢复形变能力的专业术语。到了20世纪中后期,西方心理学开始广泛使用“韧性”来描述人们遭受精神创伤后的恢复情况。随后,“韧性”被逐渐应用于社区和社会系统相关的领域中,经过西方学者们进一步丰富和总结,“社区韧性”被描述为系统、社区或社会在面对外界的损失和破坏时,具备抵御、吸收、适应以及迅速恢复的能力。在与城市相关研究的结合中,韧性理论包括“韧性社区”“韧性城市”等。

面对重大突发事件,例如疫情、自然灾害等状况,社区作为基层组织将发挥不可替代的作用。“韧性社区”能够维持社区结构的稳定,并使得社区在面对紧急状态时能够恢复社会、经济和环境等方面正常运转的能力,涉及社会、生态、经济、文化等多维度的内容,通过增强社区自组织能力、社区空间组织、服务体系构建、科技创新等措施和手段追求社区发展的动态平衡,并且制定近期、中期和远期的全面抵御未知灾害与紧急事件的救助机制。“韧性社区”理论对于社区建立疫情防护救治管理体系、提升社区自组织能力等方面具有现实意义。

未来社区不是建造单一的建筑或建筑群体,更多的是规划社区,给人们一个更加集约、便捷的生活环境,是在继低碳社区、智慧社区之后一个更加高性能配套服务的未来社区场景,低碳及智慧社区为未来社区提供了诸多经验。对规划区域以更为开阔的眼光来审视,用超前眼光结合先进技术,用整合、综合性的行动解决城乡问题。其设计规划要考虑到百姓生活所需,要面面俱到、科学布局,围绕“人本化,智能化,可持续性”,为百姓提供美好生活蓝图。

第三节 未来社区建设的典型案例

未来社区是2019年浙江省继特色小镇后提出的又一概念。不同于特色小镇的产业导向，未来社区从生活导向入手，是浙江省城市化高质量发展的新产品、新业态、新模式、新技术，是浙江省社区发展“去房地产化”的路径创新，是推进中国房地产制度变革的思想新设计。

浙江省未来社区建设自2019年3月启动至今，共包括了试点阶段的第一、第二批及全面推广阶段的第一批，共三批总计150个项目。在未来社区的政策路径下，其试点项目类型经历了一个从大类到细分的过程。在2019年3月浙江省政府印发的《浙江省未来社区建设试点工作方案》中，未来社区的试点项目被分为规划新建类、改造更新类两大创建类型。在后续的试点申报工作通知中，新增了全域类创建类型，而改造更新类也依据更新方式，衍生出全拆重建、拆改结合、整合提升三大创建类型。在2021年3月浙江省发改委与省住建厅印发的《关于开展2021年度未来社区创建的通知》中，明确了规划新建类、全拆重建类、整合提升类、拆改结合类和全域类五大未来社区创建类型，并在同年5月印发的第三批即全面推广阶段的第一批未来社区创建名单中得以运用。

一、规划新建类——星浦未来社区

舟山市岱山星浦未来社区位于舟山市岱山经济开发区所辖范围内。项目规划单元102.68公顷①，实施单元用地总面积28.78公顷。项目于2020年3月启动，计划于2021年12月开工，于2023年12月竣工，预计回迁人口和引入人才总人数达到8 283人。

规划新建类作为未来社区试点申报伊始即存在的编制类型，主要依托浙江省重大发展平台，优先在人口集聚潜力大、公共交通便捷、地上地下空间复合开发禀赋好的城市发展核心区中创建。因其新建优势，可依据2021年浙江省未来社区创建评价指标体系，充分响应约束性指标要求，因地制宜落实引导性指标要求，系统性地打造“三化九场景”。规划重点与难度在于如何立足投资建设运营一体化，全方位探索新文化、新技术、新业态、新模式的创新与应用，从而打造未来生活方式变

① 公顷，公制地积单位，1公顷=0.01平方千米。

革的美好家园示范标杆。该类型下,中国电建集团华东勘测设计研究院有限公司(以下简称"华东院")参与编制的舟山市岱山星浦未来社区属于全面推广的第一批未来社区,其在特色场景的打造上具有一定代表性,并为浙江省探索产城融合提供了新路径,为探索产业型公园城市提供了新手法,为探索县城未来社区营造提供了集成创新的"试验田"。

二、全拆重建类——绍兴市上虞鸿雁未来社区

绍兴市上虞鸿雁未来社区位于绍兴市上虞曹娥江南岸,是上虞滨江新城的重要组成部分。项目规划单元用地面积 163.6 公顷,实施单元用地面积 20.7 公顷,现状为建于 20 世纪 80 年代的乡村小区。项目于 2019 年 5 月启动,于 2019 年 12 月开工建设,2022 年 8 月竣工,同年 10 月前交付。预计回迁安置人数 2 042 人,人才引进 4 168 人。

全拆重建类在试点阶段第一、二批申报中归类于改造更新类,主要针对 20 世纪 70 至 90 年代的乡村小区,综合考虑政策处理难度小、居民意愿高、改造需求强等因素选择试点。在全面推广的第一批中单独成类后主要针对 2000 年以前建成的、存在较大安全隐患的住宅小区开展创建。同规划新建类相似,其可依据未来社区创建评价指标体系系统性打造"三化九场景",实现"一次改到位",且需要在规划时考虑其方案特色和建设运营一体化的相关支持。

该类型下,华东院参与编制的绍兴市上虞鸿雁未来社区作为试点阶段第一批创建的未来社区,是浙江省未来社区建设系统性理论指导下践行"去房产化"理念的首个样板,也是首批唯一一个实行"数字赋能、文化铸魂、基层治理"三位一体建设的未来社区试点项目。其率先应用未来社区城市信息模型(city information modeling,CIM)平台助力全过程建设,并得到成功实践,具有一定的代表意义。

三、整合提升类——杭州市良渚文化村未来社区

杭州市良渚文化村未来社区位于杭州市余杭区良渚街道,北靠良渚文化遗址保护区,南接良渚新城,是浙江省首批特色小镇"梦栖小镇"的核心组成部分。项目规划单元范围总面积约 140 公顷,实施单元范围总面积约 34 公顷,现状为各类居住空间和公共空间建设已相对成熟。项目于 2021 年 4 月启动申报,同年 6 月完成实施方案编制及审批,2022 年 2 月启动实施,同年 5 月完成测试优化及完工验收。预计回迁人口和引入人才总人数达到 12 000 人。

整合提升类在试点阶段第一、二批申报中归类于改造更新类，在全面推广的第一批试点中单独成类，主要是对整体建筑质量与环境品质较好，但离"美好家园"要求还有差距的存量社区开展创建。要求以数字化、智慧化改造和"补短板"式"三化九场景"功能嵌入为主，根据社区现状特点，整合社区现有运营资源，增补优质社区公共服务配套资源，酌情实施社区环境和硬件设施的改造提升。根据创建要求，整合提升类的保留部分应全面满足数字化场景应用要求；对于邻里、教育、健康、创业、服务、治理六大软场景，应完全响应约束性指标，并鼓励因地制宜地积极响应引导性指标；对于建筑、低碳、交通三大硬场景，可根据实际情况对部分约束性指标进行调整，力求将现状条件进行正向提升。

该类型下，华东院参与编制的杭州市良渚文化村未来社区为典型案例。作为隶属全面推广阶段的第一批创建未来社区，良渚社区在前二十年的实践中已成长为一个让世界感知中国、感知浙江、感知杭州的重要窗口。通过引入未来社区概念，系统打造"三化九场景"，良渚社区将是"生活、生产、生态"三生融合、"德治、自治、法治"三治融合的未来社区善治样本。

四、拆改结合类——杭州市江干采荷荷花塘未来社区

拆改结合类在试点阶段第一、二批申报中归类于改造更新类，在全面推广的第一批中单独成类，主要针对存在质量安全隐患的乡村小区与建筑环境品质较好的住宅小区混杂的社区开展创建。需统筹协调保留与拆建区域，实施城镇乡村社区改造与片区联动城市有机更新相结合，系统性开展"三化九场景"功能与业态植入。保留部分参考"整合提升类"方式，拆建部分参考"全拆重建类"方式，并通过统一的线上未来社区智慧服务平台，叠加邻里中心和公共服务空间等线下设施，将旧改、新建区域整合于一体，实现线上线下服务设施全社区普惠共享，构建较完备的社区生活圈。

该类型下，华东院参与编制的杭州市江干采荷荷花塘未来社区具有一定代表性。采荷社区是全面推广阶段第一批创建的未来社区，地处杭州市江干区西南角，连接杭州市中心城区和钱江新城。项目规划单元用地面积约 159.46 公顷，实施单元用地面积约 35.92 公顷。在"拥江发展"的背景下，采荷社区依托毗邻钱江新城的区位优势，立足解决群众需求与民生问题，争创"拆改结合类"未来社区样板，以"海塘文化"为内在精神纽带、"智创采荷"为主线，聚焦社区原住民与创意新移民两类群体，以"智慧社区""文教社区"和"共享社区"为三大价值主线，打造"宜居乐

业”的理想型未来社区、“产城融合”的杭州市文化生活新标杆。

五、全域类——杭州市城西科创大走廊全域未来社区

杭州市城西科创大走廊全域未来社区的规划研究范围约 3.9 公顷，共涉及 3 个区、17 个镇和街道、172 个社区和 385 个现状居住小区。城西科创大走廊全域未来社区拥有“高能级创新平台集聚”“高品质生活需求强劲”“高水平未来产业引领”和“高颜值生态文化本底”四大基础优势。其建设依据“1236”总体思路，以“人民美好生活向往”为中心，围绕“展示中国特色社会主义制度优越性”和“创新策源地能级提升”2 大目标，集成“人本价值链、创新产业链、生活供应链”3 链，实现“社交生动、知识生长、文化生根、创业生机、居住生趣、运营生春”6 大创造性张力。

全域类未来社区的创建是浙江省委领导在赴城西科创大走廊专题调研新策源地建设时提出的，该类型首次出现在第二批未来社区试点名单上，并于全面推广第一批时正式提出。全域类未来社区主要是在条件成熟且相对独立的城市区域或主要平台范围内，以全域响应未来社区建设理念、标准和模式来开展未来社区创建。规划要求系统制定未来社区创建中长期规划和实施计划，滚动实施、整体推进包含整合提升、全拆重建、拆改结合、规划新建等多类别创建项目群建设。

该类型下，华东院参与编制的杭州市城西科创大走廊全域未来社区是浙江省的首个全域类未来社区。其对于打造“重要窗口”标志性成果、提升大走廊创新策源地能级、推动“人产城”融合发展有重要的意义，也为浙江省城镇未来社区和乡村未来社区的进一步发展奠定了基础，加快推动了未来社区从试点创建向全域推广跃升。

参 考 文 献

[1] 庞艳华. 城乡融合视野下的新型农村旅游社区建设研究[J]. 农业经济,2019(9):48-50.

[2] 孟庆华,李家彤,刘志刚. 乡村公共文化建设中的“在地文化”创新路径研究[J]. 文化产业,2021(13):70-71.

[3] 潘欣寒,张玉彬. 诸城市列入首批山东省城乡融合发展试验区[J]. 城乡建设,2020(17):23,53.

[4] 王中华. 加快党建引领社区服务体系建设,不断提升城乡社区服务效能[J]. 乡镇论坛,2022(4):1.

第二章　城乡融合视域下的乡村社区建设

第一节　城乡融合视域下乡村社区建设问题与对策研究

在我国经济社会快速发展的过程中，乡村社会建设相对滞后，公共服务资源匮乏的问题日益凸显，农民在解决温饱、基本实现小康之后，对居住条件和生产、生活环境提出了更高的要求。应这一要求，近年来，我国大力开展新型乡村社区建设，其目的就是要满足乡村居民的需要，逐步打破城乡二元结构，让他们共享经济发展、社会进步所带来的物质和精神文明成果。目前，我国新型乡村社区建设方兴未艾，取得了很大成绩，但实事求是地讲，还存在不少问题。如何解决这些问题、促进新型乡村社区建设健康发展，是当前我国"新乡村建设"和"新型城镇化理论研究"的重要课题之一。

目前，全国各地都在积极开展新型乡村社区建设，黑龙江省作为全国农业大省，在城镇化引领"三化"（城镇化、工业化、农业现代化）协调发展思想的指导下迅速行动，广泛开展了新型乡村社区建设。但是，由于国内外可以参考和借鉴的成功案例还比较少，新型乡村社区建设虽然取得了很好的成绩，但仍然存在一些问题。为深入了解这些问题，笔者对黑龙江省哈尔滨市的新型乡村社区建设进行了实地调研，对发现的问题及其原因进行了分析，并针对发现的问题提出了相应的对策。期望这一研究能为我国新型乡村社区建设及新乡村建设提供一些参考意见。

随着我国新型乡村社区建设的开展，有关的理论研究也渐次展开，并取得了一定成果。但总的来讲，到目前为止，有关新型乡村社区建设的研究还不够深入、不够系统，仍有待深化。本书从实际出发，对这一课题进行较为深入的研究，将有助于拓展和丰富我国新型乡村社区建设的理论研究，进而充实和完善社会主义新乡村建设的理论研究成果。

从实践上讲，对新型乡村社区建设这一课题进行研究有助于推动乡村社会经济发展,有助于社会主义新乡村建设目标的实现。本书对新型乡村社区建设存在的问题及原因进行分析,有助于全面把握我国尤其是黑龙江省的新型乡村社区建设状况;所提出的对策,可以为新型乡村社区建设提供有价值的参考,从而推动我国新型乡村社区建设和社会主义新乡村建设。

一、新型乡村社区建设存在的问题及原因

目前,各地积极探索村庄合并模式,积极推进新型乡村社区建设。新型乡村社区建设已成为推进城乡一体化的切入点、统筹城乡发展的结合点、促进乡村发展的增长点。从各地实践来看,新型乡村社区建设在节约集约用地、改善乡村环境、提高农民生产生活水平方面取得了明显成效。但毋庸讳言,由于多方面原因,新型乡村社区建设还存在一些亟待解决的问题,值得我们高度重视。

1. 新型乡村社区建设存在的主要问题

新型乡村社区建设的目的是要提高广大人民群众的物质生活水平和文明程度,所有工作都应有助于达到这一目的。然而在实际工作中,有些政府官员在政绩的驱动下,只注重形象工程,只抓硬件设施建设,忽视了提高产业支撑力,使巨额投入不能得到相应的回报,因而加剧了沉重的债务负担。同时,一些地方政府在推进新型乡村社区建设的过程中,出现了一些不符合科学发展观的问题,主要表现在以下几个方面。

(1)政府推进新型乡村社区建设的行为出现偏差

①建设模式缺乏可持续性

在实际工作中,部分地方政府盲目追求政绩,在缺乏整体规划的情况下,草率开展新型乡村社区的建设,一旦后期资金不到位,便会导致建设工程中途烂尾,造成土地资源的浪费,与新型乡村社区建设节约土地的初衷背离。

另外,后续物业服务跟不上也是目前新型乡村社区建设中普遍存在的问题。从目前多个已建成并入住的新型乡村社区来看,尽管社区内的房子建得很漂亮,但物业管理服务还不能满足社区发展的需要,影响了新型乡村社区建设工作的推进。

②政府服务效能不高

部分干部素质较低,还不能适应新型乡村社区建设的要求。一些干部思想不够解放,工作态度消极。部分乡镇干部知识结构不合理,知识水平偏低,不能较好地把握新型乡村社区建设的相关政策,无法提供高效的服务。

③政府的引导作用发挥不够充分

新型乡村社区建设的主体，既包括政府也包括社区居民和各种非政府组织。因而要推进新型乡村社区建设，政府除发挥自身的作用外，还应加强对相关因素的引导。目前，政府的这种引导作用明显发挥得不够充分。主要体现在不能很好地引导群众观念上的转变。建设新型乡村社区可能打破农民原有生活的稳定性，这会使部分小农观念根深蒂固的农民对新型乡村社区建设缺乏积极性，甚至产生抵触情绪。许多地方在推进新型乡村社区建设的过程中，往往仅靠行政力量，而缺乏对农民群众的宣传教育与交流沟通，致使部分农民参与意识不强。

④政策相对滞后

目前，各地已出台一些政策支持新型乡村社区建设，这些政策对于统一人们的思想、提高人们的认识、推进新型乡村社区建设具有重要意义。但总的来讲，目前出台的政策相对较为零散，其内容具有较大的局限性。具体来讲，政策的滞后性主要表现在以下两个方面：一是经济取向与社会取向存在矛盾。关于新型乡村社区建设的研究，经济增长是主要焦点，经济增长和社会发展在现有的政策框架中是潜在相互分离的，现有政策没能很好地解决经济与社会融合的问题。二是发展与保护脱节。当前新型乡村社区建设中，发展居于绝对主导的地位，从而忽视了对乡村的保护。尽管近些年国家已经开始重视乡村社会保护体系的建设，但乡村仍处于保护不足的状态。而以纯粹的经济增长理念来指导新型乡村社区建设，将产生一个日益“脱嵌”于社会的自由扩张市场，其社会后果是十分严重的。

(2)新型乡村社区规划与管理不当

新型乡村社区建设在某种意义上讲是一个系统工程，需要周密的规划、强有力的管理。然而，目前很多地方的新型乡村社区建设的规划和管理失当，主要表现为以下几个方面。

①规划编制整体滞后

长期以来，在推进城市化的进程中，很多市县乡村建设基本没有规划，建房秩序混乱。规划内容普遍注重住宅建设及社区建设，从而忽略了医疗、教育等配套设施的发展。一些地方所制定的规划不合理、不科学，又缺少当地人文和地域特色，因此造成了千篇一律的建设局面。

②乡村居民点建设管理薄弱

部分社区建设前期工作不细，施工准备工作不充分，以包代管，管理制度不健全；个别施工企业技术力量不足，规范性施工不到位；有的乡镇工程招标、质量监管未完全按照基本建设程序办事，监理费用由施工方承担，工程监理错位，不能有效履行乡镇政府的监督职责；现场监理质量控制体系不健全，施工检查、监理不到位，资料记载不全，存在质量管理漏洞。

另外，乡镇机构改革后，干部人员少、管理范围大，以至于乡村违法、违章建筑在很大程度上仍然存在。再加上各行政村的职能不明确，缺乏指导，区域协调制度不完善，导致乡村居民点建设管理比较薄弱。

③缺乏科学的规划机制

目前，新型社区规划缺乏有效的科学机制，主要表现在以下三个方面：一是盲目追求已有的成果，忽略了各地域地理环境、人口结构、经济水平的不同，按照统一的标准模式，对各村庄实行“一刀切”。由于缺乏土地资源集约化的理念，加上盲目追求利益最大化，从而出现了“有新房，无人住”的现象，浪费了乡村的社会资源。二是将社区规划简单地看作对社区的空间布局，没有结合当地的产业布局，不仅破坏了原有的经济结构，也对生态环境造成了严重的污染，从而导致了社区的发展能力不足。三是基层政府为追求政绩，盲目追求利益，不考虑当地实际情况，为追求社区规模的扩大，不惜牺牲农民的利益，以至于在各地出现了“超级村”，结果是社区的实际效果根本得不到发挥。

(3)新型乡村社区建设中的土地利用不合理

乡村宅基地问题是新型乡村社区建设过程中的一个重要问题。农民对自家宅基地所有权普遍存在着私有的观念，认为宅基地是祖祖辈辈世代传下来的财产，这使得他们不愿出让宅基地，致使乡村宅基地使用率不高。有些村民建了新房却依旧留着老宅子；有些村民宁愿宅基地闲置，也不腾出来给别人用；甚至有些地方村民在村外建新房，造成住宅布局零散、占地较多、房屋闲置、“空心村”的现象出现。这些村庄不仅基础设施建设严重滞后，而且浪费了大量的土地资源。

现如今农民维护自身权利的意识在逐渐增强，土地产权转换必须具备充足的说服力，并能提出使当地村民满意的交换条件。在土地所有权转换过程中，必须正确处理好国家、集体和个人三者的利益，以保障村民的利益作为落脚点，提高农民对乡村土地利用的认识，让城市土地集约利用的经营思路深入人心。

(4)公共服务供给不足

新型乡村社区建设的一个重要任务，就是要让社区成员平等享有政府及社区管理部门提供的住房及基础设施保障、安全保障、教育医疗卫生保障、生态环境保障及其他公共服务。然而在当前的新型乡村社区建设中，本应具备的公共基础服务严重不足。当前乡村社区的公共产品和服务依旧主要由政府提供，与城市社区相比，乡村社区无论是在基础设施建设，还是在基本的教育、医疗、卫生服务方面都有很大差距,总之,乡村社区的公共服务还有很多工作要做。

2. 新型乡村社区建设存在问题的原因

(1)政府行政职能错位

①监督体系不健全

在新型乡村社区建设的过程中,不仅牵涉众多的利益主体,而且需要巨额资金、劳动力和社会资源的参与。一些人在欲望的驱使下盲目追求自身利益而不顾全大局,做出违法违规行为,所以对新型乡村社区建设的监督很有必要。

新型乡村社区作为一个新事物,人们对它的认识尚未统一,对新型乡村社区与传统乡村的关系更是缺乏理解,因此在社区建设中缺乏一个完善的监督体系。首先,缺乏法律监督。当前我国对于新型乡村社区方面的法律还是空白,仅有的能够起到规范性指导作用的文件也是国务院、民政部等中央机构下发的政策性法规,以及各省、各地区自行制定的规章制度。其次,行政监督起不到效果。在乡村社区的建设中管理部门多,运行机制比较混乱,管理也比较混乱。政府对新型乡村社区管理缺乏经验,过多放权于基层,基层政府对社区的建设和管理的行政监督力度不够。

②基层政府的管理问题

在新型乡村社区建设中,一些农民利益受到一定的损失,致使新型乡村社区建设出现一些问题,其中一个重要原因是基层政府的管理问题,这主要表现在以下两方面。

一是基层政府包揽社区管理事务。农民在新型乡村社区建设中发挥着主力军的作用,农民有参与社区前期规划、建设实施和后期管理的权利,而当前许多新型乡村社区却由政府部门全部接手管理。使得乡村社区自身发展空间不足,农民的实际问题得不到有效解决,社区发展缺乏动力。

二是一些基层政府在新型乡村社区建设过程中没有完全维护农民的利益。新型乡村社区建设牵涉到很大的利益空间,少数地方基层政府与开发商交易土地时,会在一定程度上损害农民利益。

(2)农民权益意识不强

新型乡村社区建设存在的问题,与农民权益意识不强有着直接关系。

在新型乡村社区建设中,农民利益受损的问题在某种程度上反映了农民自身维权意识的薄弱。在新型乡村社区建设过程中,农民本来是社区建设的主体,有知情权、参与权和监督权,但现实中的一部分农民则缺少话语权。

如果农民在征地过程中能够加强自身权益意识，则可进行公平谈判，并团结起来维护自身权益，对基层政府行使公共监督的权利。

(3)社区建设资源匮乏

①建设资金不足

新型乡村社区建设需要大量的资金投入，这是显而易见的。目前，新型乡村社区建设的资金主要包括国家财政补贴、村民自交、土地置换金等。总体上讲，资金偏紧，如国家财政扶持资金较少；旧宅复耕资金周期较长；为筹集社会捐助资金而进行宣传、发动和呼吁一些社会名流等，也需要一个较长的过程。

以黑龙江省为例，由于黑龙江省社会经济基础相对薄弱，农民收入较低，村级经济实力薄弱，而各种设施的建设以及配套服务需要大量的资金支持，资金短缺的情况较为明显。目前，除个别特殊的新型乡村社区的建设资金由财政提供外，其余新型乡村社区的管理服务经费和社区的配套投入几乎全由社区承担，给新型乡村社区建设带来很大困难。

②土地供应不足

目前，土地使用管理严格，很多社区建设规划难以落实，影响到新型乡村社区的建设。具体表现在以下几个方面。首先是新型乡村社区建设规划与土地综合整治规划不衔接。由于规划不衔接，新型乡村社区建设与土地综合整治项目对接不足，给后期项目的实施和土地综合整治补助资金的申请带来困难。其次是耕地后备资源少。现阶段国家在占用耕地方面的政策要求严，审批复杂，耕地后备资源开发受到严格限制，可利用的土地较少。最后是建设用地集约利用程度低、土地产出效益差也导致土地供应严重不足。乡村居民点用地数量大，布局分散，人均用地超标，建筑密度与容积率低，存在浪费土地的现象。独立工矿用地、部分企业规模偏小，分布过散，容积率低等导致土地产出效益较差。所有这些都导致目前新型乡村社区建设用地紧张问题的出现。

③人才资源匮乏

新型乡村社区建设是一项全新的工作，需要大量具有现代观念和知识的人才。而目前新型乡村社区建设人才奇缺，这是新型乡村社区建设最重要的问题之一。主要表现在以下几个方面。一是从新型乡村社区建设的主体来看，农民是建设新型乡村社区的主力军。改革开放以来，随着教育的发展和社会的进步，我国农民素质有了很大提高，但整体水平仍然偏低，主要表现在文化素质较低、职业技能水平不高、观念陈旧等方面。乡村社区建设需要有较高文化素质和工作热情的年轻人参与。但是，这些文化素质较高的年轻人大多走向城市，留守在乡村的多为文化程度偏低的中老年人,这些中老年人思想较为传统守旧,习惯于传统的生活方式和生活状况,对新生事物接受较慢,对新型乡村社区建设缺少应有的认识,缺乏参与建设的积极性,有的人甚至产生抵触心理。二是乡村基层干部工作能力有限,工作态度缺少积极性。新型乡村社区建设对于广大乡村基层干部来说是一项全新的工作,但目前,一些村干部缺乏现代社区建设理念和管理知识,在新型社区建设的实践中缺乏相关的知识和技能,创新意识不强。部分基层干部甚至态度消极,不积极参与新型乡村社区建设。三是乡村待遇偏低、成长环境较差,要吸引优秀大学毕业生加入乡村社区建设队伍也比较困难,且乡村人才结构稳定性较差,这些都影响了新型乡村社区建设的进程。

二、解决新型乡村社区建设问题的对策

针对新型乡村社区建设存在的问题,需要从多方面做出努力来解决,笔者认为,当务之急,应做好以下几方面工作。

1. 提高主观认识,加强新型乡村社区建设

政府的大力支持和倡导,是新型乡村社区建设持续稳定进行的有力保障;广大农民充分发挥积极性,是新型乡村社区建设取得实效的基本条件。因此,必须大力提高基层政府领导和广大农民对新型乡村社区建设重要性的认识,采取切实的措施加强政府对这项工作的领导。

(1)提高领导者的认识

哈尔滨市着重从以下三个方面促进政府领导作用,提高对新型乡村社区建设的认识。

第一,成立新型乡村社区建设领导小组和办事机构,实行“一个社区、一名县级干部分包、一套班子负责、一抓到底”的工作机制,明确任务,责任到人,宣传到位,确保社区建设顺利推进。

第二,整合县的住建局、国土局、发改委、财政局等部门资源,简化审批程序,优化服务流程,实行部门联动,加强工程建设质量监管。保证城乡建设用地增减挂钩周转指标,提供社区建设用地保障。制定资金整合、投放具体办法,提高使用效率,加快推进社区建设。

第三,完善哈尔滨市新型乡村社区建设的标准和考评细则,对工作成效进行综合排名,实行末位淘汰批评制度。严格落实“周督查、月例会、季点评、年终考核”

制度，对推进速度快、建设效果好的单位和责任人进行表彰，对工作不力、推进效果差的，按规定追究责任。

如今哈尔滨市人民政府制定出十项管理措施，把新型乡村社区建设作为农业现代化和乡村现代化的重要载体，并采取“政府主导、市场运作、村民参与”的模式，积极盘活土地等资源，为新型乡村社区建设搭建平台，在尊重农民意愿的前提下因势利导，推进的力度不断加大、步伐不断加快，努力破解乡村发展难题。

(2)提高农民的认识

主要从三个方面努力提高农民对新型乡村社区建设的认识。

第一，加大对农民关于新型乡村社区建设方面的政策宣传。政府通过对农民进行政策宣传，使广大农民认识到新型乡村社区建设是我国城乡一体化的主要途径，是新型城镇化的重要举措，是改善乡村居住环境和提高农民生活水平的关键所在，从而调动农民参与社区建设的积极性，提高建设新型乡村社区的内在动力。

第二，加强农民的知识培训。由政府组织，聘请经验丰富的专业技术人员对农民进行社区规划、工程建设、质量监督、园林绿化等方面的培训，尊重群众的愿望，满足他们的实际需求，让他们积极参与各项规划和建设方案的制定，以形成人人有责、人人共享、管理有序的社区建设参与机制。

第三，组织农民考察学习。政府组织群众到新型乡村社区建设先进地区参观考察学习，以解放思想、更新观念、统一认识，赢得群众支持，使其自觉投身到新型乡村社区的建设中来。

2. 强化规划，规范建设

在新型乡村社区建设过程中，规划是龙头、是引领、是先导，为了避免出现千村一面的情况，要加强科学规划，规范社区建设，注意保护传统历史风貌、古村落、传统民居等，从而将乡村社区建成功能齐全、品位高雅、文化内涵丰富的新型乡村社区。

在新型乡村社区前期建设中，应该按照“科学规划，适度超前”的要求，坚持镇区、镇域并重，使中心镇区、新型乡村社区同步实施、同步规划、协调并进，综合考虑当地交通条件、资源配置、历史沿革、生态环境、居住习俗等因素，合理布局，科学地做好社区规划和产业规划。规划一旦确定，就要严格执行，不得随意更改。在新型乡村社区后期建设过程中，要因地制宜，严格控制建设标准，突出社区文化，使新型乡村社区建设能够保留原有的文化特色。新型乡村社区的住房要舒适大方、功能完善，注重地方特色。要统一部署，统一管理，加强监督，建设好基础设施、公益设施及其配套设施。要引导农民参与到社区建设中来，使社区居民享受到良好的公共服务，提高社区居民的物质文化生活水平。

第一，按照“城乡一体、全域覆盖”的原则，突出城乡统筹、功能提升、以人为本，对新型乡村社区建设进行规划。如黑龙江省哈尔滨市编制了《哈尔滨市新型城镇化总体规划（2016—2030）》，将新型乡村社区建设纳入城镇体系规划，计划用15~20年时间，构建“县城—小城镇—新型乡村社区”梯次发展框架。

第二，优化产业结构，将社区规划与城市建设规划、产业集聚区发展规划相结合，形成“三化”协调发展格局。

第三，强化规划管理，严格“一书三证”审批，凡不符合城乡规划的建设项目，不得进行开发建设。同时，明确县、乡、村三级在规划建设中的责、权、利，确保规划顺利实施。

在规划制定以后，应组织有关部门领导和专家对规划进行评审，在此基础上，将规划付诸实施。

3. 加大投入，整合资源

经济基础决定上层建筑。新型乡村社区建设和治理的各项工作都需要大量资金投入，需要相关资源。因此，在建设新型乡村社区的过程中，必须加大投入，整合多方面资源。

（1）加大涉农资金投入，为新型乡村社区建设提供资金保障

目前新型乡村社区的建设资金来源主要是涉农项目资金，但仅有这部分资金还不能满足日益发展的新型乡村社区建设的需要，还必须广辟财源，多方面筹措资金。要争取更多的涉农资金投入，并按照“统一规划、整合资源、集中投入、规模建设、整体推进”的要求，把涉农资金集中投向新型乡村社区建设，着力解决制约发展的瓶颈；要建立以政府、企业、农户为投资主体的多元化、多形式社区建设投资模式，设立新型乡村社区规划建设专项扶持资金，以加大新型乡村社区建设的力度。

（2）整合土地资源，为新型乡村社区建设提供发展空间

土地问题也是制约新型乡村社区建设的瓶颈，妥善整合土地资源是新型乡村社区建设中至关重要的工作，必须予以高度重视，下大力抓好这一工作。要按照“节约、高效、统筹利用”的原则，对农户宅基地、空闲地、废弃土地及社区周边湿地进行整理，统筹规划社区建设用地；要搞好土地收储，利用建设用地指标，通过调整结构，对剩余土地指标进行拍卖，扩充资金储备。总之，要通过整合土地资源，为新型乡村社区建设和社区产业发展提供充足的资金、土地支持，以促进新型乡村社区

建设健康发展。

(3)扩大投融资平台,为新型乡村社区建设提供持续的资金支持

为了弥补国家涉农资金的不足,可考虑建立开发投资有限公司,充分发挥政府投融资平台的作用,拓宽融资渠道,扩大融资规模,提高融资能力,从而有效地解决新型乡村社区建设的资金问题。开发投资有限公司可与金融机构对接,开展金融业务合作;可结合新型乡村社区项目总体规划,科学编制年度融资计划,规范融资项目编报程序,积极推行“BOT”(建设—经营—移交)、“BT”(建设—移交)等融资模式,扩大引进外来资本额度,增强社区发展后劲。

4. 以点带面,示范引领

先进社区的建设具有示范作用。抓好先进社区的建设工作,并发挥其带动示范作用,也是新型乡村社区建设的重要工作。因为在新型乡村社区实际建设之前,一些农民往往对有关宣传不以为意,认识不到新型乡村社区建设会给自己带来利益。而通过宣传先进社区建设的实例,就能向农民展示新型乡村社区建设的好处,令他们信服,因为他们更愿意相信自己看到的,而不是听到的。因而必须抓好先进社区的建设,并大力宣传其做法,以此带动整个新型乡村社区建设。

要坚持以乡镇驻地、产业集聚区周边和城郊村为切入点,选择人口居住相对集中、基础条件较好、人群热情较高的村作为重点,积极探索建设高新企业带动、城镇吸附、产业集聚区带动、城市带动等类型的社区,做到典型带动,示范引领。

(1)高新企业带动型

“以企带村”的新型乡村社区建设模式,使乡村的政治优势和企业的经济优势有机结合起来,二者互为补充,互相促进,有力地推动了新型乡村社区建设的步伐。“以企带村”的新型乡村社区建设模式,具有鲜明的时代特征,将会形成乡村经济社会又好又快发展的良好格局。

(2)城镇吸附型

这是目前广大乡村新型乡村社区建设中一种可行的社区类型。以河南省鹤壁市浚县为例,该县依托乡镇人民政府所在地资源相对集中优势,以镇区为核心,坚持市场运作、打捆开发理念,规划建设了新镇新丰社区、卫贤镇卫都丽景社区、小河镇美景丽城中心社区、屯子镇昌盛佳苑社区、善堂镇中心社区等五个社区。在建设过程中,各镇政府坚持严格控制城镇规划,不符合规划的不批宅基地,引导鼓励农民按规划集中建设,并利用镇政府的区域优势,发挥以新型乡村社区作为镇中心的辐射吸引作用,进行规划建设,逐步吸引周边人口、资源向镇政府集中,增强集聚效

应,较好地促进了新型乡村社区建设。

(3)产业集聚区带动型

加快产业集聚区社区建设有助于推进新型乡村社区建设,也有助于完善城镇体系。产业集聚是生产力实现空间布局上的优化,是各种生产要素在一定地域范围的大量集聚和有效集中。在新型乡村社区建设中,集中区域布局产业集聚区,使产城融合,产城联动,既有助于解决农民的居住问题,又有助于解决农民最关注的就业问题,农民不再出去打工,就近就业,从而有助于促进实现乡村现代化。

(4)城市带动型

城市带动型社区建设,就是按照布局集中、要素集聚、功能集合、资源集约的原则,大力实行政策引领、完善机制、规划先行、示范带动、统筹推进等措施,强力推进新型乡村社区建设,切实加快“三化”协调发展。

发挥先进新型乡村社区的示范作用,要引导其他社区着重学习先进社区建设的精神和方法,学习先进社区建设的经验,而不仅仅是学习其表象和形式,更不能简单地复制推广。在推广先进社区的经验时,要引导一般社区充分认识自身的长处和不足,分析“要在哪儿建”;要结合自身特色,分析“要建成什么样”,创新性地选择适合自身发展的模式。建设新型社区的最终落脚点是要因地制宜地解决农民的实际问题,集中解决农民最关心、最迫切的问题,让农民群众普遍得到实惠,这才是推广新型乡村社区的最终目的。

5. 充分发挥农民在社区建设中的主体作用

马克思主义认为,历史活动是群众的活动,决定历史发展的是行动着的群众。农民群众是新型乡村社区建设的动力之源,充分发挥他们的主体作用,是新型乡村社区建设的关键。因此,在新型乡村社区建设的实践中,要采取措施,充分发挥农民的主体作用。

(1)引导农民积极参与新型乡村社区建设

建设新型乡村社区,首先需要充分调动亿万农民的积极性,使其真正发挥主体性作用。人的主体性是人的本质特性,是人在实践活动中从自己的主体地位出发,自主地参与其中并接受事物。要让群众真正成为新型乡村社区建设的主体力量,在新型乡村社区建设过程中,就必须让群众知情,让群众参与,让群众监督。群众参与和群众满意是新型乡村社区建设的出发点和落脚点。

首先,在新型乡村社区建设过程中,政府部门要集中民智、广听民意、广纳民言,仔细调查,深入走访,做好建设前期准备工作,集中人流、物流、信息流建好新型乡村社区。要帮助群众算好财产保值增值账、收入增加受益账、生活水平提升账，让群众真正了解新型乡村社区建设的好处。

其次，土地征收补偿过程要公正透明，接受群众监督，拆旧复垦工作要以群众利益为中心，充分考虑群众的生产生活。在整个建设过程中要尊重群众，维护群众的知情权、参与权、选择权和监督权。在建设模式、规划设计上，要广泛征求群众意见，考虑不同群体的利益和群众承受度，维护群众切身利益，做好不同群众的解疑释惑工作，真正让群众满意。

(2)尊重农民意愿

在新型乡村社区建设中，应依据“群众自愿”原则，充分尊重农民的自主性。而在实际建设过程中，由于缺乏有效沟通，导致一部分农民对政策不了解、不理解，以至于政策无法落实，这种情况应予以改变。只有对农民充分尊重，与他们平等对话、有效沟通，才能让群众真正理解政策内涵，进而调动他们参与新型乡村社区建设的主动性和积极性。

因此，在制定新型乡村社区规划时，要充分征求群众意见，争取把好事办好、实事办实。要充分利用各种媒体，采取多种形式，广泛宣传新型乡村社区建设的重大意义，因势利导，消除农民对新乡村建设的理解偏差，取得他们的认同和支持，从而提高广大农民群众对规划和建设的认知度，改变陈旧观念和落后的建筑模式，引导他们向社区或城镇集中，依据农民的意愿，调动他们参与新型乡村社区建设的积极性，最终发挥群众的主体作用。

(3)保障农民自身权益

在尊重和壮大农民的主体力量方面，要从社会公正和切实维护农民的根本利益出发，保障农民充分享受到新型城镇化建设的成果，推动农民生活方式的转变和生活质量的提高，促进农民产生更加强大的创造力量，而不是让农民被动地接受新型乡村社区建设。政府在新型城镇化建设过程中，要按照城乡统筹发展的要求，自觉完善土地征用制度，尤其是保障被征用土地的农民的利益，真正建立起保障农民增收的长效机制，并制定一系列扶持性倾斜政策，在医保、低保、社保等方面强化保障，使群众“进得来、留得住、过得好”。

第二节　城乡融合视域下乡村社区低碳营建体系研究

在城镇化发展背景下，土地利用混杂、产业结构多元、“半城半乡”的城乡融合型村镇逐渐形成，且逐步成为影响城镇与乡村发展的重要因素。而一些地方政府自上而下政策导控的缺失与自下而上营建方式的失控，导致土地资源浪费、能源效率低下、高碳化趋向显著，生态宜居性消亡等种种人居环境问题凸显。未来村镇资源如何合理利用、村镇低碳发展如何导控等问题成为下一阶段我国面对的重点与核心。本节基于城乡融合型村镇人居环境低碳化发展的诉求，立足于黑龙江省，解析碳排放强度与空间形态特征等相关影响要素之间的关联程度。通过对城镇化背景下城乡融合型村镇社区的论述分析和实证研究，进而构建具有可操作性的低碳营建体系，实现可持续发展的目标。本节是依循理论架构、特征识别、关联评价和体系构建的逻辑顺序，展开核心工作内容的研究。

一、城乡融合型村镇社区特征解读与空间要素组织

1. 城乡融合型村镇社区的演进历程与特征解读

(1)时空演进历程

从传统的农业经济时代，历经工业化时期，再到现在的信息化社会，城乡融合型村镇演进格局由单一化转为多元化，发展模式由同质化向地域化转变。城乡融合型村镇的演进历程映射了社会发展中的时空过程，展现了经济、产业、人口、土地利用、管理体制等多方面的演变特征。

传统农业经济时期，第一产业占经济活动的主要比例，以劳动密集型产业为核心；农业、手工业经济发达，社会整体生产力水平低下，相关产业分工与生产活动不发达；作为物质资料生产活动活跃的阶段，社会整体表现为自给自足的经济形式，合作行为较少，城市与乡村之间也较少产生物质交换；此时城市职能单一，是一定区域内生产活动与物质交换的中心，城乡二元结构状态稳定，城乡融合型村镇空间形态处于萌芽阶段。工业化发展时期，科技水平的发展与产业结构的转变，劳动

力、工业结构、服务水平等不断转移提升，区域经济不平衡现象开始出现，城乡之间产生一定的空间经济梯度，在此基础上，区域集聚效应产生且程度不断加强，在一定程度上加速了区域空间拓展并提高了对外联系水平；此时城市职能趋于多元化，是经济活动的中心，系统内生活、生产各相关要素高度集中；城市与乡村之间相互作用体系逐渐成熟，城乡一体化发展逐渐加速，城乡界限日渐模糊，城乡融合型村镇空间形态逐渐产生。

在当今信息化时代，受世界经济一体化、区域经济一体化以及区域经济集团化等外在动力影响，原来不平衡的城乡经济逐渐转向新的不平衡、多元化、多层次、多结构方向发展。在此背景下，城镇化、工业化发展的不断推进，增强了城市与乡村之间的联系程度。此时城市职能趋于整合，城乡二元结构形态被打破。城乡融合型村镇成为二者物质联系与要素交换的空间场所，在多元外在动力作用下逐渐形成动态的平衡。

本质上来说，城乡融合型村镇是在工业化与城镇化发展背景下，城市与乡村相互作用频繁且影响相互叠加的区域。其处于城乡过渡地带，既非城市区域，也非传统意义上的乡村区域，其中农业活动与非农业活动紧密联系，城市用地与乡村用地相互混杂。在城乡融合演进过程中，城乡融合型村镇既在初级阶段，促进了乡村到城市的空间发展，又在高级阶段，承担了城市到乡村的扩张分散。

(2)基本特征解读

城乡融合型村镇是介于城市与乡村之间的中间区域，是城乡相互作用最为强烈的区域，其呈现“村村像城镇，镇镇像乡村”的独特空间形态。在高度频繁的能量与物质对流影响下，城乡融合型村镇内部土地性质、空间功能、产业结构等要素变化剧烈。其形成与城镇化过程密不可分，包括自上而下的城镇化与自下而上的城镇化：自上而下的城镇化指在国家的政策计划引导下，通过城市新区建设与旧城改扩建等方式，促进乡村向城市转变；自下而上的城镇化强调农民主体行为、个体企业投资、产业行为转变以及改革开发政策导向等路径。在多元化的发展背景影响下，城乡融合型村镇的人口、产业、信息、土地利用以及空间形态等要素混杂交融，呈现以下特征。

①人口结构复杂化

传统村落具有人口密度低、同质性强等特征，家庭成员之间与村落邻里之间的关系较为密切。而在城镇化进程中，城乡融合型村镇中部分农民身份转变为城镇居民，以及外来人口的大量流入等，使得村镇内部人口密度增加，社区居民之间异质性变强，人口结构逐渐复杂化。因此，城乡融合型村镇逐渐摆脱了以血缘关系为核心的空间格局,家庭与邻里关系主要以地缘为基础。

②产业结构多元化

传统乡村主要以第一产业为主,而城乡融合型村镇,因受人口结构转变、村镇企业发展以及土地性质变化等因素影响,非农产业逐渐成为其经济支柱。第二、第三产业的大量置入,使得城乡融合型村镇成为农业活动与非农业活动并存、农业用地与非农业用地混杂的区域,改变了传统的单一产业结构,居民的就业结构与收入结构也发生了转变。

③要素流动频繁化

城乡融合型村镇社区独特的地理位置决定了其与外界存在着物质要素与空间要素的频繁流动。一方面,城乡融合型村镇容纳了城镇承载能力范围之外的要素,如人口、商品等;另一方面,居民非农化的转变,使得村镇内部吸纳了技术、信息以及资金等诸多要素。通过村镇内部的加工、处理与转换,这些物质与空间要素会重新反馈于城镇与乡村。

④空间发展动态化

城乡融合型村镇一直处于发展变化之中,形成了一个动态平衡的状态。不同于城市边缘地带,城乡融合型村镇将成为未来相对稳定的存在。在高度活跃的生产生活影响下,城乡融合型村镇不断发生着复杂而动态的过渡性变化,其空间结构、产业结构、社会要素和经济要素等都与城镇及乡村有着必然的关系,兼具二者的形态特点。

2. 城乡融合型村镇社区的类型划分与样本选取

基于中国复杂多样的村镇形态与城乡融合演进的背景,不同城乡融合型村镇社区的建设规划、生态资源、产业类型均不相同,而随着诸多城乡融合型村镇建设的开展,经验的积累与政策的实施都对城乡融合型村镇的发展起到了积极作用。然而在我国城镇化进程中,为实现经济发展的快速增长与村镇规划的基本覆盖,“千村一面”或“千村千面”两种极端倾向的村镇建设现象产生了。而主导产业同质化或过度差异化、空间建设模仿化或求异化以及粗放式的建设模式所导致的高碳化等行为,都是两种极端建设模式所引发的。

由于不同地区的经济发展与自然条件不同,其产生的经济限制、高碳污染等问题不尽相同。因此,只有系统梳理城乡融合型村镇类型,才能有效实现分类指导。考虑到不同城乡融合型村镇的发展条件,根据地域发展差异、建设规划条件、生活生态资源、主导产业结构等要素,对城乡融合型村镇社区进行分类。

(1)以地域发展条件划分

城镇化发展过程中,在工业转型、产业置换、人口流动等多种因素的相互作用下,城乡融合型村镇逐渐演化形成。考虑到在演化发展过程中的地理区域位置差异,城乡融合型村镇社区划分为城市附属型、乡村演变型以及建设开发型。

(2)以建设规划条件划分

由于各城乡融合型村镇自然条件、社会条件不同,建设规划特点亦不同。考虑到所处的发展阶段不同以及资源的分配不均衡等问题,城乡融合型村镇社区可划分为新建型、改建型、转化型、控制型以及搬迁型。

(3)以生产生态资源划分

受地形地貌、气候环境、空间形态、建筑风貌、地域文化以及乡土特色等要素的影响,不同城乡融合型村镇资源条件各不相同。根据居民生产生活所依托的物质空间要素,可将城乡融合型村镇划分为传统文化型、特色产业型以及名人故居型。

(4)以主导产业结构划分

主导产业包括农业、工业和服务业等生产要素。考虑到城乡融合型村镇是一种以二、三产业为主导带动的半城半乡的聚落,故根据产业类型将城乡融合型村镇划分为以第二产业工业生产如竹制品、食品、服装加工等为核心的工业主导型村镇社区,以第三产业住宿业、旅游业和交通客运业等为核心的商贸主导型村镇社区和旅游主导型村镇社区。

3. 城乡融合型村镇社区的要素构成与组织架构

(1)层次化要素构成

国内外研究学者从形态学、城市设计、村镇规划、景观生态学等多种视角对空间形态要素构成做了一系列的相关性研究。凯文·林奇基于城市认知研究,提出城市设计包含道路、边界、地区、节点和地标;J. W. R. Whitehand 根据形态学操作方法,将城市要素构成划分为绿带、街坊、用地、街道界面等空间结构要素;齐康基于形态学,将城市形态与人体结构做比较,建立“轴、核、群、架、皮”城市五要素;张玉坤在描述聚落空间要素构成时,将其划分为边界、结点、中心、结构(道路、街巷、水街)、要素(强调整体与部分的关系)等;罗雅丽对村镇社区的空间形态结构特征做了解读,指出村镇空间结构由节点、通道、域面等相关要素构成;景观生态学在地表景观特质研究中,将其结构划分为斑块、廊道和基质三种类型。

①基底:物质载体

基底指在景观生态学中指分布最广、连续性最大的背景结构。而在村镇社区中，基底指承载村镇空间发展的物质环境基础。基底承载了村镇发展过程中的各种建设行为，同时也提供了居民生产生活的空间场所，是所有行为发生的“容器”。基底本身对于其他空间要素之间的物质能量流动、活动水平都有一定的控制作用。故在村镇社区要素中，基底起着至关重要的作用。

②边界：扩张界限

边界指村镇社区物质环境实体构成的具有一定限制性的界面。具体包含以村镇环境界面限制活动行为的边界形态，也有以沿街店铺等建筑空间为边界的形式。边界的存在，明确了内部的物质要素规模、环境承载力以及对外的信息交互界面。从村镇用地角度来说，边界的形态变化表现为土地使用规模的水平变化，同时也反映社区承载活动水平“容量”的改变，如人口规模、土地建设用量等。

③组团：集聚形态

组团指构成村镇社区的物质实体要素。其主要包括村镇社区内的宅院组团、产业组团、公建组团等建设性模块，通过对各类组团空间形态与规模大小的平衡调整，建立形成或聚合或疏散的内在关联，构成村镇社区。如果说边界是村镇社区中的线性要素，那么组团则是一种面域构成。从土地使用情况来看，组团的空间分布由用地面积大小、建筑朝向以及间距三方面决定。

④节点：联结场所

节点指空间结构及主要要素的联结点。在村镇社区中，节点往往具有主导地位的特征，可能是村镇的中心或意义上的核心。节点一般位于道路的连接点、某些特征集中点以及不同结构的转换处；也可能以广场的形式出现，聚集社区居民，提供活动场地。从土地使用类型来看，边界范围内节点的数量与村镇社区建筑密度有一定的关联。

⑤通廊：串联路径

通廊指村镇社区中或线状或带状的构成要素，如交通路径、绿化廊道等，与社区环境具有一定的关联。通廊主要的作用在于间隔或连接各个组团，同时承载传输能量、物质以及信息等功能。通廊的形态与关联度反映了村镇社区内各要素之间运用的效率。

(2)碳循环体系构成

碳循环是指在各种化学、物理、地质和生物反应与变化时造成的碳要素形态变化和转移的过程。碳循环中两个重要的概念是碳源与碳汇，碳源指碳排放的源头，碳汇指碳的吸收与储存。碳循环体系主要强调碳在碳源与碳汇之间的不断循环过程。从村镇碳行为角度出发，结合碳循环体系理念，划分出“固定碳源”“移动碳源""过程碳源"和"自然碳汇"四种类型用于研究分析。

①固定碳源

固定碳源指由建筑群所构成的面状碳源，受建成区面积、建筑密度、人口数量等因素影响。其能源消耗包含村镇内建筑建成过程中的能源消耗与生产生活过程中的日常排放：例如宅院单元、公共建筑、工业厂区等建筑的营建行为，居民生活、生产用能的日常行为等。

②移动碳源

移动碳源指在村镇内部交通行为所产生的碳排放，例如私家车、三轮车以及电瓶车等。随着时代的发展，汽车成为人们日常出行的主要工具，交通碳排放量在碳排放总量中相对占比较大。在村镇内，通过构建舒适的步行环境、布置合理的公共交通站点等措施，都将有效地减少移动碳源的碳排放。

③过程碳源

过程碳源指电力、煤气等能源在输送过程中的损耗所导致的碳排放。受能源供给基础设施位置的影响，在能源运输过程中势必产生能源损耗，造成一定量的能源浪费，这也是一种特殊的碳排放形式。

④自然碳汇

自然碳汇指村镇内部的自然植被或人工绿化等对碳的吸收储存。具体而言，包含建成区域内保留的自然植被与人工种植的绿化广场，以及宅院单体围合而成的院落空间中的植被等。自然植被或人工绿化的存在，不仅可以调节村镇社区环境气候、降低空调的使用频率、减少碳排放量，还提高了村镇社区居住的环境品质。

(3)综合性组织架构

结合上述分析可以得出，村镇社区碳要素主要由碳排与碳汇构成，而通过土地性质转换、边界形态调控、组团能耗行为以及交通网络调整等各方面空间形态要素的变化，可以影响居民的能源活动水平消耗量，进而影响村镇社区的碳循环体系。厘清这一内在的逻辑共性关系，能够针对变化多样的村镇社区空间形态进行差别探究，从而优化村镇社区的碳循环系统。

在边界与组团层面，通过控制调整宅院空间形态、组团单元形态以及村镇社区形态，紧凑整体布局、改善建筑密度以及优化功能结构，有利于减少建筑能耗。另外，新型能源与可再生能源的使用，同样有利于调整居民的生产生活方式，减少村镇碳排放量。在宅院空间中，增加前院后园的绿化空间；在组团以及村镇空间中，增加景观边界绿化，从而增加碳汇以达到平衡碳排的功能。

在通廊层面，通过规划合理的路网结构、宜人的景观步道等，形成一套可达性高的步行网络系统,促进低碳交通行为的发生。同时增加通廊要素的连贯性,保证村镇社区内部要素流动的畅通,进而减少相应的碳排放量。

在基底与节点层面,以基础环境设施为主,包括林地、农田、自然绿地以及人工绿化等,属于村镇空间体系中的碳汇来源。在村镇发展过程中,保留并优化现有的生态环境是一方面,同时也需要增加人工绿地面积,提升碳汇功能。村镇社区生态环境的改善,可以实现对于社区气候环境的调节,同时也是改善村镇碳循环体系的因素之一。

二、城乡融合型村镇社区低碳营建体系与调控导则

考虑到城乡融合型村镇社区属于多层次、多类型、多形式的复杂体系,因此村镇社区低碳营建的目标不仅着眼于降低碳排放强度,更强调打造一个资源集约、产业兴旺、功能完备、品质优越、高效发达的城乡融合型村镇社区。

1. 城乡融合型村镇社区的低碳营建体系

(1)低碳营建目标

①总体目标

本节基于城乡融合型村镇社区的空间形态特征与碳排放强度关联分析,总结归纳出村镇社区的碳排放影响因素,探寻城镇化背景下城乡融合型村镇社区低碳营建的设计要点与核心内容。在此基础上,构建不同产业类型下村镇社区的低碳营建模式,通过土地集约使用、资源要素整合、能源效率提升等改善手段,总结出城乡融合型村镇社区的低碳营建调控导则与应用图则。

总体目标是通过构建城乡融合型村镇社区低碳营建体系,从而使村镇社区营建工作实现规范化、标准化,促进资源节约型、环境友好型社会的发展建设,打造低碳建筑、低碳交通、低碳能源,改善并提升村镇社区的人居环境,逐步形成政府引导、居民共建的低碳生活社区。

②量化目标

量化目标即通过定量的碳排放测度来衡量低碳营建体系实施后的具体效果。内容包含:村镇规划布局结构与建设模式调整后的减碳效果;能源利用效率提升与供给方式改进后的减碳效果;村镇空间环境优化提升后的碳汇效果。具体效果可以通过指标来量化评价。

(2)低碳营建原则

①整体性原则

城乡融合型村镇社区是一个综合化、复杂化的动态变化系统,属于系统内各类空间形态要素、碳循环体系内容以及其他相关要素相互组织物象化的表现。同时系统内各子系统要素均能独立表征村镇社区某一层面的水平,反映整体构成中的某项特点。当各项子系统相互适应并达到动态平衡时,村镇社区整体会朝正常健康的方向发展;当某一子系统突变时,受“短板效应”的影响,在一定程度上会制约整体效率的正常发挥。因此,在城乡融合型村镇社区低碳营建过程中,不能只关注当下“看得见”的经济发展规模或局部低碳置入效果,而需要注重低碳需求作用下村镇社区整体的联动关系,疏通各子系统之间物质、能量、信息等要素的关联。整体运作使各要素相互协调,提升子系统以及整体系统的活力,促进村镇社区往良性方向发展,形成真正的低碳化。

②适应性原则

城乡融合型村镇社区低碳营建的动态适应性需立足“三适原则”:适合环境、适用技术、适宜人居。首先,村镇社区低碳发展目标要以自然景观资源的保护与合理利用为重点;其次,尊重村镇社区原有地域特色与空间形态,使低碳营建发展与村镇整体相互适应。在低碳功能需求的外在动力影响下,选取适时、适地、适人的限定条件,通过调整村镇社区空间形态结构、营建模式等要素,实现低碳化发展的本地适应。

③可行性原则

城乡融合型村镇社区低碳营建需要立足于地域资源条件、村镇发展水平等,既与可持续发展理念相契合,又是适应性过程的直观体现。考虑到村镇社区产业类型、发展现状条件、资源条件水平、居民教育水平等各方面的差异性,需要总结归纳出具体可行的、体现特色的、地域适应的低碳营建体系。一方面,可以扩大建设受众面,体现村镇建设过程中真实的需求与意愿;另一方面,村镇社区可行性低碳营建体系的构建,真正实现了城乡融合型村镇低碳发展的目标。

(3)低碳营建框架

通过城乡融合型村镇社区低碳营建目标和原则的梳理,结合空间形态要素与碳排放强度之间的关联性分析,构建形成低碳营建体系具体内容。首先,从村镇社区不同尺度层级视角出发,形成宏观、中观、微观三个视角下的调控导则,提供村镇社区低碳营建的指导方针。其次,考虑到适应性、可行性原则,结合村镇社区当地资源、产业类型、地域特色、文化背景等内容,从空间形态要素(基底、边界、组团、节点、通廊)构成入手。

2. 城乡融合型村镇社区的低碳营建调控导则

本节为城乡融合型村镇社区进行低碳化营建提供全面指导,结合前文碳排放与相关要素的关联性分析,从宏观、微观两个视角对村镇社区提出调控导则,并对相关细则进行低碳绩效评判,明确刚性导则与弹性导则,最终实现城乡融合型村镇社区低碳营建的总体目标与量化目标。

(1)宏观导则:控形与择径

①规划整体布局

A. 村镇社区场地选择

地形地势、周边环境、自然资源等多方面因素都会影响城乡融合型村镇社区低碳建设模式与应对策略的选择,针对城乡融合型村镇社区的特点,需要强调自上而下的规划,如"撤村并镇"等政策所形成的新建村镇社区的基地选定,同时也需要引导改造或扩张型村镇社区在城镇化、工业化的影响下对场地环境的处理。

对于新建城乡融合型村镇社区而言,建设场地的选择与处理对于低碳建设起到了关键的影响作用。具体而言,首先,对现有场地资源条件进行梳理筛选,如林地、湿地、农田等,明确建设区域、预留区域以及保护区域,满足村镇社区建设规模的同时,保有适宜发展的空间余量,体现可持续发展理念以及低碳化营建;其次,规划建设尽可能顺应自然地形地势,并控制建设所造成的干扰与影响;最后,对建设所产生的不可避免的环境影响进行调控,如农田、水体等,可通过构建村镇社区生态景观系统,对局部保留的自然资源进行建设提升,实现环境共生。

对于改造型或扩张型城乡融合型村镇社区而言,需要对存量或增量村镇社区环境进行控制,并将其纳入整体场地环境中进行综合考量,引导低碳化。以"精明增长"为理念基础,推动用地集约,提高土地资源的利用效率,避免产生无序扩张的行为,造成碳汇空间的缩减与碳源要素的增加;推动空间紧凑,使各类生产生活行为紧凑化,提升存量空间利用效率与能源利用效率;推动生态宜居,保护村镇社区生态系统,优化村镇社区人居环境。针对改造型城乡融合型村镇社区,根据出现问题的具体情况,划分出不同区域,进行低碳营建策略引导;针对扩张型城乡融合型村镇社区,需要对置入的内容进行研究,考量其与现状环境之间的差异,保证整体环境的相互协调与主从有序。

B. 整体空间形态调控

根据对城乡融合型村镇社区整体空间形态的调控,优化整体布局,调整交通网络系统;完善功能构成,构建混合功能社区;提升生态环境,完善人居环境系统。其目的在于构建高效率的生态宜居村镇社区,增加就业率,降低通勤能耗。具体而言,需要调整整体空间形态,使村镇社区与地形条件相适应,加强村镇社区与自然环境之间的协调性与兼容性;以“疏导、调整、优化、提高”为具体手段,将村镇社区空间形态明晰化,并体现不同产业、特色的差异性。例如,工业主导型与旅游主导型之间整体空间形态具有显著的差异,前者存在集聚的工业生产组团,而后者更强调整体空间形态与自然环境之间的关联。

无论是何种产业类型、何种发展模式,空间形态调控都需要围绕“留出空间、组织空间、创造空间”展开。新建型与扩张型城乡融合型村镇社区需要为未来发展留出空间,保证空间形态的可增性,同时需要建立起完整的联通纽带,避免形成混乱的空间形态。而改造型城乡融合型村镇社区强调组织空间,对空间形态现状进行调整,提升整体品质。无论是工业主导型、商贸主导型,还是旅游主导型村镇社区,都会经历新建、改造到扩张的阶段。以仙居前王村为例,通过对整体空间形态的梳理,完善整体社区系统,同时对扩张的建设区域进行形态、风貌等各方面的控制,保证整体协调性,形成一种平衡状态。

C. 社区功能结构布局

a. 混合功能模式

城乡融合型村镇社区低碳空间结构布局的核心是“混合功能”,即生产(work)与生活(live)的二元复合。混合功能村镇社区是通过将产业、商业以及配套设施等与生活相关的功能集聚到一定范围以内,以降低出行行为所造成的碳排放,即减少移动碳源,构建零通勤社区。根据混合功能的模式不同,可以划分为四个维度:时间维度、共享维度、水平维度以及垂直维度。从产业类型角度上来看,工业主导型村镇社区主要强调水平维度的混合,通过合理布置工业生产组团,提高就地就业率,减少出行能耗;商贸主导型村镇社区更偏重垂直维度的混合,底层开设商铺或设置工作场所;旅游主导型村镇社区强调共享维度的混合,根据产业周期性的变化,合理使用空间,如在旅游旺季,以民宿产业为主,提供住宿服务。因此在整体布局时,主要是协调生活与生产等其他建设内容的关系,合理组织以促进良性友好发展。

b. 能源系统调整

城乡融合型村镇社区独特的地理区位条件,使其在能源供给过程中消耗较大,即过程碳源。参考低碳城市能源供给方面的研究,能源低碳的目标是减少过程消耗以及充分利用地域资源,其中包括分散产能和低碳能源的利用。

分散产能区别于传统“集中式”供给的能源系统，是指通过导入分布式能源系统，构建形成村镇社区的能源系统。一方面，通过缩短能源输送距离，减少过程碳源的损失；另一方面，分布式能源系统的构建能提高村镇社区空间集聚度以及能源使用效率。而低碳能源利用，是指可再生能源的使用，如太阳能、生物质能，以及使用热电联产系统等。村镇社区能源使用系统的配置，在考虑整体环境的同时，还需要考虑到经济收益以及系统稳定等其他内容。

②交通结构组织

A. 整体路网形态组织

城乡融合型村镇社区的低碳交通设计应与成熟的交通策略相结合，实现社区内部交通网络的层次化与通达性，并与外界交通系统保持紧密联系。为实现村镇社区交通路网通畅性的提升，需要对现有交通空间进行梳理，对目前连通性差、格局混乱等进行优化改善，如打通断头路等，增加村镇社区空间可达性，尽可能保证物质要素流动的通畅。组织构建层级化的路网形态，明确主干路、次干路以及街巷空间等，加强与外界的连接性，提升村镇社区整体活力，同时对空间形态优化具有促进作用。

B. 公共交通体系构建

公共交通体系的完善程度是影响居民出行方式的重要因素之一，其推广使用是实现城乡融合型村镇社区交通低碳化的有效途径。对比公共交通出行与私家车出行的百公里油耗，二者相差并不大，但公共交通所承载的人数远多于私家车，换算成碳排放量，在相同出行距离下，公共交通所产生的碳排放约为私家车的0.3倍。因此，在宏观层级需要合理布置公交站点，使其位于居民步行距离范围内。研究表明，到达公交站点合理的步行时间为8~10分钟，正常人平均步行速度在0.8~1.2米/秒，因此公交站点的辐射为400~700米。

C. 步行系统提升完善

公共交通体系构建的目的是营造基于步行、绿色出行(自行车或电动车)和公共出行方式的村镇社区空间，因此，除了合理布置公交站点之外，还需要改善提升步行系统，保证其安全性、舒适性。具体包括：在主要车型道路的两侧以及次级道路系统中增设步行空间，保证行人的安全性；在设计步行系统时，提供多种可选择的路径，保证其通畅性；在步行体系入口或节点位置集中设置停车场，以限制私家车的进入，降低车辆使用频率；提升步行空间的环境品质，如改造设计景观步道，满足居民的出行舒适性。

③生态系统构建

A. 自然景观保留

在城市社区中，绿地系统等是碳汇用地的重要组成部分。然而相比于人工的绿地系统，自然完整的景观系统所具备的碳汇能力要远大于人工的绿地系统。城乡融合型村镇社区独特的地理位置，虽然不具有传统乡村广域的自然环境，但其景观系统相对较为完整，且物种丰富。因此，在低碳营建过程中，需要最大限度地保留原有的自然景观系统，尽可能减少对碳汇空间的侵占。在以往城乡融合型村镇社区建设过程中，常忽略了场地内部自然绿地、生态斑块、水系空间等要素，单纯地模仿城镇建设模式，破坏了原有的生态体系与特色环境。在村镇社区低碳营建过程中，通过以下空间设计策略以求最大限度地保留自然景观体系：根据地形地势进行紧凑开发建设，尽可能不破坏场地的特性，如水系、绿地、林地等自然要素；尽可能保留农田、林地、水系等碳汇系统要素，避免“填水挖山”的模式；通过梳理原有的碎片化生态斑块，构建起适应村镇社区的生态系统，使生态功能得到最大限度地发挥。

B. 环境基底重构

在城乡融合型村镇社区发展建设过程中，除了对原始生态系统的保留与维护外，还需要对村镇社区整体生态系统进行低碳化重构。首先，对村镇社区内破碎的碳汇要素进行归纳梳理，构建形成较为完整的生态景观体系，增加景观连接度；其次，增加村镇社区碳汇面积，如公共节点、前庭后院等场所的景观面积，改善微气候环境，提高居民生活质量水平。还可引入适宜技术，对现有景观系统进行改造，如海绵系统的引入，减少硬质铺地，修复生态环境，提高环境适应性。

(2)微观导则：布局与赋形

①空间形态组织

在城镇化进程中，对于空间形态而言，功能结构、群域布局等内容发生了较大的变化。针对村镇社区产业类型的不同，其改变的内容各不相同，工业主导型村镇社区主要增加了产业组团单元，改变了传统的布局结构；商贸主导型与旅游主导型主要改变了组团功能结构，更多经营型、服务型的组团单元围绕交通网络展开布置，其中商贸主导型还会出现以某一核心展开布置的组团单元。无论是何种产业类型，组团功能的更新与替换，都会改变空间形态结构，进而影响村镇社区整体格局。因此，需要对中观组团层级的空间形态结构进行组织调控，其中主要强调对于居住组团的空间形态控制。

A. 组团布局形态

不同的组团布局方式可以形成多种空间形态，常见有点群式、行列式、合院式等。从整体形态的体形系数出发考虑，相较于点群式组团，行列式组团的能耗更低。在某些情况下是因为行列式组团围护结构表面的热损失更低。但行列式组团空间形态单一，缺乏灵活可变性；而点群式组团空间形态较为分散，具有较强的环境适宜性，适合布置于地形较为复杂的区域，但其整体集聚性不强，缺乏对于局部微气候的调整作用。合院式组团布局，综合了行列式与点群式两者的空间形态特点，具有较强的集聚性，同时对于配套设施布置而言相对简单，但合院式组团往往建筑密度相对较高，会产生一些日照问题。不同的组团布局形态，其低碳化效果也不同，因此不能盲目套用，需要根据具体情况具体分析进行选择。

B. 控制要素内容

除布局形态外，建筑的间距大小、前后朝向、规模大小，会通过影响日照、通风等中介要素对能源活动水平量产生影响，进而影响整体碳排放量。

a. 间距朝向

组团合理的建筑布局与间距控制，有利于提高土地利用效率，控制建筑密度，促进村镇社区低碳化发展。首先，居住组团的朝向布局需要满足足够的日照时长，在夏热冬冷地区，主要立面朝向以选择朝南为佳，局部地区因地理位置以及冬季季风的影响，会向西或东偏 15 度，但不会超过 30 度。其次，组团内建筑前后左右的间距大小，一方面影响组团层级的土地利用效率，即建筑密度，另一方面还会影响日照时长与通风效果，这两个因素都会间接影响能源使用效率。举例来说，间距较小，建筑密度较高的组团，其紧凑度相对较高，公共设施与管线布置可相对集中，减少了土地的浪费与能源的传输距离，但在一定程度上会造成日照遮挡。因此，在保证满足冬季日照时长的建筑间距时，还需要考虑充分使用土地，提高土地利用效率，形成紧凑而舒适、适度集中与有机分散相结合的空间形态。

b. 面积规模

户均宅基地面积对于碳排放强度有一定的影响作用，尤其是旅游主导型村镇社区，关联影响更为显著。不同的村镇社区，其地形地貌、功能需求各不相同，对于宅基地面积的大小各有不同的规定限制。在《黑龙江省农村宅基地管理方法》中规定每户只能拥有一处宅基地，其占用耕地面积不得超过 125 平方米，占用其他土地最高不得超过 140 平方米。而根据《低碳社区试点建设指南》中的规定，人均建设面积为 50 平方米。基于此，各地推行不同的标准，以仙居县上井村为例，其采取新型控制方法，将原先两户 120 平方米宅基地分别划分出 24 平方米，组合形成 48

平方米建筑作为共享农庄使用，将每户宅基地控制在96平方米，从而可以减少二氧化碳排放。

②公共空间设计

A. 空间界面设计

城乡融合型村镇社区的公共空间包含点状、线状和面状三种形态，其主要通过对各形态的界面控制构建，形成村镇社区生态系统，从而实现低碳化空间设计。

点状空间是指村镇社区中的节点场所，比如村口、景观小品以及一些过渡空间；通过布置绿化，可以创造出丰富的空间内容，属于低碳控制中的小型调节器。线状空间包括交通路网、水系通廊等空间，是村镇社区中的生态廊道，同时具有串联点状空间的作用；其生态系统的完整性与自然性直接影响村镇社区生态系统整体机能的发挥。面状空间是指放大的点状空间，具有一定规模性、集聚性，是村镇社区居民娱乐休闲场所，如中心广场等。在当前村镇社区建设活动中，无论是点状、线状还是面状，都一味盲目地复制城市空间设计，破坏了原有的生态界面。因此，在公共空间低碳营建体系中，需要针对不同的形态提出不同的策略建议，完善村镇社区整体生态系统。

B. 环境要素调节

水系和绿地是构成公共空间的重要组成内容，共同形成具有调节环境作用的下垫面。通过改变村镇社区的碳汇因素，从而影响碳循环体系。

a. 绿地调节

绿地的光合作用对于调节村镇社区的碳循环系统起着重要作用，并且具有调节温度、湿度的功能。因此，在村镇社区有限的公共空间内，应尽可能提高绿地面积水平维度的覆盖率，同时通过合理的植物搭配，形成舒适且良好的郁闭度。具体包括增加绿地面积与优化植物配置两大措施：充分利用开敞空间以及建筑屋顶，种植多种绿地植物与树木，增设屋顶绿化，尽可能地增加绿地碳汇面积；对种植的植物与树木进行选取，合理搭配，从而有效提高碳循环效应。

b. 水体调节

研究结果表明，水体具有调节村镇社区温度、湿度以及通风效果的作用。其原因在于水的比热相对于硬地更高：夏季，通过吸收太阳辐射热，对村镇社区构成冷辐射效果；冬季，由于空气温度相较于水体温度更低，根据热传递效应，形成热辐射效果。然而在当前建设活动中，其生态环境调节作用常被忽略，并缺乏有效的实践应对措施。因此，需要对村镇社区现有的水体空间进行梳理，进行充分保护与利用，建立并形成水网系统，调整村镇社区气候环境。

随着城镇化速度逐渐放缓，阶段“拐点”已到达，作为城乡相互作用强烈的城乡融合型村镇社区，正在从广度发展逐渐往深度建设方向转变。许多初期发展阶段的问题逐渐暴露：社区环境共生关系模糊、社区土地资源利用浪费、内部空间形态布局混乱、粗放高碳建设模式频发等。为应对城乡融合型村镇社区发展过程中各类高碳行为所造成的生态环境压力，本书拟通过构建低碳营建体系改善村镇社区人居环境，促进村镇社区向低碳具体化、系统化方向发展。

第三节　城乡融合视域下乡村服务型社区构建研究

目前，我国总体上已进入“以工促农、以城带乡”的发展阶段。服务型社区是近年来在城市社区发展的带动下逐步形成的一种以服务为导向的社区建设模式，也是乡村社区建设和发展的必然趋势。在城乡一体化进程中开展乡村服务型社区建设，是深化村民自治、促进政府转变职能、强化乡村公共服务的重要手段。

城乡一体化是一项重大而深刻的社会变革，而乡村社区建设是推动城乡一体化进程的重要途径。我国的社区建设和社区服务是从城市开始的，我国在 20 世纪 80 年代开始重视社区服务事业，在城市建设取得显著成果的同时，服务型社区建设也初具规模。而乡村社区建设和社区服务概念频繁出现在各级党和政府文件中，只是近几年的事情。党的十六届六中全会通过的《中共中央关于构建社会主义和谐社会若干重大问题的决定》首次提出了乡村社区建设的任务，指出要完善公共财政体制，逐步实现基本公共服务均等化，强调城市社区建设与乡村社区建设要同步进行，重点完善社区管理和服务体系。党的十七大明确提出，要把城乡社区建设成为管理有序、服务完善、文明祥和的社会生活共同体。党的十七届三中全会进一步提出，要促进城乡统筹发展，推动乡村社区建设，着重提高乡村的公共服务水平。乡村社区建设日益受到国家的重视，成为统筹城乡发展、实现城乡一体化的有效途径。

近年来，在乡村城镇化和新乡村建设过程中，我国的乡村社区建设取得了初步成效，乡村社区建设也成为推进新乡村建设的重要平台。现阶段，乡村社区建设虽然取得了一定的进展，但还没有形成对其基本模式的统一认识，部分地区的乡村社区建设流于外在形式而忽视了最重要的服务功能。乡村社区服务体系是乡村社区建设的重点,有利于推动城乡基本公共服务的均等化,满足农民的生产和生活需求。乡村社区的主要功能是为农民提供全面有效的服务,以方便农民的生产、生活,因此,乡村社区建设应以服务为导向,构建服务型的乡村社区,满足农民各方面的需求。乡村服务型社区建设是在城乡一体化进程中实现城乡基本公共服务均等化的有效途径,能够推动乡村地区经济社会发展,从而缩小城乡差距,对于提高农民生产、生活水平,重塑乡村形象有着重大意义。服务型社区不仅是城市社区建设的主要模式,也是乡村社区发展的方向。在乡村社区建设取得显著成绩的同时,也存在一些问题,建设以服务乡村居民为宗旨的乡村服务型社区不仅能够有效解决社区发展的桎梏,也充分体现了对乡村居民需求的重视。

目前,关于服务型社区的理论研究多倾向于城市社区,服务型社区的内涵已经明确。韩子荣、连玉明在《中国社区发展模式——服务型社区》一书中,结合社区研究的基本内容,提出了服务型社区的基本内涵:“服务型社区是按照以人为本的现代治理理念构建的社区管理制度的总和,是以服务居民为核心的社区治理模式。”他们借助社区治理理论和公共管理理论,提出了服务型社区的基本特征、构成要素及一整套治理结构设计。杜文宗在《论我国服务型社区的建设》一文中提出:“服务型社区就是通过服务来回应、满足社区内居民的公共利益诉求,重塑社区职能的新型社区治理模式,它以社区居民利益为核心,在法律的保障和道德的支撑下,打造舒适融洽的生活氛围,实现社区管理协调、形成具有强烈归属感和社会认同的生活聚落。”

在乡村社区服务研究方面,则集中于乡村公共服务的社区化研究。贾先文在《乡村公共服务的社区化问题研究》一文中提出,乡村公共服务社区化就是要在政府的带动下,调动乡村居民参与的积极性,构建多元化的社区组织,注重乡村公共服务水平的提高。一些学者提出通过建立社区组织、完善社区自治机制实现乡村公共服务的社区化。程又中、陈伟东在《国家与公民:公共产品供给角色与功能定位》一文中提出,在乡村公共服务社区化过程中,村民应通过社区合作建立自治组织、各类群体协会等社区组织来实现自我管理、自我服务。

关于乡村社区服务的内容,学者们的看法较为一致,主要围绕乡村社区居民的需求进行研究。李成贵在《造福农民的新机制——诸城市推进乡村社区化服务的探索与实践》一书中提出,乡村社区服务要以乡村居民的需求为宗旨,保障乡村居民能够享受到基本的公共服务,同时要促进乡村经济、社会和环境的协调发展。师坚毅在《新乡村社区建设与管理》一书中指出:“社区服务是乡村社区建设的永恒主题和生命力所在。应围绕农民基本生活需求和发展需求,以解决社区成员尤其是困难群众的基本物质文化需求为首要任务，以满足社区成员普遍而又迫切的需求为工作重点，以促进社区居民的全面发展为基本目标，加快构建公共服务、市场服务、志愿服务相结合的乡村社区服务体系，增强社区凝聚力。”

当前我国关于服务型社区研究的对象主要是城市，乡村服务型社区方面的研究不多。现有成果主要是针对乡村社区建设或乡村社区公共服务的内容、提供方式进行研究，将乡村社区与公共服务结合起来研究乡村服务型社区建设的成果比较少见。

一、乡村服务型社区建设面临的问题

当前我国乡村社区建设取得了一定的成绩，在乡村社区建设的基础之上，构建功能完善的乡村服务型社区已经具备了现实可行的条件，但是滞后的思想观念、经济基础等，使乡村服务型社区建设在构想与现实之间存在不小的差距，乡村服务型社区建设仍面临着很多问题。

1. 思想观念相对落后

思想观念落后是阻碍乡村服务型社区建设的一大障碍，不利于社区工作顺利开展。一方面，很多地区的乡村社区建设者仍然没有形成正确认识，为人民服务的意识不够，导致一些乡村社区有名无实，使乡村社区很难朝向服务型社区方向发展。另一方面，乡村居民的文化道德素质还不够高，与乡村服务型社区这一新的社会生活形态还不相适应。

(1)社区工作者存在认知偏差

社区工作者主要是指政府部门工作人员和乡村基层干部。他们在认识层面上存在着一些问题，部分社区工作者对乡村服务型社区的内涵缺乏正确认识，对乡村服务型社区的基本概念、乡村服务型社区的职能、服务内容、服务方式等认识比较模糊；对社区建设的规划布局、机构设置、硬件配置、人员配备等把握不当；有的人认为服务型社区是城市社区建设的模式，或者认为经济发达地区的乡村才有条件进行建设，欠发达地区建设时机还不成熟；基于对国家政策的错误理解，有相当多的基层干部认为乡村社区建设需要国家和上级政府面面俱到地进行指导，对如何推进乡村社区建设知之甚少。在乡村社区建设起步不久的条件下，对乡村社区模式进行科学定位以建设乡村服务型社区尚缺少正确且统一的认识。

对乡村服务型社区建设的认识偏差和误区，容易导致社区建设的形式化和片面化,从而使社区建设进程缓慢。政府工作人员和基层干部的模糊认识和错误观念极易导致具体工作难以有效开展:对乡村服务型社区的内涵缺乏全面正确认识,会使乡村社区的服务功能得不到凸显,各项服务难以在乡村社区普及;对社区建设各方面内容的把握不当,使社区运行不畅,出现管理困境;对服务型社区建设条件的误解,使乡村服务型社区难以全面建设,不能惠及更多乡村居民;对国家政策的错误理解,使乡村服务型社区建设陷入僵局,"等、靠、要"思想使社区建设缺乏灵活性。

(2)乡村居民的思想道德观念趋于保守

由于长期受自然经济、传统观念和教育水平的影响,乡村居民的思想道德观念相对保守落后,科学文化素质不高,乡村的传统保守思想、封建迷信仍然存在,如宗族观念、家长作风、重男轻女思想和求神拜佛等现象较为普遍,自私保守、因循守旧的小农思想仍很突出。此外,受一些西方文化的消极影响,部分乡村居民只重视自身利益和眼前利益,集体观念淡薄。由于乡村教育水平不高,农民的科学文化素质较低,民主法治意识不强,对新生事物的认识水平有限,认为社区建设是政府的事,缺乏参与积极性。

造成上述现象的原因从根本上来说,是乡村传统自然经济与现代市场经济之间的矛盾。在经济社会转型时期,因循守旧、平均主义等保守落后的传统观念与崇尚自由、人性、竞争的现代观念产生碰撞,本土文化与西方外来文化发生冲突,使得本来就缺乏文化知识和价值判断力的农民陷入迷茫,导致了道德观念扭曲和行为的变形。"在多元文化的冲击下,部分农民乃至基层干部的集体主义观念弱化,对乡村公益事业漠不关心,勤劳简朴、助人为乐、尊老爱幼的传统美德受到冲击。"

乡村居民既是乡村服务型社区建设的直接受益者,又是乡村服务型社区建设最重要的主体,乡村居民的思想道德和科学文化素质决定着乡村服务型社区的发展前景,而现阶段农民的思想观念状况和文化道德素质显然与乡村服务型社区建设的要求还存在较大差距,在乡村服务型社区建设中缺乏主动参与意识和创造力,农民向乡村服务型社区居民的角色转换还需要一个过程。

2. 缺乏充分的物质保障

近年来,国家十分重视乡村经济发展问题,在政策上采取了一系列重大措施,如取消农业税、实行粮食补贴和农业生产资料补贴,同时增加了农业财政投入,但是一些地区的农业基础仍然薄弱,城乡经济差距扩大的趋势尚未完全扭转。乡村地区经济发展水平的落后,使乡村服务型社区建设缺乏物质上的保障。

(1)社区建设的经济基础薄弱

由于城乡二元体制的存在及其他历史和现实原因,我国乡村地区经济虽有发展但严重滞后于城镇。乡村人多地少,生产力落后,我国现有9.5亿农业人口和18亿亩[①]耕地,部分乡村劳动力转移后,单位耕地从业农民数量仍较多,农业生产大部分仍处于小农阶段,规模化和机械化生产没有得到推广,乡村人力资源浪费严重。乡村经济结构和产业结构不合理,农业生产、经营的市场化程度低,乡村一、二、三产业所占比重分别为60%、30%和10%,农业产值超过50%,二、三产业比重偏低,部分地区乡镇企业在吸纳乡村剩余劳动力、发展乡村经济方面取得较大成绩,但也面临着实力较弱、竞争力小、环境污染、土地占用等问题。

城乡经济发展差距的拉大,使乡村社区建设远远落后于城市,尤其是经济比较落后的乡村地区,集体经济实力不强,80%的乡村没有集体收入,社区建设缺少物质基础,而政府财政投入有限,不能包揽社区建设的全局。除城镇附近的乡村社区建设能够受到政府财政的较多支持外,大部分乡村的社区建设费用基本上是由当地居民自主负担的,农民在满足自己的基本生活需求后没有额外的精力和费用投入社区建设中。虽然经济条件好的乡村地区建设乡村服务型社区有一定的物质保障,但也需要大量的资金投入,因此在不加重农民负担的同时建设符合标准的乡村服务型社区是当前需要解决的难题。

(2)资金短缺致使社区运转困难

乡村社区是一个复杂的系统,从基础设施的建设与维护到社区环境卫生的保持,再到社区管理与服务机构的设置以及社区的服务中心的运转都需要大量的经费保障,而很多乡村社区设立的社区服务中心是高投入低产出,甚至完全依靠财政资金来维持运转的。社区服务中心内的工作人员的工资、服务部门的办公经费积累下来都是比较可观的,可以说,社区所提供的服务基本上都是由政府财政和农民资金投入换来的,乡村社区成为一个高消耗的生活场所,这必然加重政府和乡村居民的负担,不利于乡村服务型社区的建设。

目前的乡村社区服务还主要是基本公共服务,采取政府财政支持的方式提供公共产品,基本公共服务的内容满足不了农民的全方位需要。由于公共产品具有非营利性,因此长期的、缺乏针对性的无偿服务会造成“搭便车”现象的发生,不仅浪费公共资源,而且效率不高,公共产品的依赖性也会蚕食政府的财政收入。现阶段的乡村社区在乡村居民互助服务和市场化服务方面还不成熟,社区经济发展没

① 1亩≈667平方米。

有利用好乡村社区的资源整合作用，许多乡村社区面临着社区内生动力不足、运转资金短缺的困境，不利于乡村服务型社区的构建。

3. 参与主体较为单一

长期以来政府都是乡村公共服务的提供主体，农民及其他社会主体的参与较少，乡村居民在当前的乡村社区建设中处于被动状态，私人部门和第三部门（即NGO或NPO，NGO为非政府组织Non-Governmental Organization的缩写；NPO为非营利组织Non-Profit Organization的缩写）的力量没有充分调动起来。在政府承担乡村社区建设的主要任务的情况下，既会增加政府负担，又会削弱其他社会力量的积极性，乡村社区建设的这种惯性对乡村服务型社区建设也会产生不良影响，极易使乡村服务型社区建设成为单一性的政府工程。

(1)政府干预过多且负担过重

当前我国乡村公共产品存在着供给困境，几乎所有的乡村公共服务都是由政府承担，政府包揽一切社会公共事务，扮演着“干预人”的角色。政府是乡村社区建设的推行者，从基础设施建设到社区管理与服务机构设置，再到公共服务的提供，政府这只无形的手无处不在，管理越位现象非常普遍。一些基层政府不顾本地区实际情况任意拔高建设标准、扩大建设范围，不分轻重缓急和主次，所有项目一拥而上，或习惯做表面文章迎合上级而忽视了实质内涵，“体现政绩的公共产品供给过剩，农民需要的公共产品供给不足”。一些地方的基层政府包揽乡村社区建设，会导致政府机构改革始终走不出“精简—膨胀—再精简—再膨胀”的怪圈，公共服务供给效率和质量下降，公共服务的内容有限，满足不了乡村居民的需求。

我国的乡村社区建设是政府主导下的规划性变迁过程，政府发挥着重要的推动作用，是一种自上而下的动员型建设机制。在乡村社区建设的实践中，政府对乡村基层部门和自治机构的指导容易变成命令和指示，上级政府下达的政策和意见的行政色彩较重，一些地方政府在政府理性和部门利益的驱使下形成了“运动式”的乡村社区建设形式，忽视了地方经济社会条件和部分农民的意愿，强制性地迁村腾地、撤村并组，大规模组建农民新村，侵害了部分农民的土地利益及合法权益，“不利于乡村社区的和谐与稳定”。乡村服务型社区建设以乡村社区为基础，乡村社区建设中出现的政府行政干预过多的现象也成为乡村服务型社区建设面临的一大难题。

(2)乡村居民自我管理及参与程度低

乡村服务型社区是乡村居民新的生活形态，需要新的自治方式来实现社区的管理。村民自治制度是在20世纪80年代形成的，在新乡村建设的背景下仍具有实现乡村民主和维护乡村社会稳定的作用。大多数地区在乡村社区建成后仍然保留着村民委员会（简称村委会）等机构，部分地区在保留村委会的同时成立了社区居民委员会，二者在职能上存在交叉，容易陷入管理混乱的局面。在农民生活方式已经发生明显改变的情况下，原来的自治方式显然不适应乡村社区居民的自我管理需要。由于缺少有关规定，再加上乡村居民的参与意识不强，乡村社区自治组织还没有发展起来。乡村居民在社区自治方式不成熟的条件下，参与意识较低，很难自发或被调动起来参与到乡村服务型社区建设中来。

《中华人民共和国村民委员会组织法》第二条规定，村民委员会是村民自我管理、自我教育、自我服务的基层群众性自治组织。

经过近些年的发展，村民委员会承担了越来越多的行政职能，一些地区的村民委员会成为乡镇人民政府行政管理的前线阵地，政府的工作直接下沉到村委会来解决，并以完成任务的快慢和多少作为衡量村委会工作绩效的标准，村委会由村民的自治机构逐渐演变成为基层政府的行政管理工具。由于村民自治制度受现实因素的影响，在实践中越来越难以发挥农民自我管理、自我教育、自我服务的功能。我国的村民自治制度虽然在很大程度上推动了乡村政治体制改革的深入，但是这种自治方式还不甚完善，且不太适应乡村社区管理的需要，乡村居民的自我管理程度不高，一部分乡村居民处于被动管理地位，无从参与乡村社区建设，作为对以上情形的回应，很容易出现“抵触乡村社区建设或听任上级安排”的现象。乡村服务型社区建设需要自我管理程度较高的乡村居民参与进来，而现实的情况是乡村基层民主自治制度存在一定的问题，不利于乡村居民参与程度的提高。

（3）社会力量未被广泛动员

其他社会主体主要是指，除政府部门及乡村居民之外的社会主体，包括市场主体和第三部门。市场主体即从事经营活动的企业和个人，是社会建设的重要组成部分。第三部门是以服务公众为宗旨、不以营利为目的，介于政府和市场之间的非营利组织、非政府组织，如慈善组织、科研机构、志愿者组织等民间组织。

乡村服务型社区建设需要市场主体基于等价交换原则为其提供资金、技术、信息、劳动力、服务等资源，但是目前市场上的资源还没有充分流动到乡村社区内，乡村服务型社区建设缺少市场主体发挥其积极作用。一方面，农民在生产上急需更多的资本投入、技术指导、市场信息、劳动力供应以及农产品供销渠道，在生活中需要更丰富的质优价廉的商品和服务。另一方面，由于市场主体具有逐利性并遵循利润最大化原则，而乡村居民的小农经营方式以及他们的消费习惯和购买力问题使乡村市场潜力巨大但收效较慢,加上乡村地区市场运行机制还不健全,市场主体缺少良好的政策环境,最终导致市场主体很少关注农民的生产生活需求,市场主体还没有大规模入驻乡村社区。

第三部门具有保障人们基本生活、协调社会关系的作用,虽然其从事的公益性事业并不具有营利性,但是他们成为减轻政府和居民负担的重要力量。大多数志愿者组织和慈善组织较为关心弱势群体的利益,并能够深入群众中间为他们排忧解难,在很大程度上达到了维护社会稳定的效果。第三部门是重要的社会力量,能够自发性地将社会优势资源集中到急需援助的地方。乡村服务型社区建设是一个复杂的工程,在乡村居民的建设能力有限、政府负担过重的情况下需要广泛的社会力量将优势资源投入进来。从现实情况来看,乡村社区缺乏与第三部门的联系,大部分的慈善活动、志愿行为和民间活动集中于城市社区,第三部门在乡村服务型社区建设中的作用还没有充分发挥出来。

4. 城乡资源配置不合理

乡村服务型社区建设需要充足的资源作为保障,而当前乡村地区缺乏必需的建设资金和专业人才,教育、医疗卫生、基础设施等资源与城市存在较大差距,乡村服务型社区建设与城市相比,可利用的资源非常有限。

(1)政策扶持和财政支持力度不均

乡村服务型社区建设是在政府的指导下进行的,离不开政府的政策和财政支持。从现实情况来看,"国家层面的乡村社区建设政策体系还没有形成,在社区建设中缺少专门对乡村社区进行管理、评估的体系"。乡村社区建设虽然是在政府的推动下开展的,但相关政策体系还不成熟、完善,政府对农民关心的项目的财政投入不足。城市地区基于地缘和业缘关系,政府对城市的服务型社区建设无论是在政策支持还是财政投入上力度都很大,且城市地区的资源禀赋条件较好,在各个方面都优越于乡村。乡村地区基础条件较差,可利用资源有限,农民依靠有限的资源自发建设服务型社区有很大难度。

(2)城乡生产要素流动性较差

乡村经济发展的过程实质上就是土地、资金和劳动力等基本生产要素的合理流动过程。目前,我国的乡村土地流转制度还不健全,土地的价值还没有充分发挥出来,土地的投入产出低,大量土地被闲置成为荒地。乡村剩余劳动力数量庞大但技术含量不高,2 亿左右的乡村剩余劳动力转移不出去,必然影响乡村经济的发展和社会的稳定。目前银行逐渐商业化,乡村地区的金融机构从事的业务大部分是吸收农户的存款，很少从事贷款业务，吸收的相当一部分资金用于产值更高的非农领域，乡村民间借贷不仅利息率高而且也并非用于农业生产，乡村资金出现大量外流现象。

当前我国城乡生产要素流动还不合理，一些乡村为城市的发展输出过多资源而陷入“贫血”状态。目前我国虽在大力倡导“城市支持乡村、工业反哺农业”的发展战略，但是由于乡村投入产出效益低，城市资金、技术、人才等生产要素难以流向乡村，导致乡村基本生产要素匮乏。乡村服务型社区建设不仅需要充分利用当地的土地、劳动力等生产要素，也需要城市提供更多的资金、技术、信息等生产要素。在乡村生产要素匮乏且难以有效组合、城市生产要素不能充分流动到乡村的条件下，乡村服务型社区因缺少活力而发展困难。

(3)城乡之间缺乏资源共享

城市的服务型社区建设具有丰富的资源和较好的基础，在各方面都领先于乡村。由于“城乡二元格局”仍然存在，城市的基础设施、教育、医疗卫生、社会保障等公共资源自成体系，城乡二元体制的存在使乡村在资源分配和占有上与城市存在较大差距。城市服务型社区拥有丰富的市场资源，如资金、技术、人才、信息等。另外，第三部门也有效支援了城市服务型社区的发展，如慈善组织、志愿者协会等民间组织。在城市社区资源充足甚至过剩的情况下，乡村社区资源却十分匮乏。从理论上说，城市在享有比较优势的条件下，应该多帮助乡村，而现实情况是城乡之间缺乏互动和资源共享，乡村社区与城市社区之间基于资源分配的不平等而差距加大。长期以来的城乡分割局面形成了城乡二元体制，使乡村社区与城市社区在建设过程中很难走出制度上的障碍而实现互动。城市服务型社区是乡村服务型社区建设的先导，但在实践中城乡之间却缺少密切的联系，二者缺少在社区建设上的互动和资源共享，以至于存在这种情况：城市社区资源过剩，乡村社区资源不足，许多延伸到乡村地区的公共资源乡村社区却因无使用权而无法利用。城市服务型社区作为先行者，忽视了对乡村的指导和帮扶，乡村地区由于缺乏相应的渠道与城市沟通，也很少去主动寻求帮助。

二、推进乡村服务型社区建设的对策

城乡一体化是乡村服务型社区建设的重要背景，乡村服务型社区建设也将在很大程度上促进城乡一体化的进程。开展乡村服务型社区建设要立足于城乡基本公共服务均等化的总体要求，在现阶段乡村社区建设已取得成绩的基础之上，充分利用城乡资源，完善外部环境和内部条件，构建功能健全的乡村服务型社区。

1. 更新思想观念

更新思想观念主要是更新社区工作者和乡村居民的思想观念，提高他们的综合素养。社区工作者的观念、认识决定了乡村服务型社区的推行效果，而乡村居民的思想观念和文化道德素质则直接影响乡村服务型社区建设的成效。

(1)转变社区工作者的观念

要转变社区工作者的观念，使他们形成对乡村服务型社区建设的正确认识。首先，应通过培训的方式对相关政府部门工作人员和基层干部进行专门教育，普及乡村服务型社区的基本知识，使他们全面了解乡村服务型社区的基本功能、服务内容、服务方式，对社区的规划布局、机构设置、硬件配置、人员配备等方面有一个科学把握，可以根据本地区实际情况结合国家政策逐步推进建设进程，明确服务型社区建设的方向、步骤，深刻理解乡村服务型社区建设的意义。其次，社区工作者通过思想教育树立为农民群众服务的理念，维护农民的切身利益。再次，鼓励社区工作者在实际工作中深入乡村与农民进行交流，掌握本地区经济社会状况，了解农民的基本公共服务需求，建设体现农民真正需要而不是地方政府期望的乡村服务型社区。最后，上级部门要加强对地方的指导和支持，在重要项目和工程上对地方政府和工作人员进行辅助，为社区工作者提供全面的政策支持，同时将具体工作权限下移，减少地方政府部门和工作者的依赖性。

(2)加强对乡村居民的文化教育

乡村居民的思想观念落后，对服务型社区认识水平有限，主要原因在于他们的文化素质不高。乡村服务型社区需要具备社区意识的乡村居民来维持和发展，为此应加强对乡村居民的文化教育，尤其是在正在建设的乡村社区范围内要重视培养乡村居民的综合素质，培育新型农民，使他们符合乡村服务型社区建设的需要。首先，通过发展社区基础教育促进乡村义务教育的普及，同时可以在社区内设立各类成人学校、培训班、图书室、文化活动室等丰富农民的文化知识，提高农民的劳动技能，充实农民的文化生活，改变农民文化素质低所导致的生产方式落后、市场竞争力弱的状况，提高农民对乡村服务型社区建设的觉悟。其次，加强社区道德建设，发挥道德对乡村服务型社区建设的精神支撑作用，应围绕社会主义道德建设的主旋律，结合乡村居民的生活状况，对他们进行社会公德、职业道德、家庭美德教育，开展移风易俗和社会主义理想信念教育，改变农民的不良生活习惯和传统道德观念，避免不良价值观念对农民思想的侵蚀，“社区道德建设重在思想教育和实践活动，应采用农民喜闻乐见、生动活泼的方式引导和教育农民，如组建文艺团队、社区调解委员会、红白理事会等形式开展道德实践活动”。通过提高乡村居民的整体素质，培育出具有社区意识的新型农民，从而使他们以较高的素质投入乡村服务型社区建设中来，营造文明和谐的社区氛围。

2. 发展乡村经济带动社区建设

乡村经济是乡村服务型社区建设的物质基础，也是推动新乡村建设的重中之重。发展乡村经济是缩小城乡差距，加快乡村城市化进程，实现城乡一体化的根本途径。通过促进乡村经济结构转型、兴办乡村社区服务产业，可以增强乡村服务型社区的经济实力，缩小城乡社区之间居民生活水平上的差距。

(1)促进乡村经济发展以增加资金投入

发展乡村经济要从多方面入手，逐步提高乡村生产力水平和市场化程度。首先，改变传统的小农生产方式，实行规模化、集约化、现代化的农业经营模式，大力推广机械化生产，提高农业的科技含量。其次，调整乡村经济结构，“按照优质、高效、安全的要求，大力发展特色农业、绿色农业、有机农业、品牌农业，加快推进农业标准化生产”，根据本地区地域特点发展特色农业，提高农产品质量水平并进行精深加工，使传统农业向精品农业、观光农业和生态农业发展，在搞好农业的同时通过发展乡镇企业和乡村服务业，逐步提高二、三产业的比重，使乡村地区种植业、养殖业、建筑业、加工制造业、服务业、商贸流通等多种产业协调发展。再次，提高乡村经济的市场化水平，通过收集市场信息、预测市场走向、合理确定乡村产业布局和规模，同时构建完善的农产品市场流通体系，减少农产品从产出到中转再到销售的流通环节，拓宽销售渠道，增加农民直接收益；通过成立乡村经济合作组织，建立“农户—合作社—市场”的经营方式，增强农民进入市场的竞争力和应对复杂局面的能力。最后，鼓励农民创业增收，采取多种经营形式，减少对农民的税费征收项目和比例。

在乡村经济发展的基础上，随着本地财政收入的增加，政府也会有更多的资金投入乡村服务型社区建设之中，同时富裕起来的农民也有了建设服务型社区的自主权，乡村服务型社区的基础设施建设、机构运行、服务供给也就有了保障。

(2)建立市场准入机制并大力发展社区服务产业

在建设乡村服务型社区的同时，要建立市场准入机制，大力发展社区服务产业。市场准入机制的建立，需要在政府的指导和监督下，吸引市场主体入驻乡村社区，鼓励各类企业、个人或乡村居民在社区内投资、经营，发展便民利民的生活服务项目,如开设日用品超市、农资超市、农机服务部、社区餐厅、小型商场、文化娱乐中心等营业场所,对与乡村居民生产、生活关系密切的行业给予税收优惠政策,对符合条件的市场主体简化审核程序和审批手续,并做好监督检查工作,保证高质量的市场服务和合理的消费价格。发展社区服务产业,关键是要把市场机制引入社区服务业,在经营方向上针对乡村居民的需求,发展便民利民服务和后勤保障服务,重点发展家政服务、医疗服务、就业服务、教育培训服务、农业生产服务等社区服务产业。乡村社区服务产业化是在政府的引导和支持下将市场机制引入乡村社区服务事业的过程,应鼓励企业、个人、团体等市场主体以自办、合伙、承包、租赁、股份合作等多种方式投资社区服务业,并通过市场化和社会化方式组建一支高素质的乡村社区服务队伍,"在服务的实效上,应以市场为导向,坚持社会效益和经济效益的统一"。发展社区服务产业既可以吸引各类市场主体的资金用于服务型社区建设,又大大方便了乡村居民的生产生活。社区服务的产业化和市场化能够在很大程度上激活乡村社区的发展动力,为服务型社区建设创造较好的经济条件,同时还能够满足乡村居民的各种服务需求。

3. 建立多元主体参与机制

乡村社区是全社会共同建设的工程,是在各级党委领导和政府主导下调动各方社会主体参与建设的重要项目。乡村服务型社区建设需要理顺各社会主体之间的关系,改变部分地区乡村社区建设参与主体单一、政府包揽过多的现象,形成党委领导、政府主导、乡村居民为主体、其他社会主体参与的机制。

(1)在党委领导和政府主导下形成多方联动机制

党委、政府重视是推进乡村社区建设的重要动力,各地应该建立由党委领导、政府主导、乡村居民广泛参与、第三部门支持、市场主体入驻的乡村服务型社区建设多方联动机制。乡村服务型社区建设首先要在党委的科学领导下发挥政府的主导作用,在整个过程中通过制定一系列规章制度来创造良好的政策环境,并采取切实有效的行动协调各方利益主体,明确乡村居民的主体地位,调动第三部门和市场主体的积极性,凝聚全社会的力量共同建设乡村服务型社区。

各级党委应切实领悟并贯彻国家关于乡村社区建设的政策方针,提高驾驭全局的能力,领导各方主体在社会主义核心价值体系的指导下开展乡村服务型社区建设,村级党支部要做好对村民自治机构的领导工作,严格遵循社区建设方向和根本宗旨。政府部门在发挥其带动作用的同时应减少对乡村社区建设工程的直接行政干预,改变以往包揽建设的情况,少一些强制性和命令式行为,多承担协调性和指导性的工作,将社区建设的自主权逐步下放给农民,也可采用招标等方式由市场主体承建基础设施和提供社区服务,同时精简多余机构,增加专业工作人员,提高办事效率。在对政府部门的绩效评估方面,要"建立各级政府的乡村社区建设目标考核制度,将社会各界尤其是乡村居民的舆论评议纳入各级政府年度工作目标考核体系"。

乡村居民是乡村社区建设的主体,"让村民参与乡村社区管理和决策,有利于激发他们自觉参与乡村社区建设的热情和动力",要健全基层民主制度,有条件的地方可借鉴城市社区的自治方式成立社区居民委员会,使乡村居民在社区建设上体现自主性,在社区治理上体现民主性。第三部门为乡村社区建设提供支持,而市场主体可以催生出乡村服务型社区的内生动力,党和政府要鼓励第三部门和市场主体参与乡村服务型社区建设,要创造一个各类社会主体参与乡村服务型社区建设的良好环境,政策上应明确和宽松,具体措施上应规范、简便,为其参与社区建设提供渠道和便利条件。

(2)建立多方主体组建的社区服务组织和人才队伍

乡村社区服务要依赖于各类社区服务组织和服务队伍,要针对乡村居民服务需求的多样性建设多元化的社区服务组织和服务队伍。各类社区服务组织和服务队伍由不同主体组成,服务内容各异。

社区服务组织是提供社区服务的载体,社区服务组织可以由单一主体设立,也可以由多个主体共同成立。单一主体设立的乡村社区服务组织,按主体可分为民政工作小组、乡村居民互助组织、市场经营组织及社会无偿服务组织,这些组织所提供的服务主要基于其主体所占有的资源,服务内容涉及面较窄,但专业性较强。多主体成立的社区服务组织主要负责涉及面较广,需要各主体协调合作才能提供的服务,如由政府农经部门、乡村居民、企业或个人成立的乡村社区供销合作社。政府在各类社区组织的设立、运行上负有管理责任,严格监督政府部门下设的乡村社区服务组织,重点扶持乡村居民自发成立的服务组织,鼓励市场主体和第三部门在社区内设立各类服务组织,建立乡村服务型社区的组织体系。

现阶段,乡村社区建设缺乏大量高素质的服务人才,人才队伍的结构也不合理,建立符合各服务机构和服务组织需要的人才队伍是构建乡村社区服务体系的当务之急,也是乡村服务型社区建设的要求。社区服务队伍由具备专业服务技能的人才或综合素质较强的人才组成,主要有政府部门工作人员、市场服务人员、社区服务志愿者等。建设一支高水平的乡村社区服务队伍,需要通过多种方式引进大量人才,如:制定优惠政策促进大中专院校毕业生到乡村社区工作;采用招聘的方式吸引市场服务人员；疏通社会成员进入乡村社区充当志愿者的通道；建立相关激励制度，“把那些熟悉政策、精通业务、服务热情的干部选拔到为民服务队伍中来”；引导乡村居民积极参与到乡村社区服务的建设中来。在引进服务人才的同时，要注意提高相关人员的服务意识和服务技能。

4. 合理配置城乡资源

目前，城市在资源分配和占有上居于绝对优势地位，乡村地区资源相对短缺。城乡资源配置不合理制约了乡村社区的发展，不利于城乡一体化的实现。由于乡村地区相对城市来说资源比较匮乏，因此政府要在政策和财政上向乡村社区倾斜，并促进城乡生产要素合理流动，推动乡村与城市社区的一体化发展。

(1)加大对乡村社区建设的扶持力度

乡村经济社会状况决定了乡村社区建设单纯由乡村居民承担既不现实也不合理。一方面，农民的文化水平不高，对乡村建设缺乏全面认识和系统规划。另一方面，乡村经济发展水平较低，农民通过自筹资金或其他方式筹集的资金有限。政府作为乡村社区建设的推动者，“应加大对社区建设各参与主体的政策扶持和对社区建设各类项目的财政投入力度”。完善的服务体系是乡村社区向服务型方向发展的前提条件，政府在投入方向上应倾向于为建设服务型社区构建优良的服务架构。

政府作为乡村服务型社区建设的主导者，应制定政策方针明确各级政府部门的工作任务和社区建设的远景规划，鼓励政府部门相关人员深入乡村开展工作。乡村居民是乡村服务型社区建设的主体，政府应加强引导以提高他们的自主性，通过制定减轻农民负担的税费政策、增加农民收入的优惠政策和提高农民组织化程度的政策，激发农民自发建设的积极性。第三部门和市场主体是乡村服务型社区的重要参与者，应为其提供各类无偿服务或有偿服务创造良好的政策环境，吸引更多社会资源向乡村社区聚集。

政府的财政支持主要是指增加对乡村社区建设各类项目的财政投入，包括基础设施建设与维护、社区管理与服务机构的日常运转以及基本公共服务的财政转移支付等。政府应加大对乡村服务型社区基础设施的财政投入，如道路交通、居民住房及配套设施、农田水利设施等，方便乡村居民的生产生活。政府应在乡村社区管理与服务机构初始发展阶段，为其提供一部分运转资金，培育社区机构和组织的持续发展能力。政府要增加乡村基本公共服务的预算支出，重点支持乡村义务教育、医疗卫生、社会保障事业的发展。政府在总体财力有限的前提下，应根据社区公共服务的重要性与乡村居民对社区公共服务的满意度优化财政投入顺序，逐步解决乡村社区公共服务供应不足与结构失衡等问题,从而实现较优的边际投资均衡效率。

(2)促进城乡生产要素合理流动

城乡生产要素合理流动是实现城乡协调发展的前提条件,有利于乡村社区汇集各种资源,增添发展活力。城市的生产要素在数量和质量上都比乡村优越,城市服务型社区建设的资金充足、技术先进、人才队伍合理,但土地资源稀缺,缺少大量廉价劳动力。乡村地区拥有大量的剩余劳动力,土地开发空间大,但缺少资金、技术和人才,乡村服务型社区建设缺少较好的物质条件。促进城乡生产要素合理流动有利于资源的最优化配置,是城乡社区共同发展的需要。要按照市场规律和自然规律优化城乡生产要素组合,促使土地、资金、技术、人才等要素在乡村地区合理流动。首先,健全土地流转制度,合理利用乡村土地,“在依法、自愿、有偿的前提下,采用多种形式进行土地经营权流转,实现土地规模经营”,避免占用耕地和非法开发乡村土地行为的出现。其次,改革城乡二元制的户籍制度,为乡村劳动力进入城镇消除障碍,建立城乡统筹的劳动力市场,革除农民进城务工的不合理政策和规定。同时,鼓励资金、技术注入乡村地区以发展民营企业,推进农业产业化经营,提高农民的组织化程度,增强企业和农户对资金、土地、劳动力等要素的支配能力,吸纳乡村剩余劳动力并增加经济效益。再次,完善乡村金融体系,保证资本要素的投入,要建立规范化、可操作的乡村金融组织,为农户提供各类信贷业务,制定优惠政策,逐步建立起包含国家、地方、集体、企业和个人在内的乡村社区多元投资体系。最后,引进城市服务型社区建设的先进技术,吸引人才资源向乡村地区流动,建立一支具备较高技术水平的人才队伍,使其致力于乡村服务型社区建设。

(3)构建城乡社区之间的资源共享机制

服务型社区建设发起于城市,虽然城市和乡村在服务型社区建设的具体形式上存在不同,但基本的建设程序、工作思路、服务内容是相近的。乡村地区建设服务型社区应按照城乡一体化的发展要求与城市服务型社区加强联系,“发挥城市对乡村的带头作用,建立城市带动乡村,城乡良性互动的社会激励结构”。城乡一体发展是社区建设的趋势,为促进城乡统筹、协调发展,要对城乡社区基础设施进行统一规划、统一管理、统一维护,使社区基础设施实现功能整合,为社区居民提供跨越城乡界限的公共服务。城乡资源共享机制的建立应在政府和第三部门的推动下,按照统筹城乡发展的要求,积极牵线搭桥,让城乡社区结成帮扶对子。乡村地区应主动学习城市服务型社区建设的经验,城市则要在人才、技术、物质上支持乡村服务型社区建设。通过组织开展交流联谊活动,促进城市服务型社区将社区理念、服务和知识传递给乡村，丰富乡村居民的精神文化生活，促进城乡社区的一体化。

在城乡服务型社区建设过程中，要统筹城乡发展规划，推进城乡经济融合、产业联动、设施共享。城乡社区的互动是缩小城乡差距、促进城乡协调发展的有效方式。统筹城乡发展，实现城乡社区互动，要求城乡社区在地理区位上、基础设施建设上、产业布局上、服务内容上密切配合。城乡社区在联谊社区的选择上要优先考虑距离较近、基础设施重复利用率高、产业结构互补、服务内容各有所需的社区。在城乡社区公共资源的分配上，要兼顾城乡地区居民的需求，建设具有兼容性和便捷性特点的交通设施、文体设施、水电气设施、通信设施等。通过构建城乡社区之间的资源共享机制，可以大大提高资源的利用效率，发挥城市对乡村的涓流效应。

乡村社区还是一个新生事物，在发展过程中面临着很多问题，需要我们加强理论研究并不断积累经验，以指导乡村社区建设实践。在当前形势下提出乡村服务型社区建设这一课题，有利于解决乡村社区建设的具体方式、发展方向等难题。从当前我国对乡村社区建设的重视程度和研究方向来看，关于乡村服务型社区建设方面的理论研究和实践将会逐渐丰富。乡村社区是整合社会资源的载体，是促进城乡均衡发展的平台，在党和政府的领导下，以及全社会力量的广泛参与下，乡村社区建设一定会取得可喜的成绩。

第四节　城乡融合视域下乡村社区建设运作机制比较研究

一、各地新型乡村集中社区建设模式

1. 重庆“地票交易”模式

在党的十七届三中全会决议通过的《中共中央关于推进农村改革发展若干重大问题的决定》（以下简称《决定》）中，做出建立城乡统一的土地市场，利用市场机制合理配置土地资源，提高农民财产性收入等改革要求。2007 年，重庆被设立为统筹城乡综合配套改革试验区，其在乡村土地流转市场机制建设方面进行了积极

的探索和实践,其中重庆统筹城乡土地制度改革中重大创新的“地票交易”模式,很好地体现了《决定》的改革精神。

“地票”是将乡村集体建设用地通过复垦而形成的证券化的新增城市建设用地指标。“地票交易”是在规划指导、农民自愿情况下,通过建设农民集中社区及配套设施,并将农民宅基地及村集体使用的建设用地整理复垦,从而将集约出来的集体建设用地指标以“地票”的形式,通过市场公开透明地拍卖,在“大市范围”内进行流转。交易所是“地票交易”唯一场所。每年重庆“地票交易”数量仅占当年城区新增建设用地指标的10%,这是为了避免资本过量涌入,保证经济社会平稳运行。“地票”使用时间为交易完成后两年,使用区域必须在规划确定的范围内,到期“地票”将失效并由交易所以原价收回。

“地票交易”成本包含城市新增建设用地有偿使用费、耕地开垦费、勘测费、农民集中社区建设和配套设施费用及农民迁居补偿款、必要的交易相关税费等。“地票交易”收益扣除土地整理费用及交易相关税费之后的剩余部分,按农民宅基地和村集体使用的建设用地两种类型采取不同的分配方式。在扣除土地整理、集中社区建设等费用后,农民享有宅基地所形成的“地票”净收益的80%,剩余20%归村集体统筹使用。集体使用的建设用地形成的“地票”净收益归集体共有并由集体统筹使用。村集体在“地票交易”中的收益主要用于本村基础设施和公共服务设施建设以及为农民建立社会保险、发展村庄公益事业等。

2. 天津“宅基地换房”模式

在推进城镇化过程中,天津面临着两大矛盾——土地资源束缚和建设资金制约。天津通过“宅基地换房”有效破解了两大矛盾,同时也让农民进入城镇居住,享受更高水平的公共服务,实现由传统向现代、由分散向集中、由乡村向城镇的转变。

天津“宅基地换房”是在国家相关制度框架内,坚持家庭联产承包责任制不变、不减少耕地总量、以农民为主体的原则,科学规划、精心设计和建设利于产业集聚与生态宜居的特色城镇。农民将自有宅基地,参照规定的标准,置换为城镇集中社区住宅,搬迁进入城镇居住。原有宅基地由政府统一整理并在达到耕种要求后交还给村集体,实现耕地占补平衡。新城镇除了农民集中社区外,还预留出一块熟地用于出让,其收入用于补充城镇建设资金。以华明镇为例,该镇共有农民宅基地12 000余亩,集中社区和新镇建设需新占用土地8 400余亩,如此算来尚有3 600

余亩建设指标结余，因此耕地占补平衡可以保证。

天津华明镇“宅基地换房”是在前期充分调研基础上按计划分阶段有序推进的，可分为四个阶段。

(1)房屋普查、建立档案

2002年，华明镇开始进行房屋和农民身份认定，以镇为单位，由建设主管部门对辖区内房屋进行普查和测量，并建立档案。同时，由各村村委会成立的工作组对本村村民身份进行认定，建立花名册并上报镇政府审核。

(2)规划建设

农民集中社区项目于2005年完成规划，2006年4月开工建设，规划集中社区可容纳18万人居住。

(3)村民申请

在前期的普查和测量结果基础上，政府通过多方征求意见，确定换房政策以及标准。接下来，在镇域内进行广泛宣传，确保农民充分了解宅基地换房政策，同意者提出“搬迁—换房”申请，当整村90%以上的农民同意并提交了申请后，村委会和镇政府签订换房合同。

(4)实施换房

根据华明镇“宅基地换房”政策规定，确定换房面积遵循两个标准。首先是房屋有效面积，根据之前房屋普查数据，村民房屋划分为主房和附房两种，其标准为：1平方米主房置换1平方米城镇住房，2平方米附房置换1平方米城镇住房。然后在房屋有效面积的基础上，按照30平方米/人的标准进行限定，一户最多可置换3~4套房子，如果农民原房屋面积折算后超出可分配面积部分，政府将给予货币补偿。

3. 嘉兴“两分两换”模式

2008年，浙江省嘉兴市作为该省统筹城乡综合配套改革试点，实施以“两分两换”为契机的乡村综合改革。其中“两分”指的是“宅基地和承包耕地分开、征地和拆迁分开”，农民的宅基地和承包耕地可以分开处置，可自愿选择保有或者置换；“两换”指的是“以土地承包经营权置换社会保障、以宅基地置换城镇住房”。宅基地置换是“两分两换”最核心的内容，嘉兴在“两分两换”试点中，在城乡建设用地增减挂钩相关政策指引下，以宅基地集中置换为着力点，开拓创新，充分发挥挂钩政策的核心作用，引导农民按照城镇规划和村庄规划，通过多种形式集中方式，逐步向城镇和集中社区集聚,实现农民集中居住。具体做法:一是给予农民宅基地货币补偿,农民拿到补偿款后到城镇购买商品房居住;二是农民搬迁到集中安置区置换安置(公寓)房,部分或全部到产业园区置换标准工业厂房;三是自愿退出宅基地的农户,可在村域、镇域内置换,亦可跨镇、进城置换。在具体实践中,各试点乡镇(街道)可结合自身实际,选择不同的集居方式。至于承包耕地则可由农民继续耕种,亦可委托村、镇等社会化农业服务组织代耕代种,或换养老金、租金和股金等"三金"。

嘉善县姚庄镇为"两分两换"改革试点镇,镇政府在推动改革前期用了近一个月的时间对全镇乡村基本情况进行了摸底调查,搞清了全镇乡村的基本情况:镇域面积 30.8 平方千米,共有农户 4 805 户,户均住房面积 187 平方米,户均生产性服务用房 104 平方米,户均人口 4.3 人,户均宅基地面积 1.163 亩。按照置换政策,姚庄镇新建公寓式住房户均占用建设用地 0.245 亩,联排式安置户均占用建设用地 0.354 亩,公寓和联排两种方式结合则户均占用建设用地 0.3 亩,则户均可节约建设用地 0.8~0.86 亩。据此推算,如若全镇 4 000 多户农民的宅基地全部置换到集中社区的话,全镇可节约出建设用地 3 800 亩。2009 年,姚庄镇乡村集中社区首期项目开工,目前已经建成占地 318 亩、可容纳 820 户农民居住的设施齐全的现代化集中社区。

二、新型乡村集中社区建设运作改进策略

1. 转变发展思路,拓宽农民参与渠道

农民作为乡村集中居住的主体,集中社区建设运作应该尊重农民的合理诉求。政府不能仅仅为了"政绩"而强势推进。在集中社区建设前应深入调查摸底,全面掌握农民需求,充分尊重农民意愿,切实维护农民利益,适时地转变发展思路。首先,政府应根据自身财力和农民的意愿,合理地确定集中社区建设运作方式;其次,统一规划建设的同时不应该忽视农民的个性化需求,房型、装饰、配套等方面应为农民提供多样化的选择;最后,农民应当参与集中社区建设的全过程,项目的选址、设计、补偿标准、建设、监督等方面农民都应参与,同时给予农民相应的表决权和自主选择权。

让农民积极参与到集中社区建设中来是增强农民自主性的重要着力点。

第一,增强农民的参与意识。政府应当积极地通过政策解读、典型宣传、规划

公示等途径来提高农民的参与意识,让农民明白自己的主体地位。

第二,拓宽农民的参与渠道。农民集居前,政府应当让农民表达自己的合理诉求;规划时,鼓励农民积极参与民主恳谈、方案研讨、方案评审,最终的方案由村民投票通过;建设时,在监理单位监督的同时,农民可以对工程建设原材料、工序、质量进行监督。

2. 完善利益分配机制,共享土地收益

集中居住是土地资源重新配置的过程,集约出来的集体建设用地在城乡建设用地增减挂钩框架下流转至城市用于城镇建设,土地所有权性质的改变让土地价格倍增。这一过程由政府主导,政府在集体建设用地流转的过程中应以市场机制为主,实现资源合理配置,推动集体建设用地交易市场机制的建立,实现国有建设用地与集体建设用地"同地、同权、同价",在流转的过程中政府只需实时监督和及时纠错。利用市场的自我调节功能并适当结合宏观调控,如运用经济手段完善集体建设用地定价,农民和集体自主确定价格并决定是否流转。政府应当降低集体建设用地流转的收益分配比例,并合理分配和监督集体经济组织和农民的收益分配,注重保障农民的权益,同时,政府亦可用收取税费的形式代替土地利益分配,从而确立政府、集体和农民三者之间的土地利益分配机制,共享土地收益。

3. 因地制宜科学规划,留住乡村特色

地理空间和社会空间的区域差异使得新型乡村集中社区不可以采取同一模式,必须考虑特定的地理、文化、经济发展水平差异等因素,根据村庄特定情况,选择最适合村庄的集居模式,科学制定"时序表",不可大干蛮干。在规划上,将集中居住社区纳入城乡规划、新乡村建设、土地利用等规划范畴,科学研判集中社区的建设条件,增强农民自愿性、主体性和参与性,注重集中社区布局选点的科学性。在集中居住过程中,不可一味地拆并,要尽量保留能够代表地区特色的乡村,如苏南地区的传统村落,从乡村生态、乡土建筑、乡土文化等方面对乡村特色进行营造和保留,从而在集中社区建设浪潮中依然可以保得住传统、留得住特色、记得住乡愁。

第五节 城乡融合视域下乡村社区建设评价研究

一、乡村社区建设评价指标体系

1. 乡村社区建设评价指标选取原则

对乡村社区建设水平进行有效评价的最终目标是构建出一套适用于乡村社区建设现状的评价指标体系,以此为参照标准对乡村社区建设的社会效益、经济效益以及生态效益等进行客观综合评价。因此,对乡村社区建设现状进行综合评定的首要任务是系统、科学、准确、全面地构建出评价指标体系。评价指标体系构建得合适与否是一项设计内容较多且十分复杂的问题,因此为确保所选评价指标的科学性、规范性以及可参照性等标准,在选取评价指标时必须遵循一定的筛选原则。基于山东诸城市乡村社区建设的现状,在对其乡村社区建设效益进行评价时不仅要考虑普遍评价的特点,还要兼顾诸城市自身的特点。因此,在构建乡村社区建设的评价指标体系时,必须在兼顾独特性和普遍性的基础上同时考虑以下评选原则。

(1)系统性原则

乡村社区建设现状的评价指标筛选,需在统筹兼顾长期与短期发展平衡以及全局和局部相统一的基础上全面系统地反映出该地区乡村社区的建设状况。因此,关于乡村社区建设现状的评价指标的筛选是一项十分复杂的事件,而且其同时包含众多相互关联的影响因素。为实现全面、客观、真实地反映出乡村社区建设方面的当前水平,在对评价指标进行选择时必须将各个影响因素系统全面地考虑在内。

(2)科学性原则

科学性原则的核心是指所选用的方法是否具有科学性,是否能够在全面客观地反映待评对象自身真实情况的同时提取出对象的核心本质。

(3)关联性原则

所谓关联性是指所选的评价指标与评价内容最终的目标关联性以及各评价指标间存在的关联性。针对乡村社区建设所构建的评价指标体系须是一个有机的整体,并由一系列相互间具有内在逻辑关系的评价指标构成,并不是由数个指标随机组合而成。评价指标与最终的评价目标间的关联性越强,评价结果的可靠性与真实性才越强。评价指标间的关联性可在一定程度上弥补单个指标所反映内容的局限性,但同时须避免各个指标所代表内容和意义的重复性。

(4)实用性原则

选择的评价指标应大小适中且便于计算,同时要考虑到评价指标所涉及数据资料在搜集时的难易程度,并且要确保所搜集数据的准确性与真实性。

(5)可比性原则

该原则的前提和基础是所选择的评价指标可以反映出待评对象的归一性属性。评价指标的确定,在考虑能够准确地体现出区域乡村社区建设的唯一性之外,还要同时兼顾其共同性。

2. 乡村社区建设评价指标选取要求

党的十六届五中全会明确提出社会主义新型乡村建设的总体要求是:生产发展、生活宽裕、乡风文明、村容整洁、管理民主。

以上五个子目标之间是相互依存、相辅相成的关系:生产发展和生活宽裕是乡村社区建设的物质保障和落实情况的具体体现;乡村文明主要表现为乡村社区建设中的精神文明建设领域;村容整洁为乡村社区建设提供环境保障;管理民主是乡村社区建设的重要制度基础。在这五项具体要求中既有硬件建设又有软件建设,既有物质文明也兼具精神文明和政治文明,所涉及范围涵盖经济、文化以及政治等社会的各个方面,是新型乡村建设的衡量标准,也是评价社会发展程度的关键因素。

这五项指标的具体内涵是指:新型乡村建设的首要任务是要加快乡村经济发展,努力提高农民的收入水平;新型乡村建设在推进经济快速发展的同时,要同步推进乡村文化与政治的发展,协调经济发展与资源使用和环境保护的关系,遵循可持续发展理念;物质文明、精神文明和政治文明建设的协同发展与相互促进也是社会主义新乡村建设的最终体现;社会主义新乡村在建设的过程中不仅要充分尊重基层民众的意见,而且要加快完善村民的自治,同时充分调动并发挥村民参与新型乡村建设的积极性,最终建设成广大村民所需要的新乡村。

依据社会主义新乡村发展内涵和我国实际情况,参照可持续发展理论和和谐社会的具体要义,基于乡村社区建设的现状,研究人员将乡村社区建设评价指标体系分为五大类:生产发展类评价指标、生活宽裕类评价指标、乡风文明类评价指标、村容整洁类评价指标以及管理民主类评价指标。

（1）生产发展类评价指标

此类指标包括农业生产机械化程度、乡镇企业和集体经济发展水平、农业科技进步贡献程度、农业发展可持续性、乡村小额贷款覆盖面等五个指标。农业生产机械化程度用以衡量借助农业机械化设施从事农业生产的程度，比值越大表示农业生产过程中的机械化程度越高、乡村的生产方式越先进。乡镇企业和集体经济发展水平用以衡量乡村产业经济结构多样化程度、农民按照市场导向来发展农业，提升经济水平，表示乡村经济组织化水平的高低，比值越高表明农业产业化水平越高、市场经济发展越好。农业科技进步贡献程度用以衡量乡村科技进步在调整农业产业结构、转变生产作业方式、促进农业生产总值增长等方面的作用，比值越大说明农业科技进步对辖区内乡村经济发展的贡献程度越高。农业发展可持续性用以衡量乡村经济稳定增长的同时，对乡村生态环境进行保护及永续利用，比值越大则表明乡村社区建设在提升农业资源转化率、协调农业资源与经济发展等方面表现得越好。乡村小额贷款覆盖面用于反映为推动农业经济发展而对乡村建设进行资金投入的水平，虽然目前制约乡村经济快速发展的主要原因还是资金投入的短缺，但随着乡村农业的发展，乡村贷款的瓶颈问题也将随之解决。

（2）生活宽裕类评价指标

此类指标包括农民住房条件、农民生活条件、社会保障覆盖面等三个指标。农民住房条件用以衡量社区农民住房面积、房屋设施等，可直观反映乡村的生活宽裕程度。农民生活条件用以反映社区村民的物质生活水平。乡村社会保障事关农民的切身利益，对缓解社会矛盾、缩小贫富差距、扩大社会公平等发挥重要作用。

（3）乡风文明类评价指标

此类指标包括村民受教育程度、乡村社区文化建设水平、医疗卫生服务状况、互联网普及程度等四个指标。农民受教育程度用来反映当前农民的文化水准，现阶段乡村的小学、初中教育已得到普及，因而其主要衡量村民中高中及以上学历人群，尤其是具有高等教育背景的知识型人才。乡村社区文化建设水平是新乡村社区建设的核心内容之一，对乡村社区建设具有重要的促进作用，对均衡城乡资源配置、提升农民生活品质具有重要意义。医疗卫生服务状况主要用以衡量乡村医疗卫生服务水平，乡村医疗卫生直接关系每位农民的切身利益、社会的稳定协调发展，因此应重视其合理评价。互联网普及程度是衡量乡村生产生活信息化与现代化的重要指标。

(4)村容整洁类评价指标

此类指标包括卫生厕所普及度、生活垃圾处理能力、道路硬化程度、清洁能源普及程度等四个指标。上述指标基本涵盖了乡村基础设施建设的内容,可通过改善乡村的基础设施建设来提高农民的生活质量,实现村容整洁的目标。卫生厕所的建立以及生活垃圾的有效处理,可以在很大程度上改善村民的生活居住环境。乡村道路硬化程度有助于农产品走出去,促进乡镇企业和集体经济的发展,可助推乡村经济整体发展。清洁能源普及程度,是指清洁能源在使用过程中不产生或较少产生污染物,有助于提高能源利用效率、降低生活成本、保护环境等。

(5)管理民主类评价指标

此类指标包括村庄发展规划、村务公开制度、社区农民自治水平、村干部文化素质、一事一议制度规范性等五个指标。村庄发展规划作为乡村民主管理落实的基础,通过将其公布给广大村民,可以使乡村社区群众对村庄发展的若干问题以及决策等有一个更加清晰、直观的认知。村务公开制度是对村级财务、政策传达、民主选举等的公开,是衡量村民民主权利的重要指标。社区农民自治水平用以反映村民积极主动地贯彻民主管理制度的程度,程度越高越可以更加有力地推进乡村社区的快速发展。村干部文化素质不但可用于反映乡村干部队伍的整体素质,还可以在一定程度上衡量决策的民主化与科学化的水平。一事一议制度规范性表示村民在政务讨论中的参与程度,也可反映乡村政务管理的民主化程度以及农民参与政务决策与管理的现状。

二、乡村社区建设评价模型

1. 基于 AHP-FCE 的乡村建设评价模型

(1)基于层次分析法的乡村社区建设评价指标权重确定

乡村社区建设评价的影响因素较多且各个影响因素间具有一定的关联性,评价指标同时具有模糊性,并且各个评价指标的相对重要程度没有统一的计量标准,造成指标权重确定存在难度。为确保指标权重科学性和有效性,本节采用基于德尔斐技术的层次分析法对各个评价指标的相对重要度两两评分,并通过集结专家组的意见最终确定出指标的权重,为得到准确有效的结果,需同时对指标权重进行反复的反馈与修改,有效克服主观因素对指标权重确定的影响。

(2)基于模糊综合评价模型的乡村社区建设评价

模糊综合评价是指通过将模糊数学的原理和方法引入模糊评价之中，对受到多种影响因素控制的事物或者对象进行的综合评估，鉴于乡村社区建设的效益评价主体包含的评价指标较多且影响因素涉及多个方面，同时评价指标体系中的部分指标还存在一定的定性描述或者模糊性，所以难以用传统数学统计中的方法来合理准确地计算这部分指标间的权重分配。因此，多级 FCE 较适用于乡村社区建设评价研究。

①多级 FCE 的基本原理

首先，对评价对象的各个影响因素进行属性划分；其次，对属性划分之后的各类因素计算其综合评估值；最后，针对各类影响因素的初级评价结果计算其整体的评估价值。

具体评价过程如下。

A. 确定评价指标域 U 与评语域 V。U 指乡村社区建设评价中各个评价指标构成的集合，根据其属性的不同划分为不同的子集 $U=\{u_1,u_2,\cdots,u_n\}$。V 指乡村社区建设评价中各个评语集所构成的集合，该评语集是对乡村社区建设评价对象的变化区间等级划分 $U=\{v_1,v_2,\cdots,v_n\}$。

B. 对指标域 U 中的每个子集 $U_k=\{k=1,2,\cdots,n\}$ 进行初级综合评价，按照 $U_k=\{v_{k1},v_{k2},\cdots,v_{kn}\}$ 中各指标对评价对象影响的大小，对其进行相应的赋权 A_k，$A_k=\{a_{k1},a_{k2},\cdots,a_{kn}\}$；根据设定好的评语域 $V=\{v_1,v_2,\cdots,v_m\}$，计算出 $U_k\{k=1,2,\cdots,n\}$ 中各个评价指标 U。根据各子评语域 $V=\{v_1,v_2,\cdots,v_m\}$ 的隶属度 $r_{kij}\{i=1,2,\cdots,n;j=1,2,\cdots,m\}$ 得到单个影响因素的评价矩阵 R_k。$U_k\{k=1,2,\cdots,n\}$一级评价指标的综合评价结果为 $B_k=A_kR_k=\{b_{k1},b_{k2},\cdots,b_{km}\}$。

C. 对评价指标域 U 进行高级综合评价。U 中的 n 个影响因素可以看作 U 所包含的 n 个单因素。根据 $U_k\{k=1,2,\cdots,n\}$ 对评价对象的影响大小对其进行相应的赋权 A，$A_k=(a_{k1},a_{k2},\cdots,a_{km})$；根据 $U_k\{k=1,2,\cdots,n\}$ 的评价结果 B_k 得到综合评价矩阵为

$$R=\begin{bmatrix}B_1\\B_2\\\cdots\\B_n\end{bmatrix}=\begin{bmatrix}b_{11}&b_{12}&\cdots&b_{1m}\\b_{21}&b_{22}&\cdots&b_{2m}\\\cdots&\cdots&\cdots&\cdots\\b_{n1}&b_{n2}&\cdots&b_{nm}\end{bmatrix}\tag{2-1}$$

根据式(2-1)得到 U 的综合评价结果为

$$B = AR = A\begin{bmatrix} B_1 \\ B_2 \\ \cdots \\ B_n \end{bmatrix} = (b_1, b_2, \cdots, b_m) \tag{2-2}$$

无论是初级综合评价还是高级综合评价，均是通过模糊评价矩阵与指标权重的合成运算得到的，例如高级综合评价过程中是通过模糊评价矩阵 R 与指标权重集 A 经过合成运算而得到的综合评价结果 B。

②模糊综合评价计算步骤

A. 明确评价主体，依据评价主体得到评价对象集；根据评价指标体系设定影响因素集；通过评价等级与标准的确定得出各个评语集。

B. 运用 AHP 计算各个指标的权重。

C. 首先对既定单因素进行初级综合评价，并构建相应的模糊关系矩阵。初级评价根据各个评价指标对评价对象的影响作用来确定其在生产发展、生活宽裕、乡风文明、村容整洁以及管理民主五个方面同各个评价等级的相应的隶属关系。

D. 通过评价模型的模糊合成运算得到综合评价结果。

E. 经上述综合评价过程，求得结果并进行相应分析。

2. 乡村社区建设评价的基本步骤

根据影响乡村社区建设的评价指标，现将其分为 A、B、C 三层。

A 层（一级指标层）：U_A = {乡村社区建设效益综合评价}。

B 层（二级指标层）：$U_B = \{U_1, U_2, U_3, U_4, U_5\}$ = {生产发展，生活宽裕，乡风文明，村容整洁，管理民主}。

C 层（三级指标层）：$U_1 = \{U_{11}, U_{12}, U_{13}, U_{14}, U_{15}\}$ = {农业生产机械化程度，乡镇企业和集体经济发展水平，农业科技进步贡献程度，农业发展可持续性，乡村小额贷款覆盖面}：$U_2 = \{U_{21}, U_{22}, U_{23}, U_{24}, U_{25}\}$ = {村庄发展规划，村务公开制度，社区农民自治水平，村干部文化素质，一事一议制度规范性}：$U_3 = \{U_{31}, U_{32}, U_{33}, U_{34}\}$ = {村民受教育程度，乡村社区文化建设水平，医疗卫生服务状况，互联网普及程度}；$U_4 = \{U_{41}, U_{42}, U_{43}, U_{44}\}$ = {卫生厕所普及度，生活垃圾处理能力，道路硬化程度，清洁能源普及程度}； $U_5 = \{U_{51}, U_{52}, U_{53}\}$ = {农民住房条件，农民生活条件，社会保障覆盖面}。

当前，乡村社区建设已逐渐成为新乡村建设的主流，全国各地纷纷开展新乡村社区建设，提出了很多具有良好推广价值的乡村社区建设模式，取得了一定的成绩。众多研究成果表明，乡村社区在建设过程中应遵循循序渐进的原则。对于乡村社区建设这一新生事物，我国尚处于探索阶段，目前没有成熟的经验可借鉴。在新型城镇化背景下，诸城市根据《国家新型城镇化规划（2021—2035 年）》，结合本地区的实际情况，坚持“以人为本、生态优先”，加快建设低碳绿色、美丽宜居的新型乡村社区，并取得了一定成效，促进了地区经济发展。

本节在充分收集整理有关调查数据的前提下，以评价诸城市乡村社区建设水平为立足点，将定量、定性分析和比较分析充分结合起来，并采取实证研究和理论研究相融合的方法，对涉及乡村社区建设方面的相关内容，包括国内外现有的研究现状，进行综合全面而系统的分析。笔者使用了层次分析法和模糊综合评价法，从生产发展、生活宽裕、乡风文明、村容整洁以及管理民主五类指标着手，并以此为基础对指标进行设计，建立了乡村社区建设综合评价指标体系。根据最终的评价结果，判定诸城市乡村社区建设水平处于“一般”等级且与“较好”等级间的差距较小，发展前景十分乐观，但仍需通过采取多种策略进行提升。笔者对诸城市乡村社区建设过程中面临的科技贡献率低、人才制约、社区文化建设滞后、社区生活垃圾处理难等四个主要问题进行说明，然后有针对性地从提高农业科技服务水平、培育引进高素质人才、加强乡村社区文化建设、解决社区生活垃圾处理难四个方面介绍诸城市乡村社区建设水平提升的对策建议，可为政府制定相应的政策提供决策参考。

参考文献

[1] 庞艳华.城乡融合视野下的新型农村旅游社区建设研究[J].农业经济,2019(9):48-50.

[2] 司刘宏,冒爱锋."六化融合"推动城乡社区建设"六大转变"[J].社区,2019(12):20-21.

[3] 张宝珠.城乡融合促进乡村振兴的可持续发展[J].乡镇论坛,2019(8):6-10.

[4] 王明田,薛玉峰,钟晨.新时期农村社区建设模式探讨[J].小城镇建设,2021(3):17-22,40.

[5] 何宛蓉,林萍萍,于炜杰,等.城乡融合发展背景下晋安区乡村社区治理的经验、问题和对策[J].台湾农业探索,2019(4):37-40.

[6] 李英,贾连奇,张秋玲,等.关于加快城乡融合发展推动乡村建设的思考[J].中国农学通报,2020(2):155-159.

第三章　城乡融合视域下乡村社区治理与创新

第一节　城乡融合视域下乡村社区治理存在的问题与对策研究

中国城镇化的研究是随着城镇化实践的发展而逐步深入的,新型城镇化的提出必将为新型乡村社区的治理提供更为广阔的空间。分析和把握新型城镇化背景下新型乡村社区治理的背景、研究目的、意义、国内外研究现状等基本问题,对于研究新型乡村社区治理存在的问题与对策具有积极的意义。

一、哈尔滨市新型乡村社区治理存在的问题

哈尔滨市新型乡村社区在取得一定治理效果的同时还存在很多治理上的问题,如社区管理体制机制还不够健全、社区治理手段和方式单一等,社区治理水平和效果还有待进一步提升。

1. 社区治理体制尚需健全

在新型乡村社区治理过程中,原有村治模式将逐步向社区治理转变,其中有很多问题亟待解决,如社区谁来管,社区经费来自哪里,各自然村资产如何管理,社区村务、财务如何管理,公共服务谁来提供等。如果不能准确理顺村和社区的体制,不能明确新型乡村社区的治理权限,就不能很好地实现对新型社区的治理。不论是从全国来看还是仅就哈尔滨市来看,新型乡村社区治理过程都或多或少地存在上述问题。就哈尔滨市而言,具体来说,社区体制方面主要存在以下几个问题。一是社区的治理模式仍需重构。乡村新型社区包含了“一村一社区”“多村一社区”

等模式，“一村一社区”形成的新型乡村社区更多地保留了村治模式，由村两委变为社区两委，仍习惯于传统乡村的管理办法，推动发展的能力、依法办事的能力、民主管理的能力需要进一步提高。而“多村一社区”多由原来的“管区”演变而来，在新型乡村社区建立之前一直由乡镇政府派驻工作人员进行管理。新型乡村社区建立之后，这种模式也没有发生太大变化，社区之下各村村两委的工作仍在社区的指导下进行。无论是上述哪种模式，都不能使新型乡村社区的治理最大限度地发挥效用。二是外部干预过多，挤压了其他治理主体尤其是社区居民的参与治理空间。外部干预包括政府和企业的一些干预。这种干预是把双刃剑，一方面可以促进社区的快速发展，另一方面如果干预过多，则会导致社区层面依赖于政府的行政命令，缺乏治理的动力和主动性。长远来看，对于新型乡村社区的治理能力和治理环境有很大的负面作用。三是由于治理体制尚未理顺，还会出现其他问题。如有的社区政务不公开、财务不透明、决策不民主，有个别社区还出现了因社区干部作风、财务管理等引发的信访问题，影响社区管理层与社区居民的关系，还有因为缺乏有效监督和制约机制导致的私自变更土地用途，违规建房、建厂等问题。在由传统乡村向新型乡村社区的转型过程中，由于治理体制没有理顺，不能有效整合社区治理资源，因而影响了社区治理效果，这也是哈尔滨市新型乡村社区治理面临的问题。

2. 民主参与机制尚需完善

在新型乡村社区中，民主选举的成效最为显著，也最能代表一个新型乡村社区的民主建设水平。近年来，民主选举有了更加严格的制度和法律保障，民主选举的程序更加规范，选举结果也更能体现居民的意愿。虽然仍有一些干扰民主选举的问题存在，但民主选举仍然在制度化、法治化的道路上顺利前行。民主参与不仅仅只有民主选举一项内容，民主决策、民主管理和民主监督也是重要的组成部分，只有这些组成部分齐头并进，才能保证新型乡村社区治理充分实现民主。而这些部分由于没有完善的法律和制度规范，长期处于被忽视的状态，便造成了两个结果：一是通过民主选举产生的社区管理层缺乏相应的监督和制约，往往会存在“一言堂”的情况，社区管理层在做决定时忽视社区居民的知情权和决策参与权，不仅不能体现社区居民的意愿反而激化了矛盾；二是由于决策失误的成本较低，决策的制定有时比较随意，也缺乏科学性，对于乡村社区治理来说起不到积极的作用，反而会由于政策失误而造成时间和资源的浪费。民主决策、民主管理和民主监督较之民主选举更为重要，它是社区治理朝着健康方向发展的重要保障，也更能体现社区居民的民主参与程度。民主决策、民主管理和民主监督的前提是公开透明，社区居民对社区事务有知情权，在了解和熟悉社区事务的基础上，社区居民才能参与决策的制定、监督决策的执行。因此，社区要建立和完善民主参与的机制，明确参与的主体、制度、程序与规范。此外，社区居民民主参与的积极性不高也是一大问题。社区居民长期习惯于传统的村治模式，被动接受管理，一方面不愿意参与到民主决策、民主监督中来，主人翁意识不强；另一方面由于没有接受过相关的培训，也确实缺乏民主参与的相应能力。而且民主参与的激励机制也尚未形成，对于社区居民来说，民主参与缺乏动力。

3. 社区治理手段尚需丰富

新型乡村社区治理的基本形式有很多，从开展社区宣传、组织社区活动、加强社区教育、评选社区模范、加强基础设施建设到塑造社区品牌，几乎所有涉及社区管理的形式都属于社区治理范畴；从新型乡村社区治理的基本方法来看，需要注意物质和精神、管理和服务、要求和意愿、文化和生活等多个领域；从新型乡村社区治理的手段来看，涉及行政、经济、文化、法治、教育等多个方面。但在新型乡村社区治理过程中，由于手段无趣、方法单一，还存在社区治理不能满足不同社区的不同需求、社区治理效果不明显等问题。就哈尔滨市的情况来看，虽然社区治理涉及的内容广泛，然而在形式上更多的是采用宣传展览的形式，比较直观，但影响力和覆盖范围都有局限，而且不能将新媒体技术充分用于新型乡村社区治理的过程中，尤其是不能用现代化的手段拉近社区年轻居民与社区治理的距离，年轻居民对于社区治理的参与积极性不高。此外在方式上也存在简单化、片面化地认识社区治理的问题，对社区治理存在“治理就是管理”“管理不出乱子就是成功”等误解，服务意识和服务水平有待提升。同时也不能根据形势发展的要求，将各种形式、方法、手段应用到新型乡村社区治理过程中，如在化解社区居民矛盾时还习惯于让社区干部进行调解的办法；在涉及社区政务公开时还满足于简单地张贴公示；在提高群众满意度、认可度等方面还没有运用信息化手段进行数据分析等，这些问题的存在一定程度上影响了社区治理的效果，需要在社区治理过程中与时俱进地改进治理手段和治理方法。

4. 社区治理水平呈现梯队式差异

哈尔滨市在新型乡村社区治理方面虽涌现出一批典型社区，但同时也存在一些相对落后的社区，治理水平存在梯队式差异。造成这一问题的原因有很多，比如新型乡村社区建设时间的早晚不同，先进行建设的社区要比后建设的社区治理经验丰富，又比如靠近城区的城镇聚合型社区城乡差距较小，基本能融入城市生活中，社区居民素质较高，也能吸引部分人才，因此这部分社区的治理水平相对较高，而在远离城区的村庄聚集型社区中则由于城乡差距较大，思想观念和生活习惯转变较慢，仍然保留村治模式，也不具备吸引人才的优势，因此这部分社区治理水平相对较低。一般来说，靠近城区的新型乡村社区治理水平和治理资源优于靠近乡镇政府驻地的新型社区，靠近乡镇政府驻地的新型社区，治理水平和治理资源优于单纯的乡村地区直改的新型乡村社区，因此呈现出梯队式的治理水平和发展层次。这种治理水平的梯队式差异，使得社区不能有效地利用治理资源，提供的社区服务水平也有高有低，不同社区的社区居民享受的社区生活水平也不同，这是城乡二元结构隐性存在的体现。同时，治理水平较低的新型乡村社区，社会组织也通常不甚完善，社会组织的作用不能充分发挥，对于新型乡村社区治理的长远发展也起到消极作用。此外，呈现梯队式差异还有社区共同体意识尚未建立，传统村落思想还延续等原因，也有领导重视程度不够、社区共同体意识不足等原因，更有基础设施不健全、人员不到位、资金缺乏的问题。总之，社区治理水平的差异也是需要尽快解决的问题。

二、哈尔滨市新型乡村社区治理存在问题的成因

哈尔滨市新型乡村社区治理存在的问题既具有特殊性，也具有普遍性。查找新型乡村社区治理中存在问题的成因，对于我们改进新型乡村社区治理、提升新型乡村社区治理水平具有重要意义。

1. 治理资源仍然匮乏

新型乡村社区治理资源匮乏是导致新型乡村社区治理诸多问题的重要原因。新型乡村社区治理资源匮乏体现在多个方面。

一是人才资源的匮乏。虽然哈尔滨市面积较小，共享型融合发展模式发展较好，城乡二元差异较小，但仍不可避免地存在青壮年劳动力和高素质人才流向城区从事二、三产业，买房定居的问题，这导致新型乡村社区里中老年人的比例较高，文化层次相对较低。这种情况一方面导致管理层以及社区居民思想上比较保守，接受新鲜事物的速度较慢，另一方面缺乏采用新技术手段进行社区治理的能力。当利于社区治理的新技术手段普及至社区时，往往出现社区干部不会用、用不了的问题，这就使得社区过于依赖上级政府部门的帮助和指导，比较被动。虽然在发展较

好的社区基本都有大学生村干部，但每个社区仅有一两名大学生村干部还是不能从根本上满足社区对于人才的需求，因为社区对于人才的需求是多方面的，比如在治理、医疗、教育、法律等方面都迫切地需要人才，然而人才的供给还很不足。

二是资金的匮乏。虽然哈尔滨市政府部门做了大量的工作，对新型乡村社区也给予了大量拨款，但很多社区自身没有企业，“造血”功能不足，没有自己的收入来源，不能提供社区治理所需要的部分配套资金。这导致了社区治理在资金上过于依赖上级政府部门。资金的缺乏一方面不能吸引人才，另一方面由于资金有限，容易导致社区治理出现短板。除此之外，社区资金匮乏的另一个重要原因是新型乡村社区没有很好地实现资产整合，这在“多村一社区”的新型社区中尤为典型。虽然在社区层面成立了社区资产管理委员会，但是原有村集体财产仍然是各村分开建账、核算和管理，这使得各村仍独立处理自己的经济事务，并没有真正将社区作为一个经济主体，这也是社区层面治理资金不够充分的一个原因。

2. 社区治理缺少统一规划

在新型乡村社区治理过程中，社区治理缺少整体的、系统的规划。社区治理一般是结合全市重点工作，或者结合社区工作协同推进，很少有社区能对社区的治理工作进行整体的规划，对社区治理很少能做出详尽的安排。当然，由于新型乡村社区本身情况较为复杂，在治理过程中我们也很难通过一项或多项规划对此做出全面的安排。这不仅是哈尔滨市新型乡村社区治理过程中很多问题的成因，也几乎是所有地区的社区或多或少都存在的问题，笔者几乎没有见过一个地区在新型乡村社区治理方面出台过规划。这一方面说明我们对于新型乡村社区治理还不够重视，没有把它作为一项系统工程来看待，仅仅停留在服从和配合地区其他工作的层面，认为社区是各个事项和事务在基层的执行点，往往从纵向的层级体制上进行部门纵向管理，而没有在横向层面将社区作为一个完整的治理主体来考虑，所以治理往往是不系统的、块状的。另一方面说明我们缺少对于社区治理的准确定位，社区治理到底该从哪些方面进行安排，社区治理的效果如何界定等问题都没有统一的答案。这直接导致了各个新型乡村社区治理过程中治理体制机制的不完善、不健全，治理水平呈现差异性，社区治理定位不准确以及治理路径不成体系等问题。要么是各个社区各自进行管理，各自为政，水平不一，缺少共性；要么是互相借鉴，趋于雷同，缺少社区的个性，对于不同的新型乡村社区类型也不能明确各自的治理对策路径，总之，影响了新型乡村社区治理的定位和效果。

3. 治理主体尚未适应转变

新型乡村社区治理注重多元参与，治理主体比较广泛。但是从原有的传统乡村转变为新型社区，需要一个时间较长的适应过程，以及新秩序的形成过程。因此治理主体在这一转变过程中不能快速适应，带来了很多治理问题。

一是作为社区管理层，社区干部思想上不够重视，在参与治理时较为被动。不同社区负责人对于新型乡村社区治理的重视程度不同，有的不重视社区治理，有的对于治理的认识还停留在管理层面，在进行决策时比较武断，有的不能将新型城镇化和新型乡村社区治理结合起来，对于社区治理工作缺乏积极性和主动性。

二是作为治理主体的社区居民还没有完成从村民到居民的转变。很多居民仍然依托于“半熟人社会”进行生产和生活，家族和宗族管理仍然是维持社区正常秩序和进行纠纷调解的首选技术模式。当发生矛盾和困难时，居民想到的不是寻求社区层面的帮助，而是求助于邻里或宗族，甚至会引发社区内家族间的冲突。这对于一个倡导民主法治的新型乡村社区来说是不正常的现象。

三是一些新型乡村社区，尤其是靠近城区的社区，社区居民呈现多元化的趋势，思想观念的多元化、利益主体的多元化、经济活动的多元化等，让原有的宗族纽带和熟人社会逐渐消失，居民之间在经济和生活上联系较少，导致人与人之间产生了信任危机。另外，一些党员、模范典型在社区治理过程中作用发挥得也不够。治理主体由传统乡村向新型社区转变的适应程度，表现在社区治理水平上就是各个社区力度不一、差距较大，有的社区治理水平较高，社区居民认可度、满意度高，有的社区则在社区转型过程中遗留问题、新问题较多，不能满足社区居民对于社区治理的需要。

4. 历史遗留因素的影响

新型乡村社区的治理基于新型乡村社区的建设。新型乡村社区的建设往往由政府主导，在建设的过程中，一些问题处理不好就会造成矛盾的积压和激化。比如在拆迁评估过程中存在一些问题或者对于政策的不理解，会使得居民认为自己的权利遭到损害，或者认为拆迁过程中遭受了不公平的待遇，就会增加与村两委的矛盾。而这种矛盾被带到新型乡村社区当中，居民对于社区活动就会不理解、不支持，甚至破坏。在社区建成之后进行的土地承包经营权确权登记等问题上，又会存在很多矛盾和问题。如果处理不当，又会带来新的社区治理问题，为社区治理增加难度。这些先入为主的思想观念和思维方式，需要社区治理者通过各种方式和途径打破,同时要提出更好地化解矛盾的方案,而我们社区治理在这一过程中在能力上稍显不足。社区建成之后,特别是“多村一社区”的社区建成之后,其生活方式、传统习惯、管理模式有所不同,居民不习惯社区的治理方式和治理手段。在同一个社区内,原来的村与村之间也有一些原本存在的矛盾和摩擦,这些历史遗留因素在新的社区治理中产生了消极的作用。另外,由于政策的影响,政府主导的新型乡村社区建设的时间早晚不同,先进行新型乡村社区建设的社区,现在的治理基本形成了一套体系,也总结了很多治理经验,而较晚进行新型乡村社区建设的社区,由于刚刚建成,基础设施还不完善,服务设施还不到位,治理经验也较为缺乏。以上这些都造成了新型乡村社区治理发展不平衡、治理难度增加等问题。

三、提升新型乡村社区治理水平的对策与路径

在上述研究的基础上,明确新型乡村社区的治理对策和路径,为新型乡村社区治理提供基本思路,将有助于推进新型乡村社区治理。对此应从新型乡村社区治理的治理体制、机制、体系、形式、方法等多个维度进行综合把握。

1. 进一步理顺新型乡村社区治理体制

当前,我国新型乡村社区治理体制中存在着许多不可忽视的体制问题,如社区转型带来的治理主体转换、新型社区治理资源稀缺等现实问题,必须理顺新型乡村社区治理体制,推进社区综合治理,才能实现新型乡村社区的有效治理。

(1)推进社区综合治理,促进多元主体共治

新型乡村社区不同于传统乡村社区和城市社区,具有自身发展的独特特点。在新型乡村社区治理过程中,仅靠某一治理主体的单方发力是不够的,仅凭一种治理手段或方式也很难取得较好的治理效果,其治理过程必须是自上而下和自下而上的结合过程,必须是社区治理、社区服务、社区建设等多个环节的结合过程,也必须是物质和精神同步推进的过程,所以,必须推进新型乡村社区综合治理,通过多主体、多方位、多样化的治理实现治理的有效性。对此,应注重发挥多元主体的共治作用,注重加强社区社会组织建设,也应注重调动社区居民参与社区治理的积极性。需要特别强调的是,新型乡村社区治理离不开特定的文化背景和社会基础,应注重培育新型乡村社区的精神内核,通过现代文明意识的培养,在新型乡村社区弘扬民主法治、公平正义等价值理念,切实把社会主义核心价值观融入社区治理全过程,打造具有现代意识的新型社区共同体,这也是推进社区综合治理的重要环节。

(2)理顺社区组织关系,形成社区治理合力

理顺社区组织关系,正确认识和处理新型乡村社区党组织、居民委员会、社会组织的关系是理顺新型乡村社区治理体制的关键。就现实情况而言,真正在新型乡村社区治理中发挥作用的仍然是社区“两委”,其核心制度设计仍然是党领导下的基层自治,所以理顺社区组织关系的第一步是巩固基层党委的领导地位,发挥党的领导在新型乡村社区治理中的作用。社区自治组织是社区居民进行自我管理、教育及服务的群众性自治组织,通过规范社区组织建设,提高社区治理能力。可通过组织统一的教育培训提高社区工作人员的素质,也可以通过加强社区之间的交流沟通,为社区治理经验交流提供平台。新型乡村社区治理需要社会各方力量的参与,只有综合全社会的力量,才能形成社区治理的合力。所以,理顺社区组织关系还应正确处理社区和社会组织的关系,发挥社会组织在社区治理中的作用,可以发动新型乡村社区内的工会组织、共青团、公益性组织等力量共同参与新型乡村社区治理;动员新闻媒体、社区所在地的高校、企业及其他驻社区单位共同参与到新型乡村社区的治理工作中来。

(3)完善社区自治制度,促进社区治理转型

新型乡村社区治理要真正实现从村民自治向社区自治的转变,必须避免过度的行政干预,通过完善社区自治相关制度促进社区自治。一方面,政府要转变职能,明确自身在新型乡村社区治理中的定位,减少不必要的行政干预,给予新型乡村社区更多的自治空间,重点在规划定位、政策引导、资金扶持、监督保障等方面下功夫;另一方面,社区也要完善民主制度,强化基层自治在新型乡村社区治理中的作用。虽然《中华人民共和国居民委员会组织法》为社区居民自治制定了法律法规,但是可操作的细则还有待进一步完善,作为民主自治形式的社区居民代表会议等制度还很不规范,尤其是社区居民参与新型乡村社区治理的平台还很不健全,这些都需要通过完善制度予以解决。此外,要提高社区治理的水平,必须提高新型乡村社区居民的参与意识,塑造新型乡村社区居民。对此,要以社会主义核心价值观为引领,并综合利用职业技能培训、科普知识宣传、文体活动开展等手段来提高社区居民的思想文化素质和道德水平。同时,要特别注重对社区居民进行政策和法治教育,培育具有民主法治意识的新型社区居民。

(4)改善社区治理环境,创设良好的社区治理软环境

新型乡村社区治理离不开社会各界的支持,所以,应注重改善社区治理环境,在全社会形成社区治理的良好环境。社区治理环境既包括硬环境也包括软环境,其中基础设施建设、居住环境、生态环境、卫生环境等属于硬环境,而文化建设、道

德建设、制度建设等属于软环境。优美的社区环境将为新型乡村社区治理提供平台，尤其是社区软环境建设将直接改变新型乡村社区治理的氛围，在新型乡村社区中形成人人关心、人人参与的局面。对此，可以发挥相关政府部门的作用，积极宣传新型乡村社区治理的成绩，通过各种评比、评选等活动，积极推介社区典型做法；通过组织各种竞选比赛，突出社区治理在新型乡村社区建设过程中的地位；通过宣传介绍，引导社会各界共同关注新型乡村社区治理，共同为新型乡村社区治理出谋划策，共同参与新型乡村社区治理。在这个过程中，无论是政府管理部门、社区、社会组织还是普通的社区居民，都应积极投身社区治理的过程之中，充分发挥每个社会因素和社会成员在社区治理方面的积极性、主动性和创造性。

2. 建立和完善新型乡村社区治理机制

社会治理机制作为一种制度性体系，是社会治理所应遵循的基本规则和范式，是保障社会治理科学有效的重要条件。想要加强新型乡村社区治理，就要注重改进新型乡村社区的治理机制，改进民主参与、权益表达、纠纷调解、危机应对等机制，使社会矛盾和问题不断得到化解。这样既能促进新型乡村社区全面协调发展、保障新型乡村社区和谐稳定，也是维护居民权益、促进社区民主自治的重要支撑。

（1）改进民主参与机制，规范民主参与方式及程序

在新型乡村城镇化背景下，新型乡村社区总体呈现多元化的趋势。因此要建立多元主体的民主参与机制，实现多元化协同治理。民主参与机制需要有法律的保障，多元主体通过合法的方式、民主的形式、制度化的渠道参与到社区治理中。一方面，要通过各种教育和宣传手段提高社区居民的主体意识、民主意识和社区认同感，营造民主参与的文化氛围，提高社区居民参与社区治理的积极性；另一方面，要构建多元主体参与社区治理的平台，建立和完善相关制度，如公共事务决策制度、民意调查制度、听证制度、政务公开制度等，解决社区居民普遍关心的热点难点问题，使社区治理更加规范和公开透明，充分尊重社区居民和其他主体的知情权和参与权，让多元化主体尤其是社区居民充分参与到社区具体事务中。

（2）建立权力制衡机制，防止权力滥用与不作为

在民主参与机制建立之后，要特别注重权力制衡机制的建立。权力制衡机制主要应用于社区治理的多元主体。一方面，民主参与机制建立完善后需要一个制衡机制渗透到民主参与机制当中，即规定民主参与的主体各自有哪些权利和义务，民主参与主体之间如何互相制约，如果权力使用不当如何解决等问题；另一方面，通过这种制衡机制规范民主参与的进程，保障民主参与的结果。权力制衡机制主

要针对两类问题。一是权力滥用的问题。在民主选举之后，由于民主参与机制不健全，选出的社区干部权力很难得到监管，会出现权力滥用的问题，那么民主选举的结果不过是权力从一人手中转到另一人手中，不能真正体现社区居民的意愿。二是权力不作为的问题。对于手握社区治理权力的一些社区干部，需要权力制约和分配机制明确职责范围、划定职责权限、明确监督主体，防止因为不作为而损害社区居民利益、影响社区治理水平。对于其他治理主体如非营利组织、社区居民的自治组织，在承担相应的社区治理职责后，也应纳入权力制衡机制中来，以促进这些组织最大限度地发挥作用，保证社区治理正常运转，使社区治理朝着更积极、更健康的方向发展。

(3)改进权益表达机制，促进权益的表达、协调与共享

利益诉求的表达是促进社会和谐的重要途径之一。新型乡村社区的治理，应最大限度地保障社区居民的合法权益，当合法权益得不到保障时，能有充分的权益表达渠道和沟通渠道，将问题化解在萌芽状态。一是要构建社区居民利益诉求表达机制。优化社情民意表达的途径，搭建多元化的交流平台，使民意表达更加便捷、畅通、高效。例如设立社区两委定期接访制度、村民信箱、智慧社区网络维权平台、意见反馈机制等，使居民反映的问题能够第一时间得到解决并得以反馈，增加居民对社区治理的信任度。二是构建社区居民利益协调机制。利益评判标准和评判制度要确保公平合理，引导社区居民树立合理、合法、公平、公正的利益诉求观念，协调利益群体之间的利益冲突和利益差距，建立公平合理的利益补偿机制，并在补偿时注重公开透明的程序规范。三是构建社区居民利益共享机制。在新型城镇化背景下，特别注重消除城乡二元结构对于新型乡村社区在公共教育、医疗、卫生、社会保障方面的差别，利用公共基础设施和公共服务设施，促进新型乡村社区公共服务均等化发展。

(4)改进纠纷调解机制，多手段化解矛盾

随着新型城镇化的发展，新型乡村社区中的社会关系日益复杂，利益格局更加多元，各种矛盾和纠纷更加复杂。以往的纠纷调解在调解方式和调解范围上比较单一，导致纠纷不能及时化解，甚至演变成暴力冲突和群体事件。因此，要改进纠纷调解机制，及时化解矛盾纠纷。一是要加强新型乡村社区纠纷调解的制度化建设。对于纠纷及时排查和报告，充分发挥治安队伍、社区两委以及社区组织的作用，了解矛盾纠纷的成因、发展和性质，尽可能地将之化解在萌芽状态。二是要构建多元化的纠纷调解机制。充分发挥人民调解、司法调解、行政调解、行政诉讼等的作用，对于不同程度、不同性质的纠纷采用适合的解决手段，以期能得到高效、合

理的解决。三是要结合新型乡村社区传统习俗，促进纠纷的调解。要发挥乡村社区固有的风俗习惯和文化传统的规范作用，充分发挥宗族、邻里的作用，运用社区组织进行调解。同时应尊重当事人选择的解决纠纷的方式，促进纠纷调解的公平公正、合情合理。

(5)改进危机应对机制，提高危机意识和应对能力

随着城市化进程的不断加快，社区矛盾凸显，各种突发事件不断发生，尤其是自然灾害和突发性公共安全事件。但目前各级政府以及社区层面在危机管理中的理念较为落后、应对较为被动，反而容易激化矛盾。因此应在新型乡村社区管理中改进公共危机应对机制。一是要改进危机科普机制。采用多种手段向社区居民普及危机应对的知识，提高居民的防范意识和危机处理能力。二是构建危机预警机制。明确危机监控的指标体系，制定危机防范的预案和应对措施。同时要定期进行一些危机演练，如火灾演习、地震疏散演习等，提高社区居民的重视程度，使其能够在事件发生时快速准确地采取行动。三是建立快捷高效的应急联动机制。在社区建立应急指挥中心，充分发挥治安联防作用，与地震、气象、消防、公安、武警等部门建立密切的联动机制。四是改进危机后的恢复与重建制度，完善应对危机的备用机制，防止危机再次发生。建立立体化的社会治安防控体系，推进平安社区建设。

新型城镇化背景下新型乡村社区的治理是一个规模宏大且需要不断探索的问题。随着新型城镇化的发展，新型乡村社区必将成为涉及政治、经济、思想文化的新旧冲突的基层前沿，需要治理的问题将会更加层出不穷且纷繁复杂。但社区居民素质的普遍提高以及依法治国和民主政治建设在基层的推进，又为新型乡村社区的治理带来了新的契机。因此新型乡村社区的治理是一个不断发展的动态的过程，它需要因地制宜、与时俱进，不断面对新问题、解决新问题，只有这样，才能抓住新型乡村社区治理的关键，不断提高乡村基层社区的治理水平。

第二节　城乡融合视域下乡村社会协同治理机制研究

一、城乡统筹发展中的社会协同治理价值导向机制

城乡统筹发展中的社会协同治理机制是社会各要素之间形成的互为因果的联结方式和协同合作的运行方式。它实际上包含了多个“机制”的互动构成，而价值导向机制是这些机制构成中的首要环节，它对其他“机制”的形成与发展起着价值导向与方向性的作用。

1. 价值导向是社会协同治理机制构建的精神根基

(1)价值导向是城乡社会协同治理机制的内在构成

社会管理不仅仅是一个经济社会的范畴、发展的概念，它同时更是一个精神的、观念的范畴与概念。它既指向外在显性的客观对象，也指向内在隐性的意向整合导引，“管理”之义不能仅停留在强控、硬推的手段上，也涵指对于人的精神意向的抚顺与归导。这种抚顺与归导主要表现在它的价值导向上。

为了说明协同治理的价值导向问题，不妨先从社会价值导向说起。社会在现代意义上是指为了共同利益、价值观和目标的人的联盟。它是共同生活的人们通过各种各样社会关系联合起来的集合。社会作为人的联盟组织，必然含有社会公认的价值导向。所谓社会价值导向，是指为实现社会管理的根本目标而提倡的反映社会结构本质要求的社会总体的价值取向，体现为以社会价值目标为核心的社会价值体系，对社会各成员的价值取向产生引导和制约的作用，使社会在价值多元的情况下形成对社会主导价值体系的认同，从而为实现社会和谐建立思想道德基础。从社会角度看，由于社会历史发展的变迁，不同时代、不同阶段提出的社会价值导向是不同的，而且社会所提出的道德要求也比较繁多。在这种情况下，显然不能把繁多的道德要求都作为整个社会的价值导向提出来，只有反映社会结构本质、符合社会总体发展要求、具有普遍指导意义的价值准则，才能被提升为社会的价值导向。在这个意义上，社会价值导向具有一元性特点。

那么,这种一元性的社会价值导向究竟为何?它主要包括国家主义、集群观念、整体思想、公民意识等。这种具有一元性的社会价值导向,能否反映各阶层组织和社会公众的道德要求呢?一与多之间如何形成统一?毕竟,在当今主体多元化、利益需求多样化的时代,这种现象具有普遍性;更何况,在确保社会价值导向统一性的前提下关注个体的道德取向,也是社会价值导向的应有之义。“对这个问题的回答,不能靠纯粹的理论上的推演,而必须从现实中加以关注。价值导向尽管是一元的,但它作为具有普遍意义和最高指导意义的价值准则,完全可以成为个人生活所选择的根本目标……在社会主义条件下,社会的价值导向和个人的价值取向,是完全能够达到和谐一致的。”在这里之所以要强调社会价值导向和个体价值导向的一致性,乃是因为社会与个体之间本身的不可分割及其意义上的相互关联,城乡社会协同治理也内在地包含着这种特性。

从理论内涵上看,城乡社会协同治理是整体社会系统的观念性因素;从实践上看,它又是促进社会发展的行为性因素。因此,城乡社会协同治理作为社会发展一个内在构成,它必然含有整个社会所具有的价值导向。或者说,社会价值导向中的基本方面,必然体现在城乡社会协同治理的各个环节。当然,城乡社会协同治理作为一种独特的促进社会发展的管理模式,在价值导向上既有社会价值导向的共性特征,也有独具的价值属性,如协同治理主体的道德构成、城乡一体的价值导向等,我们可以称其为“治理价值导向”。“治理价值导向”内属于“社会价值导向”,“社会价值导向”具体而微“治理价值导向”。这表明,城乡社会协同治理就其真正内涵所指而言,不仅包括城乡区域、管理机制这些物化因素,实际还蕴含价值、道德等精神因素,价值与道德成分是城乡社会协同治理的内在构成。

(2)价值导向对城乡社会协同治理机制的基本功能

价值导向对城乡社会协同治理机制运行承载的基本功能,主要表现在以下几个方面。

①确保城乡社会协同治理机制所具的中国特质

城乡社会协同治理是在新的时代背景下为确保国家社会生活的长期健康发展而形成的社会治理模式,带有鲜明的中国特质。如前面论及,在党的十八届三中全会通过的《中共中央关于全面深化改革若干重大问题的决定》中,用“社会治理”代替“传统社会管理”,这在关于社会治理体制改革的论述上是一个新提法。同时,围绕这个新提法,文件全面论述了中国社会治理方式的改进原则,即系统治理、依法治理、综合治理和源头治理。这些都带有明显的中国特质。同时,在社会管理的基本格局上,确定的是党委领导、政府负责、社会协同、公众参与管理模式,这样就从权威来源、运作过程、民主参与、权力行使等方面，从制度设计上对党委、政府、社会、公众的职能和作用做了明确的制度安排。这种制度安排，是在中国土壤形成的具有中国特质的治理模式。更重要的一点是，社会协同治理机制的运行，是基于统筹城乡发展，是与我国基本国情相结合、具有明显的中国本土特色的一种管理机制，充分显示了顶层经验与城乡地方经验的上下联动、城乡之间丰富的地方经验与基层经验的相互融通，这种中国特质就更为鲜明。

社会协同治理之所以具有中国特质，最重要的原因，在于社会治理的核心价值是为了维护、发展社会公共利益，实现国家和社会的和谐发展。或者说，是社会治理所固有的价值导向才确保社会协同治理机制所拥有的中国特质。从根本上看，价值导向规定社会治理的基本属性，社会治理也只有在价值导向的规范下才能有正确的运行方向。社会治理作为社会发展的新思路，必须结合中国实际，针对我国城乡发展实情，把公共利益一以贯之地融合在社会治理的各个环节中，这种社会治理才有生命力，才具有中国的特质。

②确保城乡社会管理协同治理机制运行的良性方向

一个不容忽视的事实是，协同治理的对象是繁多且复杂的。在我国城乡发展过程中，尽管取得了许多成绩，但是也面临着诸多困境：城市化进程受阻，城市化落后于工业化；城市规模偏小；乡村和内陆地区的发展困境难解，如养老问题、生育问题、土地问题、环境问题等；城市内部的不和谐因素增加；地区间和城乡间收入差距持续扩大等。这些困境决定了协同治理的难度。此外，在我国经济建设的发展过程中，一直存在着政府的过度干预。还有，协同治理在实施过程中可能受到来自各方面的干扰，如试图重走以前的老路、来自各利益集团的阻挠、城乡统一的难题，以及各种未知的市场竞争情况等。这些干扰，会从不同方面对社会治理造成冲击、干扰和破坏。

在这种情势下，我们需要确立协同治理的基本方向，这种方向我们不妨以学者燕继荣的一番话来加以说明：一是公民有组织的社会生活表现为党和政府安排的生活，且主要表现为非官方组织安排的生活；二是社区建设不是简单地把城市居民或乡村居民聚集在一起，社区不是一个地域概念或物理概念，而是一个组织概念或社会概念，必须让社区成员在相互交往中结成有机联系，形成互助、互信并具有共同归属感、认同感和集体行动能力的生活共同体；三是社会管理强调社会对于社会事务的管理，它的主要表现形式不是政府管制，而是社会自治，"协商治理""协同治理"是它的真谛。只有在这个基础上，城乡发展的一体化才有实现的可能。这个基本方向不仅需要一系列刚性、合理的措施来加以把握，也需要柔性的价值导向来加以规定。也可以这样说,协同治理基本方向所确认的,其实也正是其价值导向所规范的,其中的公民意识、价值归属感、管理上的共进思想,都是管理价值导向在协同治理机制上的具体表现。

③确保城乡社会协同治理机制达成的善治目的

善治是现代社会管理行为所要达到的最重要目的。关于善治的基本理论,学者俞可平对此有精当论述。他认为,概括地说,善治就是使公共利益最大化的社会管理过程,其本质特征就在于它是政府与公民对公共生活的合作管理,是政治国家与公民社会的一种新颖关系,是二者的最佳状态。它包含五个基本要素:合法性、透明性、责任心、法治、回应。“善治实际上是国家的权力向社会的回归,善治的过程就是一个还政于民的过程。”他进一步指出,善治表示国家与社会或者说政府与公民之间的良好合作,从全社会的范围来看,善治离不开政府,但更离不开公民。从某个小范围的社群来看,可以没有政府统治,但是不能没有公共管理。善治有赖于公民自愿的合作和对权威的自觉认同,没有公民的积极参与和合作,至多只有善政,而不会有善治。所以,善治的基础与其说是在政府或国家,还不如说是在公民或民间社会。正是在这个意义上,俞可平认为公民社会是善治的现实基础,没有一个健全和发达的公民社会,就不可能有真正的善治。从这些论述来看,公共利益最大化、合作管理、责任法治、公民意识既是价值系统里的概念范畴,也是社会管理的善治目的。而且,善治本身是一个价值概念,它需要通过一系列善的行为过程才能最终达到这一目的。因此,对于社会协同治理来说,价值导向一方面成为社会治理的有机构成,另一方面也是推动社会治理走向善治的重要保障。

2. 城乡统筹发展中社会协同治理价值导向的主要维度

在论述价值导向对于社会治理的构成意义以及作用时,要具体讨论城乡统筹发展中社会协同治理价值导向的主要维度。这里需要说明以下几点。一是治理意义上的价值导向,既指价值导向和协同治理的互含关系,也指价值导向对于协同治理的基本要求,同时也指价值导向对于协同治理的方向规定。二是社会治理价值导向,既指我国社会一般意义上的价值导向,如国家观念、公民意识、平等思想、民本态度、民主法治理念等,同时也指具有和城乡统筹发展中社会协同治理相一致的特殊的价值导向,二者形成社会治理价值导向的一般性和特殊性,但这种特殊性是一般性基础上的特殊性。三是对于一般意义上的价值导向,我们在这里不做详细阐述,重点阐明的是特殊意义上的价值导向,并顺及一般意义上的价值导向。据此,社会协同治理价值导向的主要维度包括主体意义上的价值导向、客体意义上的价值导向、利益意义上的价值导向。

(1)主体意义上的价值导向

由于我国社会管理中的协同主体是作为一个整体而存在,因而具有许多共通的基本道德要求,也可以说是一种道德构成,它主要包括对人的管理与服务、整体主义原则、公平正义、善治理想等方面。

①协同主体的道德落点:对人的管理和服务

社会管理对象的多样性和相互性,使得社会管理体系呈现为一种铺开的状态,不过这种铺开状态显然不是散漫无章的,而是内凝为一个落点,即对人的管理和服务。“社会管理,说到底是对人的管理和服务,涉及广大人民群众切身利益,必须始终坚持以人为本、执政为民,切实贯彻党的全心全意为人民服务的根本宗旨,不断实现好、维护好、发展好最广大人民根本利益。”“对人的管理和服务”,实际是一种民本方向和民本态度,其价值目标都指向民众的根本利益,它是社会管理体系铺开的基础环节和道德落点。很显然,这个基础环节和道德落点需要协同主体的设定和实行,是带有协同主体意愿和意志的价值目标。

这里牵涉到一个需要澄清的事实,那就是如何确定协同主体各组成部分在对人的管理和服务中的地位和作用。依照“党委领导、政府负责、社会协同、公众参与”这一社会管理格局,协同主体的地位和作用自然是十分清楚的。不过仍需指出的是,一方面“党委领导、政府负责”不是指党委和政府的主体性独立或凌驾于社会、公众之上,而是指党委和政府其实来自人民,他们本来是人民中的一员,其性质和职能都具有人民性。另一方面,“社会协同、公众参与”也不是被动式的协同与参与,而是积极主动的一种自觉行为。社会与公众作为协同主体的有机构成,它们不是等待一个政策是如何生成的,或者在政策生成之后的盲目跟随,而是在政策生成、实施的整个过程中发挥自觉自为的内在蕴动,真正贯彻一种主体的精神。这种主体精神是能动的也是活泼生动的。因此,我们所说的“对人的管理和服务”,是党委、政府、社会、公众这一协同主体既保持各自特定职能又彼此良性互动,是一种合乎理性道德与实践道德的主体合作。主体间的这种组合方式,本身是主体善的存在形式;也只有在存有主体善的前提下,协同主体的道德落点才能得以在社会管理中实现。

以人民根本利益的实现、维护和发展作为协同主体的道德落点,这个“根本利益”自然首先是指物质利益,这是我们常有的观点。其实,人民的根本利益既可以表现为物质利益,同时也能够体现为精神利益,表现为物质利益与精神利益的统一。我们所说的“精神利益”,除了不断增长的文化需求得到满足这一内涵之外,尤指人们正当诉求在无障碍地解决之后所获得的精神上的无纷扰，以及由此而来的宁静感与幸福感，并因自我价值社会化而在内心形成的尊严感与道德感。从根本利益的基本内涵来看，应当涵指物质利益与精神利益两个方面，然而在对协同主体内在德性的要求中，我们往往忽略了主体对于人民精神利益的实现、维护与发展，而实际上二者是密不可分的。物质利益的正当诉求得到满足可以顺导精神利益的获取，精神利益可以促使物质利益人文化并规定它的发展方向和速度。物质利益以外在形式突出根本利益的量化成果，精神利益则以内在形式标明根本利益的质化状态。由此表明，人民根本利益作为协同主体"对人的管理和服务"的实质内容，在精神利益的层面上是指对人的精神的引领与归导，是在人的心灵世界创建一个既属自我又属他人的精神家园。这就要求协同主体对社会管理采用疏导、抚顺、领归的柔性管理，而不是粗暴、蛮横，甚至暴力的管理方式。依循这种道德考量方式，精神利益的实现才有可能，协同主体的道德落点才会真正落到实处。

②协同主体的道德幅度：整体主义原则

城乡统筹中实现社会协同治理，应当遵循一些基本的道德原则，如民本原则、主体原则、创新原则等。对于社会管理体系中的协同主体而言，整体主义原则显得尤其重要。协同主体间"领导—负责—协同—参与"的分工布局，意味着在各主体间要有一种协调合作精神，这种协调合作精神其实就是整体主义。整体主义本来是关于自然哲学的理论，即认为自然界中起决定作用的因素是一些不能归结为部分的总和的整体，强调的是自然系统内外各部分作为一个整体的统一与协调。此后这种理论被移用于社会哲学领域，并赋予其新的意义。在伦理道德的视域下，我们认为整体主义的重要伦理价值就在于"知其善"与"行其善"的统一。所谓"知其善"，就是知道为什么应当这样，所谓"行其善"，就是应当怎样去做，二者统一于"应当"的意义追求与价值评估之中。套置于社会管理体系中协同主体这一意义下，"知其善"就是清晰地认识社会管理、协同主体作为整体价值的应当性，"行其善"就是在整体主义原则下去实践符合人民利益、彰显公平正义的事情。

事实上，一方面，社会治理首先是一种整体系统，"它不把自己的管理对象限定于经济活动、非经济活动或更加专门的活动领域，而是把社会活动的各个部分及其相互作用无一例外地纳入自己的考察范围"，这种考察范围虽然显得繁复，但由此正体现了社会管理的整体意义。也就是说，社会管理作为一种客观存在形式，它本身就具有整体性，忽略或违逆这种整体性显然是不当的。另一方面，对应于社会管理的整体模式，协同主体亦具有整体存在的价值。党委、政府、社会、公众作为一个主体连环，割裂或缺失其中任何一个环节，不仅会消解主体的整体力量，割裂后的孤立主体也不能主动有效面对社会管理的整体幅度。我们所说的协同主体,其实也正是从整体的视角来加以概说的。

社会治理和协同主体的整体价值,体现了二者存在的应当性,协同主体的整体主义观,就是要确定、维持、强化这种应当性。这就要求我们一方面要遵循社会管理中宏观与微观、经济与非经济、物质与精神的协同一致,另一方面也要重视协同主体间党委与政府、政府组织与非政府组织、政府与公众的角色定位和职能连接。这实际体现了协同主体对整体价值之善的认识和把握。这种认识与把握,固然反映了社会管理作为整体而存在的客观状态,更重要的是在此状态中注入了主体的道德意愿、道德能力与道德知识,即主体的道德构成。这种以协同主体的道德构成来认识和把握社会管理及协同主体自身,即“知其善”的过程。其实,如果以动机和认识作为行的起点,“知其善”也就是“行其善”了,古贤所言“知之真切笃实处即是行,行之明觉精察处即是知”,说的也是这层意思。关键点是,协同主体要在知与行的过程中,需时时体察并贯彻民本意识和民本原则这一道德良知,着眼整个社会群体,注重社会的整体发展。这样,知与行才是统一的,协同主体的整体主义才能得以展开。

当然,我们说协同主体要有整体主义原则,并不反对某一环节的特色成分,我们也可以在宏观管理中展现符合民意和区域特色的管理理念和行为。这种“万绿丛中数点红”式的特色管理,不仅不会损害社会管理作为整体的美的价值,还会突出构成整体的部分所带来的特有意义。一个板滞、保守、封闭的整体主义观不是我们所倡导的,我们需要的是一个活泼、进取、开放的整体主义,而这正是协同主体应当具备的整体意识。

③协同主体的道德标杆:公平正义

如果说协同主体的道德落点和道德幅度更多地体现了协同主体的一种道德考量,显然这种考量需要以道德天平——公平正义来保障与维护。公平、正义属于同一序列的概念。公平是进步和积极的道德观在社会生活中的反映,是一种合理的道德评价;正义主要是指符合一定社会道德规范的行为,是一种肯定的道德判断。如果要在二者之间找出某种细微差异的话,公平侧重于社会整体活动行为的合理性,正义意指个体道德情感的语境则要多一些。但实际上,我们往往在同一意义层面上指称二者,或者将二者合称为公平正义。

在我国,人民的根本利益没有冲突性,但在社会利益日趋多元的情况下,则可能存在某些具体利益的摩擦。在社会管理的基本格局中,尽管对于党委、政府、社会和公众有明确的责任分工,但这种分工还是宏观性的,对于各部门、各阶层出现的利益分歧和利益导向仍需具体分配与疏调，这就需要协同主体以公平正义观来对待这种摩擦。对于协同主体而言，公平正义观主要体现在对于社会各阶层基本权利与义务的恰当分配。也就是说，协同主体要做到公平正义，就要积极面对公民的基本权利与义务，并对公民的基本权利与义务做出合理的、道义的安排。我们知道，公平正义是一个国家或社会文明进步的重要标志，尽管我们对于公平正义有不同的理解，但有一点是肯定的，那就是公平正义是政治道德、经济道德、文化道德的伦理基础，是人们实现物质利益和精神追求的主流价值。只有把公平正义作为全社会共同遵循的价值尺度，将之视为社会本质而不能有任何逾越的道德红线，才能实现人民群众的根本利益和社会的长期和谐稳定，对于人的精神塑造也具有重要作用。我国的协同主体架构，实际上内在地把公平正义的道德要求规定在了社会的每个成员之中。对于每个社会成员而言，要做到公平正义，就要实实在在地处理好各成员间基本权利与义务的分配，这种分配就是要遵循每个公民在法律面前人人平等的基本要求。因此，我们也可以说，公平正义的实质内涵就是法律面前的平等，维护法律的尊严。对于协同主体的每一构成而言，公平正义不仅是井然有序的道德品质，也是一种依法而行的法律行为。

尽管在主体精神上协同主体中的党委、政府、社会、公众没有层级上的区分，但在具体实施过程中由于有社会管理角色的不同定位，协同主体的职能在主次、轻重上还是有所差异的，由此很容易使得人们对于党委和政府公平正义观的期望值被抬升而将之视作社会和公众的典范。因此，对于党委和政府来说，公平正义观就具有特别的意义。党委对社会的管理进行宏观指导，政府负责具体实施，在这当中都应贯彻公平正义的精神，使得自由与机会、收入与财富、自尊与幸福的基础尽可能得到平等的分配。有了党委和政府的这种良好带动，就会在社会和公众中产生道德榜样功能并仿而效之，进而在全社会形成具有整体效应的道德氛围，将公平正义的基本原则推向权利公平、机会公平和规则公平的各个方面。如此，公平正义观不仅是协同主体的内在道德素养，它同时也通过协同主体的相互影响与递进而上升到关于国家本质，由党和政府的执政理念和执政方式进而上升到关于社会生活的本质。正如党的十八大报告所指出的，公平正义是中国特色社会主义的内在要求，要逐步建立以权利公平、机会公平、规则公平为主要内容的社会公平保障体系，保证人民平等参与、平等发展的权利。这是公平正义观在协同主体意义上的深化，也是人民根本利益实现的基本途径和协同主体道德幅度铺展的基本方式。

④协同主体的道德目标：善治理想

道德不是一个静止的概念，它实际是一个不断运行前进的过程。在这个过程中,它秉持由德性到德行再到德果、由内凝到外辐射再到内外兼收的发展路线。如果说,对人的管理与服务、整体主义原则意指协同主体的内在德性的话,那么这种德性通过公平正义的保障与维护,必然外显为一个道德结果,以此展明德性与德行、内在与外显的关系。协同主体对于善治这一道德目标的探求与实践,则体现了这种变动特质。

关于善治,在前文已有提及,这里再稍做补充。从表面上看,善治似乎只涉及经济追求、协同管理的治理方式,以达到最优化的经济效果与合作管理,但这种治理方式始终与人的道德素养联系在一起。换句话说,人是怀着道德的眼光来看待一种结果,人希望结果是什么样子,这恰好说明人自身是什么样子。善治是社会管理的良好目标,不可否认的是,在善治的目标设置与实践追求中,无疑也融入了协同主体的道德意愿与道德目标。这种道德意愿与道德目标起码有两点:一是善治包含了合法、责任、廉洁、公正等基本要素,这实际是协同主体道德因素在社会管理中的表现;二是善治通向一个道德理想,即天下为公。这个“公”,在现代语境下可理解为公共利益,即对国家或社会大多数人有益、具有价值优越性的物质或精神客体。“公”也可以解读为公民社会,公民社会的形成实际上表明善治理想的实现。对此,俞可平指出:“善治实际上是国家权力向社会的回归,善治的过程就是一个还政于民的过程。善治表示了国家与社会或者政府与公民之间的良好合作。所以,善治的基础应该是公民社会。公民社会是实现善治的现实基础,没有一个良好的公民社会,很难说出现真正的善治。”而公共利益、公民社会意味着“更高的行政效率,更低的行政成本,更好的公共服务,更多的公民支持”。可见,在“天下为公”这种道德理想中,既展示了协同主体的道德渴望,也表明了协同主体的行政伦理要求。

(2)客体意义上的价值导向

由于在城乡社会协同治理中,主体所指向的对象是城市与乡村两个区域的经济社会发展,因此我们在这里所说的客体意义上的价值导向,主要是指城乡平等的价值导向。

城乡平等的价值导向,首先是基于城乡之间存在的不平等而言的。长期以来,我国城乡发展一直存在着“三农”问题。这种情形的出现,使得我国城乡始终执行着两套制度(如户籍制度、教育制度、就业分配制度、社会保障制度等),并由之造成了制度化的城乡分割,加剧了城乡经济社会的分化,人口和各种要素的自由流动停滞不前,城乡在经济、教育、就业、社会福利等方面的巨大差异更为明显。城乡之间发展的旧有不平等还未消除,城乡新的不平等又随之出现。这种新的不平等,主要表现在三个方面。一是最主要的生产要素——土地交易上的不公,造成土地溢价财富转移到少数人手中,这是城乡最大的不公。二是城乡劳动力要素存在不公。目前,我国有几亿多农民工进城务工,造成乡村青壮年劳动力大量流失。进城后的农民工工资低,社会保障水平差,面临沦为"二等公民"的窘境。三是资本的资金流动上的不公。"三农"非常缺乏资金,根本原因是乡村农业产业项目回报率过低,很难吸引资本,而国有金融机构不但较少向乡村农业输入金融资源,而且将从乡村吸收的存款转移到城市,使得乡村农业金融资源更匮乏。城乡在发展过程中出现的这些新旧"不平等",已经成为我国整个经济发展的严重阻碍。这些问题的出现,从体制环境上看,根源在于城乡二元体制;而从思想根源上看,则是我们太过于把城市发展放在优先位置,而把乡村建设放在一个"次级区域"。

针对以上城乡之间的不平等现象,城乡平等的价值导向应当包含以下内容。

①城乡地位上的平等观

"城乡地位平等,就是要取消城乡间的种种不平等待遇,使城乡居民和城乡各类经济主体都能享受公平的国民待遇,拥有平等的权利、义务和发展机会。也就是说,城乡居民应平等地拥有财产、教育、就业、社会保障、社会福利和个人发展等方面的权利,平等地承担国家法律、法规规定的公民应尽的各方面义务;城乡各类经济主体应平等地拥有产业准入、信贷服务等发展机会,平等地承担国家法律、法规规定的税收、劳工保险等社会义务。"也就是从总体上把城市与乡村当作两个平等的精神实体和经济实体来看待:精神上都能享受公平的国民待遇,经济上都能享受国家和社会发展带来的好处。然而,长期以来,乡村与城市关系的定位往往是支撑与被支撑、奉献与索取的关系,甚至是以乡村的利益换取城市的发展。其实,从城市的演变来看,城市本来自乡村,随着生产力的提高,才逐渐形成经济、商业、文化和政治中心,即城市。早期的城市和乡村有着千丝万缕的联系,在地缘上也都有和乡村可资联系的通道。而从资源的相互供给来看,正如我们前文所指出的,在劳力、土地、技术、资金等方面都可以实现相互来往。因此,新时代背景下我们要彻底改变过时的发展观念。我们认为,城市与乡村作为两个平等的经济实体,完全可以通过多种方式来实现城市与乡村的互动。如制定以"社会平等"为原则的制度框架,在经济、政治、文化等领域实行平等交流。作为城市一方,不能以高看低;作为乡村一方,要挺直腰杆,展露平等的思想和行为,积极主动地参与到城乡发展的总体过程中去。

②公民身份上的平等观

公民身份是某一个体成为一国国民的标志。在我国,当前要实现公民身份上的平等,从根本上说,是要消除因城乡身份不同而产生的户籍歧视和乡村歧视以及由此而产生的各种差别待遇。我国在户籍制度上将居民分为乡村户口和非乡村户口,由于在社会发展中给予城市居民更多的教育、就业、医疗、住房等方面权利,从而形成了对于乡村户口群体的不平等现象。这种不平等因由户籍制度带来,故称之为“户籍歧视”,主要有两种表现:“劳动力地域的限制进入和劳动力行业的限制进入。劳动力地域的限制进入主要表现为各发达地区、开放地区先富起来的城市对进城打工的外来务工人员数量上的限制。劳动力行业的限制进入表现为在一些劳动力流向较集中的城市,对外地劳动力只开放部分经济部门与行业,而对另一些经济部门与行业则限制或禁止外地劳动力的进入。”在具体行为上,则表现为教育、就业、工作、待遇、生活上的不平等,非城市户口人员成为流动于城乡之间的边缘人;在称呼上,则表现为农民工、盲流、务工者、流浪者,带有明显的身份上的不平等的意味。显然,这些做法和国民所期望得到的还存在着非常大的差距。

针对这些差距,作为执政者,在城乡统筹发展中首先要做的,就是让乡村公民也享受他们理应有的权利和社会发展带来的好处。毋庸置疑,乡村公民对于整个国家社会的发展是尽了义务的,现在他们也应当享受属于自己的那一份权利和公平待遇。作为乡村公民,他们和城市公民一样,应当享有相应的法律权利(人身自由权、财产权)、政治权利(个人政治权利、组织权利)、社会权利(机会权利、促进能力的权利、再分配和补偿的权利)。在城乡统筹发展的社会治理中,这其实不仅是政治作为,同时也是一种经济作为。城乡统筹发展就是要站在这样的高度来看待乡村公民的身份平等问题,我们当前所要着力解决的也是这样一个问题。否则,所谓城乡一体化、协同治理就只是一句空话。

除此之外,要废除户籍捆绑制度,赋予乡村公民居住和迁徙的自由。其实,我国 1954 年就在宪法中明文规定,公民有居住和迁徙的自由。但后来由于城市就业、粮食、教育、交通等方面的紧张,国家开始对流动人口实行限制。1958 年《中华人民共和国户口登记条例》进一步明确规定:公民从乡村迁往城市,须持有城市相关劳动部门的录用证明,并向常住地户口登记机关申请办理迁出手续。这样,户口迁移审批制度和凭证落户制度正式确立,农民走向城市的脚步变得迟缓。至 1975 年,宪法正式取消了公民迁徙自由的规定,至今尚未恢复。正是这种在法律、法规上形成的硬性规定,不仅造成了乡村长期落后于城市的社会现实,更在人的心灵上留下了难以抹去的影迹:城市居民似乎是“一等公民”,而乡村居民似乎沦为“二等公民”。因此,我们认为,在公民的权利体系中,还应当增加“公民有居住和迁徙自由的权利”,在自由居住和迁徙的过程中,享受国家规定的各项权利。也正是在这个意义上，我们所谓的城乡统筹发展中的社会协同治理，不是我们惯常以为的仅仅停留在物质经济的发展思路上的，更重要的是从价值导向机制的确立上来保证它的顺利实施，从而在思想观念上确保所有国民的公民身份。

③发展机会上的平等观

这里所说的发展机会上的平等，包括这么几个层次，即在总原则上，城乡统筹发展要坚持协商民主的原则；在总体发展规划上，城市与乡村各有一席之地；在发展过程中，城乡都是发展的主角；在最终目标上，实现城乡发展能力的平等。

在总原则上，就协商民主的基本含义而言，强调的是在多元社会现实的背景下，通过普通的公民参与，就决策和立法达成共识，从而实现对国家生活的治理。"协商民主是一种具有巨大潜能的民主治理形式，它能够有效回应文化间对话和多元文化社会认知的某些核心问题。它尤其强调对于公共利益的责任、促进政治话语的相互理解、辨别所有政治意愿，以及支持那些重视所有人需求与利益的具有集体约束力的政策。"这里主要是从政治生活这一角度而言。其实，协商民主还可以广泛应用于社会治理之中，二者有"相得益彰的共生关系"，"协商民主与社会管理都是在一定的社会发展生态条件下，人类执着追求公序良俗社会生活状态过程中生长出来的社会公共事务的治理形式。参与、对话、讨论等协商'因子'有利于推动社会管理的发展与创新，而社会管理的发展与创新，则有利于协商民主的全面'铺展'"。城乡统筹发展作为社会管理体系中的一个重要方面，参与、对话、讨论等协商因素自然也包含其中。扩而言之，参与、对话、讨论展现出来的其实是社会管理中需要奉行的民主、平等、自由、理性等发展观。试想，一个没有民主、平等思想的社会发展模式，它的发展动力又从何保证？相应于我国城乡发展，也必须首先基于协商民主、共同参与的平等发展观，这是发展机会平等的总原则。

在总体发展规划上，城市与乡村要各尽其职、各展其长。在很长一段时间，我们只有城市发展规划，忽视了乡村发展的声音；现在即便提出新乡村发展规划，然而在乡村究竟如何发展以及和城市发展的关系如何等方面，仍然是一个需要多方面探讨的话题。城乡在发展规划上的平等观，就是要在发展规划的设计与安排上，既倾听来自城市如何发展的声音，也倾听来自乡村如何发展的呼声。具体来说，就是要在资源分析、统筹方向、发展重点、经济布局、思维对策、发展目的等方面做到城市与乡村两不相轻，制定共同的发展战略。

在发展过程中，要体现出城乡都是发展主角的特点，突出调动乡村、群众的积极性，同时防止城市、政府包办一切事务。在统筹城乡发展中，政府的角色主要是引导和服务，发展的主角应是广大的农民群众。然而，在实际事务中，这一思路却被误用了,一些地方政府包办的现象时有发生。城乡社会协同治理,必须把这种情形扭转过来,充分发挥乡村和群众的主角作用。这种主角作用突出表现在:乡村活力、群众热情被充分调动起来;在各环节的实际事务中,群众的能力得到最大限度地发挥;乡村在社会管理中的作用得到有效体现。当然,我们在这里重点提及乡村在城乡发展中的主角作用,并不否认城市的角色定位。实际上,我们以前过于强调城市的主导性,忽略了乡村的发展作用。如今,在某些情况下(如发展先后、发展重点等方面),城市还要让位于乡村,让乡村在这些方面得到优先发展。

在最终目标上,发展机会的平等观是要实现城乡发展能力的平等。我们这里所说的发展能力,是指城市和乡村发展潜能在当前社会生活中的实现程度和对未来的影响程度。它主要表现为两种形式:实现力和影响力。实现力体现为已经被认可的能力,影响力则规范了在已有能力基础上的发展方向。这两种能力在时间上有先后之别,但它们有一突出特点,即它们都建立在对社会生活强有力的积极干预基础之上,是对其发展能力的正面确证。

从城乡发展过程中,我们以前片面突出城市的发展能力,以城市的发展成就来确定政府机构、个人的功业。这种方式在短期内具有一定的视觉效应,但从长远来看,实在含有较多弊端。国家发展水平的高低,不能仅靠几个城市的发展来衡量,如果眼光局限于此,则这种发展必定是畸形的发展。概观国外发达国家社会经济的发展,无不建立在城乡平衡发展的基础之上。当务之急,是要充分调动城乡尤其是乡村发展的积极性,把乡村发展的良好愿望变成现实,在发展潜能不断得到实现的前提下提升乡村在城乡统筹发展中的实现力。同时,也要让这种现实力对城乡生活的发展形成持久的影响力,毕竟,这种发展不是一朝一夕所能完成的。

二、城乡统筹发展中的社会协同治理主体培育机制

创新城乡社会治理体制,关键在于处理好政府、市场、社会三者的关系,促进城乡社会治理主体多元化,从而不断优化现代国家治理结构,实现“国家—市场—社会”三元良性互动、协调发展。当前,在我国统筹城乡发展过程中,建立和优化社会协同治理主体培育机制,有利于推进我国城乡社会治理体系和治理能力现代化。城乡社会协同治理主体培育机制,应主要包括四个维度:治理主体培育政策导向机制、治理主体结构优化机制、治理主体能力开发机制、治理主体德性培育机制。

随着我国改革开放的不断深入和社会主义市场经济的不断发展,当今社会已成为一个多元共存的社会共同体,在各个层面上都呈现多元化的发展趋势,同时也

自然地推动社会主体的多元化。与此同时,我国城乡社会结构变化也极其深刻和复杂,城乡社会流动性空前增强,城乡社会阶层不断分化,城乡社会利益主体不断多元,城乡社会发展差距不断扩大,整个社会原子化和碎片化问题凸显。对这样一个城乡社会的治理,是主体单一的传统社会管理所无法运筹的,必须以治理主体多元化来应对城乡社会多元化的需求和治理多元化的城乡社会,以多元治理主体协同治理模式来实现城乡社会善治与协调发展。这也是推进我国国家治理体系和治理能力现代化的必然选择。统筹城乡发展中社会治理多元主体培育的价值体现在如下几方面。

1. 健全城乡社会运行系统的必然要求

对现代社会的运行来说,"社会运行的三大支点是政府、企业和非营利组织。政府是靠科层权力体系的机制运行,企业是靠市场机制运行,而非营利组织是靠社会参与和利益协调的机制运行"。国家、市场与社会的良性互动、均衡发展,始终是经济发展、社会稳定和国家善治的基础。从宏观层面来看,现代社会组织体系也主要包括三个部分,即以行政机构为主体的国家政府组织,依靠行政权力机制,为社会有效运行提供良好的政治秩序;以企业为主体的市场企业组织,依赖市场机制,为社会有效运行提供良好的经济秩序;以非营利机构为主体的社会组织,则依赖社会机制实现社会自治,为社会运行提供良好的社会秩序。其中,政府是国家的主要载体,企业组织是市场的主体,而社会组织是公民社会的表现形式。现代社会的稳定良好运行,有赖于"政府—市场—社会"三元现代社会运行系统的建构,并在法治的框架内相互制衡、良性互动,从而实现国家治理的长治久安、繁荣富强。这既是目前我国社会体制改革的目标要求,也是现代型国家和社会健康有效运行的基础保障。而大力培育和发展多元社会治理主体,尤其是各类民间组织、基层社区自治组织,建设一个与现代政府、市场相匹配的自主、自治、自律的现代公民社会,是形成"政府—市场—社会"均衡发展的现代社会运行系统的必然要求,也是社会自治的重要前提和基础。

从我国城乡社会运行体制的历史演进来看,秦汉至明清,我国社会管理存在着两种秩序,一种是以皇权为中心的皇权秩序,另一种是以家族为中心形成的村落自治共同体,即乡土秩序,这两种秩序之间依靠乡绅阶层连接。这种社会运行系统下的社会秩序非常脆弱,社会极不稳定。中华人民共和国成立后的首要任务是将社会组织起来,以克服旧中国社会一盘散沙的状态,在我国高度集中的计划经济体制下,建立起了高度集中的政府包管一切、以"单位体制+街居体制"为特征的社会体制,形成了全能型政府的社会运行组织体制,即建立起以党和政府为中心、社会依附于政府的"管控型"社会管理体制,政府是社会的唯一治理主体,实行单向的社会控制,导致社会流动性严重不足,社会自身缺乏自我组织、自我管理、自我调节的机制,社会自组织能力和自我调节能力也非常弱,社会本身基本上没有相对独立的发展空间。随着我国改革开放和"双转型"(经济转型和社会转型),社会主体开始由单一向多元发展,但目前从政府、市场、社会三大组织力量对比来看,我国社会组织架构呈现"强政府、弱市场、弱社会"的特征,特别是城乡政府、市场、社会三者严重不均衡、差距甚大。从城乡比较来看,乡村政府组织、市场组织、社会组织的发展远远落后于城市,尤其是乡镇治权、公共资源支配与城乡发展一体化目标任务严重不匹配,不少乡村基层组织涣散或"不在状态",因城市偏好导致乡村市场及其主体发展艰难,乡村社会组织发育更是缓慢。随着改革开放的不断深入和社会主义市场经济的发展,社会多元主体如雨后春笋般不断发展,正在催生一个自主、自治、自律的现代公民社会,也正在催生一个政府、市场、社会三者良性互动的现代社会运行系统。

2. 创新城乡社会治理体制的题中之义

党的十八届三中全会通过的《中共中央关于全面深化改革若干重大问题的决定》(以下简称《决定》)在第六部分明确指出,城乡二元结构是制约城乡一体化的主要障碍。并要求健全城乡发展一体化体制机制。《决定》第十三部分提出要"创新社会治理,必须着眼于维护最广大人民根本利益,最大限度增加和谐因素,增强社会活力,提高社会治理水平。"特别是《决定》首次提出"国家治理"和"社会治理"两个重要概念。从"国家管理"到"国家治理",从传统"社会管理"到"社会治理",是我们党对国家和社会建设与管理理论的重大创新,也是我国从传统管理走上现代治理的重要标志。一方面,从"推进国家治理体系和治理能力现代化"目标任务来看,必须在坚持完善和发展中国特色社会主义制度的前提下,大力发展和优化以党委领导、政府主导的多元治理主体体系。党的十八届三中全会通过的《决定》明确要求,坚持党的领导、人民当家作主和依法治国的有机统一,创新和优化国家治理的体制机制。在我国语境中,"国家治理"是指在中国共产党领导下,按照科学、民主、法治和有效性来优化和创新国家制度体系和执政体制机制,实现"民主与法治的共融、国家与社会的共通、政府与公民的共治",实现国家与市场、社会的和谐发展。为此,要在中国共产党总揽全局、统筹各方的领导体制下,大力培育和发展以党政为主导系统的,包括企业、社会组织、公民等在内的多元协同治理主体。另一方面，从创新城乡社会治理体制、健全城乡发展一体化机制来看，也必须大力培育和优化以党委领导、政府主导的多元治理主体体系。在改革开放以来的社会管理创新实践和国际借鉴的基础上，党的十八届三中全会《决定》首次明确提出“社会治理”的概念，标志着我国社会管理开始由传统社会管理转向现代社会治理。“社会治理是以实现和维护群众权利为核心，发挥多元治理主体的作用，针对国家治理中的社会问题，完善社会福利，保障改善民生，化解社会矛盾，促进社会公平，推动社会有序和谐发展的过程。”可见，社会治理的一个核心要义就是治理主体的多元化。因此，创新城乡社会治理体制，必须大力培育和发展政党组织、政府组织、企业、社会组织、公民等在内的多元治理主体。

3. 实现城乡社会协同治理的重要前提

在当前城乡二元结构并未破除，城乡发展差距仍在扩大，城乡财政分立、城乡金融分离、城乡就业不平等、城乡环境失衡等局面没有根本改变，特别是城乡在公共服务、社会保障、教育、医疗服务等方面差异明显的背景下，全能型政府社会管理模式显然难以为继，推行城乡社会协同治理无疑是统筹城乡发展的必然选项和重要举措。作为我国城乡社会治理的一种新型治理模式，城乡社会协同治理主张政党组织、政府组织与营利组织、社会组织、社会公众等其他治理主体协同，建立一种纵向的、横向的或二者结合的高度弹性化的协同治理组织网络，以有效克服单一权威主体或者政府力量所形成的垄断和低效影响。这种模式的优势主要表现在以下几方面。

首先，它能吸纳多元社会主体，实现资源整合和优势互补，并通过多样化方式满足社会多元的利益与价值需求。其次，它能将原本游离在外的其他治理主体凝结成社会治理的利益共同体，形成治理的强大合力，实现良好的放大效应。再次，它能通过多元主体的协商互动，充分反映社会各阶层的利益需求，牵制彼此不合理的要求，形成良好的制衡机制，同时也促使治理目标更加合理化，治理行为更加理性化。最后，协同治理鼓励并带动社会参与，既有利于培育和增强公众的参与能力，以及公民意识、民主意识、法治意识和自治意识，提升城乡社会整体协同治理能力和水平，也有利于我国公民社会的培育与成长。而大力培育素质良好的社会多元治理主体，是实现城乡社会协同治理机制的重要前提和基础。

从城乡社会协同治理构成的主体要素来说，首先，不同的治理主体具有不同的特点和优势。如，政府是公共政策的制定者、公共服务的提供者和社会公正的维护者；市场主体通过市场机制在资源配置中的决定作用，能实现资源的优化配置和公共服务的专业化、多样化需求；社会组织则广泛渗透到人民群众中，与社会公众“无缝连接”，能最准确、全面了解和反映公众需求等。因此，实现城乡社会协同治理，就必须依靠治理主体的多元化。因为“协同”本身就意味着主体或组织系统的多元，主体单一无所谓协同，统筹城乡发展只靠党政组织无法形成共治城乡社会的协同力量，只有大力培育与城乡统筹发展相匹配的多元治理主体，广泛吸纳和激活社会力量，才能真正形成城乡社会管理多元协同治理。其次，必须有效地协同治理主体的优质化。这既是实现城乡社会协同治理的重要保障，也是提升城乡社会协同治理能力与治理绩效的必然要求。所谓治理主体优质化，不仅要求治理主体多元，而且要求治理主体结构优化，尤其强调治理主体能力和主体素养的优质。具体到我国城乡统筹发展进程中，治理主体优质化，不仅要求治理主体结构以政党组织、政府组织为主导，充分吸纳企业组织、社会组织、公众等其他各类治理主体，而且要求各类治理主体具有协同治理城乡社会的良好治理能力、治理认知以及公共责任和公共精神。特别在破除城乡二元结构、促进城乡统筹一体化这一关键历史阶段，各类治理主体以及主体内部各构成要素的协同能力和协同素养显得极为重要。再次，多元化的治理主体也有利于“政府”这个在城乡社会协同治理中处于主导地位的治理主体更好地转变职能，真正成为现代服务型政府，在城乡社会协同治理中更好地发挥主导作用，同时也有利于增强其他协同治理主体的治理能力。对政府来说，“中央—省—市—县—乡镇”各级政府应简政放权，“瘦身”与“健身”相结合，把该由市场和社会管的交给市场和社会，管好各级政府该管的事，致力于建设服务型政府、法治型政府、责任政府和高效廉洁政府。《国务院办公厅关于政府向社会力量购买服务的指导意见》明确指出，各类企业组织和社会组织是城乡政府职能转变的承接载体，如果作为政府职能转变的承接载体的企业组织和社会组织缺乏承载能力或者承载能力弱化，那么不但城乡政府职能转变缺乏承接空间，同时城乡社会公共服务和社会管理也难以实现有效协同。

三、城乡统筹发展中社会协同治理主体培育现状分析

1. 城乡社会协同治理主体建设取得的初步成效

我国社会管理从中华人民共和国成立之初的“管控型”社会管理，演进形成改革开放以来的“党政主导型”社会管理，再到十八届三中全会首次提出的“创新社会治理体制”，社会治理主体也由全能政府的单一治理主体向多元治理主体发展。

特别是随着新公共管理理论和模式的逐渐兴起,“坚持共识、共治、共享的核心理念”的治理理论的影响,再加上我国改革开放不断深入、社会主义市场经济不断发展、社会管理创新实践不断推进,我国以党政组织主导,包括营利组织、社会组织、社会公众等在内的各类社会主体蓬勃兴起,基本构建起了城乡社会管理主体多元化的社会行动者系统。

(1)政府职能由“管控型”向“服务型”转变

改革开放以来的政府改革,既包括政府内部的体制改革又包括与党委、人大、政协、司法、群团,以及政府与市场、社会等方面的协同配套改革,各级政府职能转变取得了明显成效:一是在新公共管理运动的影响下,政府职能逐渐融入了现代行政理念,重视吸纳和鼓励包括市场主体、社会组织、公民等在内的社会主体参与国家治理、政府治理和社会治理,逐步摒弃大包大揽的全能政府职能模式,初步建立起了与市场、社会互动的政府主导、多元参与的政府治理模式,政府职能的回应性显著增强。尤其是《国务院办公厅关于政府向社会力量购买服务的指导意见》(以下简称《意见》)明确提出,要牢牢把握政府职能转变的要求,进一步放开公共服务市场准入,推进政府向社会力量购买服务,充分发挥社会力量在管理社会事务中的作用。《意见》明确了政府和企业、社会组织等社会力量的定位,并在政府向社会组织以及企业、机构购买服务方面做出了制度安排和路径安排。二是强化了政府社会管理和公共服务等方面的职能,突出经济、法律等手段进行宏观调控,改变了以往政府直接间接、宏观微观并存的政府干预方式,政府架构及其运行机制日渐科学合理。三是以保障和改善民生为导向,统筹城乡发展,破除城乡二元结构,缩小城乡发展差距,实现城乡发展一体化和共同繁荣。政府使命感空前强化,特别是对乡村公共服务、基础设施建设、教育卫生医疗、社会保障等重视程度比以往任何时期都更加突出。四是建设现代服务型政府的意识明显加强,政府正在从以往发号施令的权威官僚机构变为公共服务提供者,政府公共行政正在由“管制行政”走向“服务行政”和“法治行政”。

(2)市场以及各类企业组织蓬勃发展并不断走向成熟

改革开放以来,我国在坚持公有制经济主体地位的同时,大力鼓励和支持非公有制经济发展,激发非公有制经济活力和创造力,我国非公有制中小企业空前发展。市场在经济社会发展中的地位和作用也日益凸显,市场机制在资源配置中的作用也由“起基础性作用”逐步向“起决定性作用”转变,各类市场主体以及新型经济组织蓬勃发展。特别是 2013 年出台《关于地方政府职能转变和机构改革的意见》,中央下大力气推进政府职能转变、简政放权,激发了市场活力和社会活力。仅在文件印发后的半年多时间里,中央政府简政放权,分四批取消和下放三百多项行政审批等事项,市场和企业的活力也被空前激发,社会投资和创业热情不断高涨。党的十八届三中全会的《决定》明确提出,"处理好政府和市场关系,使市场在资源配置中起决定性作用和更好发挥政府作用"这些必将大力推动我国城乡现代市场体系建设和现代企业组织及其现代企业制度建设,进一步激发市场和企业的活力。

(3)社会组织成为加强社会管理和提供公共服务的重要力量

随着我国计划经济向市场经济的转型、政府职能模式改革不断深化、社会组织管理体制创新不断推进,国家与社会开始有序分流发展,公民社会开始发育成长。20 世纪 80 年代以后,随着市场主体的逐渐强大,公益慈善类、社会福利类、社会服务类、工商经济类、基金组织等各类社会组织雨后春笋般涌现,广泛渗透到社会生活领域的各个层面,成为沟通民意、民间互助、满足多样化需求、解决矛盾纠纷的重要载体,在各自领域内处理社会事务的能力不断提升,逐渐成为加强社会治理和提供公共服务的重要力量,在我国经济社会发展中的作用越来越大。"截至 2013 年 6 月底,全国依法登记的社会组织有 50. 67 万个,其中社会团体 27. 3 万个,民办非企业单位 23. 0 万个,基金会 3 713 个。"

(4)社会公众的主体地位、公民素养和参与能力不断提升

我们党始终坚持群众观点和群众路线,充分尊重群众的主体地位,依靠和发动群众参与社会建设与管理,参与现代化进程、共享现代化成果。当前,公众在社会发展中的主体地位进一步得到确立和提升,公众参与在社会治理中的基础性地位日益凸显。特别是近几年来,我国社会主义民主政治建设明显加快,全国城乡各地党委、政府都在不断进行基层民主建设实践和开展多种形式的民主协商,积极组织、动员和主动吸纳公众参与民主决策、政策制定和公共事务管理,如各种民主恳谈会、决策听证会、民主评议会、村民"一事一议"制度等。同时,在参与中公众的公民意识开始"觉醒",公众的参与能力也得到了较大提高,公民意识、民主意识、法治意识、自治意识有了明显增强。此外,随着社会组织这一公众参与载体的不断壮大,公众参与也由过去的"个体化"走向了"组织化"。历史反复证明,原子化的个人难以形成推动社会不断改革和进步的合力,社会组织的不断壮大改变了以往公众个体力量弱小的现状,同时通过参与活动,社会公众的表达诉求和权益维护的机制不断健全、渠道不断拓宽,与政府互动更加顺畅有效,自身自治能力得到了有效锻炼和培养,在推动社会管理问题的解决和维护自身利益与公共利益中的作用越来越大。

2. 城乡社会协同治理主体建设存在的主要问题

尽管我国随着社会主义市场经济深入发展和社会管理创新实践不断推进，治理主体由过去政府一元主体向党政组织、社会组织、企业、公民等多元治理主体发展，社会治理主体建设取得了较大成效，但也存在诸多问题。

(1)城乡政府职能转变不够到位

政府职能转变，其核心是处理好政府与市场、政府与社会的关系，更好地发挥市场、社会以及各类社会主体的作用。改革开放以来，尽管我国已进行多次政府改革，城乡政府职能转变也取得了很大成就，但离现代服务型政府和法治型政府的要求还相距甚远。由于过去全能型政府的运行惯性，政府职能“越位”“错位”“缺位”、政府的利益主体行为等问题一直未能很好解决，公共权力资源配置、运作单极化和单向度的特征明显，造成政府事权庞杂、效能低下、主导失灵，也严重挤压着城乡市场发育、社会成长和公众参与的空间，导致城乡政府、市场、社会三大组织力量发展失衡，不仅制约着社会多元治理主体的培育和健康成长，不利于统筹城乡发展中有效吸纳各类社会力量协同治理城乡社会、推进城乡协调发展，而且不利于政府公信力的提升和现代服务型政府的建设。“现行行政体制仍存在许多不适应新形势新任务要求的地方，主要是职能越位、缺位问题依然突出，不该管的管得过多，一些该管的又没有管好；职责交叉、权责脱节、争权诿责现象依然较多，行政效能不够高”。尤其是“越位”现象较为普遍，政府突破自身的行政权力边界，直接干预本该由别的部门或者应交由市场和社会去管的事，而且政府社会管制功能过强、公共服务职能过弱。另外，“错位”表现在一些地方政府提出过大的发展目标和城镇规划框架，忽视或弱化其公共服务职能和社会服务职能，造成城乡发展的矛盾。再次就是“错位”，有些地方政府注重其经济职能，弱化社会职能，特别是由于“城市偏好”，在公共政策制定和公共资源配置上向城市倾斜，对乡村公共服务、基础设施、社会保障、教育卫生医疗等投入不足，导致城乡社会发展差距扩大，城乡社会矛盾突出。

(2)城乡社会主体发展严重失衡

尽管我国近几年来治理主体从单一走向了多元化，各类社会主体有了长足发展，尤其是民营和个体企业发展迅速，但总量严重不足，主体结构不合理，特别是乡村各类社会主体发育缓慢，而且力量弱小。各县市区社会组织虽然有所发展，但发展规模和水平相差较大，大多数乡村特别是偏远乡村，除“两委”(居委会、村委会)外，几乎很少有经济组织和社会组织，社区组织建设严重滞后。

(3)主体公信力和自主性亟待提升

近几年来在城乡社会主体培育和建设中,虽然我国社会主体数量呈倍数增长,但在社会主体公信力和自治能力建设方面严重滞后。首先,作为在社会治理中起主导作用的政府组织尤其是地方政府,“原本是各利益主体之公器,没有自己的利益。但是在推进社会主义市场经济的过程中,政府率先‘市场化’了”。如前所述,政府职能的“越位”“错位”“缺位”及其利益主体行为和行政权力“越界”,导致政府组织公信力不足。其次,作为我国经济社会发展中的效率型主体,无论是国有企业还是非公有制企业,在企业责任、企业精神、企业诚信、企业自律等方面与现代企业要求相差甚远,与社会公众的期望相距甚远,培育现代企业品质和建设现代企业制度任重道远。尤其近几年来企业垄断行为、企业不诚信行为、违法行为导致的食品安全事故、药品安全事故、生态环境污染事件频发,再加上工商经济类社会组织能力弱小,监控与问责机制缺位,使得人民群众缺乏“安全感”和对企业的“信任感”。再次,作为不发达公民社会的产物,我国社会组织无论是自主性还是公信力都存在较大问题。从自身发展来看,我国社会组织还处于发展的初级阶段,规模较小,动员能力不强,社会认同较低,还缺乏社会公信力、缺乏自律和公众监督,对社会公共生活的实际影响力有限,还远不能适应改革开放以来社会变迁所带来的现实需要,无论是其规模还是能力都难以有效承接政府转移的职能。如就其内部管理来说,不少社会组织的发展主要依赖个人资源及人格魅力,内部规章制度不健全,其章程并未成为实际工作的依据;有些虽建立了规章制度,但执行不到位,内部管理松散;有些组织未实施信息通报、理事会或会员大会(会员代表大会)等民主决策机制缺乏监督和自律机制;有的违规使用票据和经费,财务报告流于形式,审计不严格、透明度不高。从外部环境来看,社会组织、社区组织,以及居委会、村委会等自组织所需工作经费只能依靠政府拨款,自身筹资困难,发展资金匮乏。有的社会组织无论是从章程制定、人事权、日常决策权还是内部运行机制、激励机制、监督机制等方面,都带有明显的行政化倾向,缺乏自主性和应有活力。从哈尔滨市社会组织发展现状的调查可以看出,这是绝大多数社会组织发展所遇到的普遍问题。社会组织本身会费收取难,服务收入少,自筹经费能力弱,难以扩大社会影响,实现良性发展。以郴州市福城志愿者协会为例,其资金来源主要为会员会费、哈尔滨市慈善总会和业务主管单位团市委的拨款以及个人和企业的捐款,尽管该组织在筹集资金方面做出很大努力,但每年活动资金缺口仍然在 10 万~15 万元,严重制约了公益活动的开展。同时,由于社会组织收入水平低,福利待遇低,多数没有社会保险,而相关法律保障不完善,如社会组织工作人员的职称评定、医疗和养老保险等方面无详尽规定和配套措施，使得社会组织难以挽留人才。不少行业协会工作人员或为挂靠单位退居二、三线的同志，或由挂靠部门工作人员兼任，难以提供优质的服务，在行业内威信不高，导致协会组织发展受限。最后，公民意识和公众参与能力严重不足，公共参与动力也不足。尤其是农民更加关注的是如何维持生存而无暇顾及公共决策的制定过程，同时由于传统政治文化的影响，使得农民认为自己在政治领域、社会领域没有话语权。

(4)主体扶持培育发展机制尚未形成

目前，我国在主体培育发展方面，尚未形成政策扶持机制，制约了社会主体健康发展。一是扶持政策不到位。缺乏与社会组织发展目标相配套的扶持政策，以及引导其提升发展水平的鼓励政策。已有的扶持政策实施不到位，仅少数活动能力强的社会组织能依据政策从一些部门争取到少量资金，大多数社会组织很难得到资金、场地、技术、项目等方面的政策扶持。一项针对哈尔滨市的调查表明，国家虽有包括社会团体、民办非企业单位等在内的非营利组织免税方面的规定，但在市、县、乡的社会组织很少能享受到国家这方面的优惠政策。在志愿者服务活动中，由于缺少人身安全等方面的政策保障，一些志愿者感慨，他们的服务环境是“流泪流汗又流血”，在慈善组织无法替所有志愿者购买保险的情况下，往往需要通过特殊关系才能找保险公司按15元/人的标准为参与者购买人身意外保险，但保额最多1万元，时间限在15日内，一些志愿者组织只好减少活动项目，或不开展大型活动以规避风险。二是政府转移职能缺乏行动规划和具体措施。当前，政府部门简政放权、转移职能还没有总体规划和分段实施计划，也未主动向商会、行业协会等社会组织转移行业管理方面的有关职能。研究人员在郴州市调研中发现，确实有些自上而下建立的专业协会，承担了部分行政管理职能，除了工作经费来自企业会费外，其性质仍类似主管部门职能机构。三是政府购买服务机制尚未建立。除了以支付人员经费形式购买劳动就业、社会保障、居家养老服务外，政府还缺乏项目购买目录、项目成果评价与经费支付办法等操作办法，购买服务的经费总支出亦未纳入财政预算，造成社会组织在获取资金与资源、承接政府职能等方面承受了巨大压力。此外，由于政府现行法规政策不够健全，大量社会组织“非法化”；缺乏活力、筹资困难，社会组织的发展缺乏一个公平、公开、法治的可持续发展环境。四是社会公众参与机制不健全，参与渠道不畅通，参与形式较为单一。随着经济社会的发展和进步，群众对于生活品质和个人价值实现的要求日益提高，各类社会矛盾和问题不断出现，导致社会治理问题变得越来越复杂，而公民力量的疏导和社会问题的化解，关键在于建立健全各类主体共同参与治理的各种机制。当前城乡社会治理过程中，缺乏在政府主导下的、有利于各类社会主体参与城乡社会公共事务治理的渠道和网络，以及相应的机制和制度建设。

3. 城乡社会协同治理主体建设存在问题的原因

我国社会治理主体建设之所以存在以上几个方面的主要问题，既有思想认识的误区，也有全能政府的惯性思维因素；既有行政化运行方式的影响，也有体制机制以及制度环境等问题。主要表现在以下几个方面。

（1）全能政府惯性思维与行为的影响

如前所述，我国社会管理先后经历了“统治型”社会管理（秦汉至明清）、中华人民共和国成立后的“管控型”社会管理（政府成为唯一管理主体，成为全能政府）和改革开放以来的“党政主导型”社会管理，党的十八届三中全会首次在中央文件中提出“社会治理”。尽管当前我国倡导党政主导、社会协同、多元治理，但由于长期受管控型社会管理模式的影响，全能政府的惯性思维与行为方式还在不同程度存在，政府与市场、政府与社会关系始终未能得到很好处理，而且保护和推进社会主体多元化的制度有所缺失。如对社会组织“双重管理”体制，影响了社会主体的发展，也影响着一个自主自治的现代社会的发育和成熟。以哈尔滨市社会组织发展为例，调研显示，由于社会组织发展缺乏法律法规保障，在其发展过程中，各级政府对社会组织的地位、作用的认识不足，尚未把社会组织纳入经济社会发展的总体布局，未把社会组织培育发展工作纳入议事日程，对社会组织建设和管理缺乏创新手段。

一些政府部门对社会组织在加强和创新社会管理中的作用认识不到位，对所管社会组织过问少、指导少，存在缺位现象，导致多元社会主体培育缓慢，效果不是很理想。特别是由于国家对社会实施行政化管理模式，政府通过财权和事权管理着社会主体的行动，绝大多数社会组织，包括各类社会团体、社区组织、“两委”自组织等，“官方”或“半官方”色彩浓厚，即由政府创建或受政府的管制，导致作为公民参与的社会组织，无论是数量还是规模均偏小，能力偏弱、种类不多，公共性和自主性差，而且参与社会治理的能力弱，规范性水平和社会认同度不高。

（2）主体发展的支持政策制度缺失

在法治的框架下，实现国家与社会的良性互动，是现代治理结构的基本特征。从我国治理主体建设来看，社会主体之所以管理不规范、结构失衡、规模和能力弱小、发展制约因素多、社会流动性不强，主体发展缺乏支持保障制度供给是一个重要原因。改革开放以来，随着经济转型和社会转型的不断推进，社会主义市场经济和社会主义民主政治不断发展，现代市场不断完善，公民社会开始兴起，现实要求我国治理体系从“全能国家”向“国家、市场、社会”三元良性互动发展，这无疑在客观上为社会主体多元化提供了发展空间，同时也初步形成了党政主导、社会协同、公众参与的多元主体共同治理社会的理念，在宏观层面为我国建设多元社会主体、推进社会治理创新提供了党的政策支持。但是在鼓励、支持和维护社会治理主体建设的具体实践中，缺乏规范性、操作性、强制性强的法律法规和政策制度。如在政府与市场、社会的运行关系上，缺乏法律法规或制度层面的权责边际界定，导致社会主体发展的生存空间被一定程度的挤压。又如支持社会主体建设的财政与金融政策制度体系缺乏，导致社会组织以及社区、居委会、村委会等各类自组织因运行经费匮乏而无法有效发挥其应有的功能优势，大多社会主体因“财政依赖”而成为政府的具体办事机构，甚至人事安排也带“官方色彩”，弱化了其表达公众诉求、维护群众合法权益、监督政府行为等社会功能，也没有起到政府与社会沟通的纽带和桥梁作用，不仅导致社会主体的健康成长遭到严重制约，而且极不利于政府治理和社会自我调节功能、居民自治良性互动局面的形成，也制约着一个自主自治自律的现代社会的兴起。

(3)监督管理职责落实不到位

监督机制和问责机制的缺失，导致政府、企业、社会等各类社会主体运行机制不规范，如政府职能的“越位”“错位”“缺位”及其利益主体行为和行政权力越界，公民意识和公共责任的弱化甚至丧失。目前，来自国家层面对社会组织管理的体制设计为“双重管理”。从登记管理情况来看，民政部门因登记审查标准模糊导致登记管理机关法律责任关系不清，在实际登记管理操作中造成了重重困难。特别是随着社会组织进入了快速发展阶段，登记管理职能工作量倍增，“重建设轻管理”，监督管理队伍建设严重滞后。

城乡一体化是缩小城乡发展差距、实现城乡协调发展的根本途径。作为统筹城乡发展的重要目标之一，在推进国家治理体系和治理能力现代化的语境下，推进城乡社会发展一体化，必然要求创新社会治理体制机制。本研究对于城乡统筹发展中社会协同治理机制的研究有以下几方面的认识。

第一，构建城乡统筹发展中社会协同治理机制，既是当前社会治理创新的动力所在，也是统筹城乡发展现实图景的必然选择。当前城乡社会发展严重失衡是多重因素相互作用的结果，单纯依靠政府、市场或社会任何一方的力量都难以有效解决这一困境，再加上城乡社会碎片化和利益主体多元化，单中心秩序中全能型政府社会管理式微，已无法适应我国统筹城乡发展、推进城乡一体化的需要，必须研究和构建城乡统筹进程中的社会协同治理机制,以有效整合和发挥党委、政府、市场主体(企业)、社会组织、公众等各类主体在城乡社会管理中的功能优势,共同治理城乡社会。

第二,研究和构建城乡统筹的社会协调治理机制必须坚持党的领导、人民当家作主和依法治国的统一,坚持国外借鉴与中国实践相结合。党的领导是中国特色社会主义最本质的特征,是城乡社会协同治理、实现城乡社会发展一体化最根本的保证。坚持国外借鉴与中国实践相结合,在中国语境下开展城乡社会协同治理机制研究,是创新城乡社会治理体制机制基本遵循的原则。

第三,中国语境下的城乡社会协同治理机制,必须遵照"党委领导、政府负责、社会协同、公众参与、法治保障"的逻辑来研究和构建,关键在于正确处理好党委、政府、市场、社会、公众之间的关系,构建党委领导、政府主导、多元协同的社会协同治理机制,形成与现代化国家治理体系和现代社会运行规律相适应的多元协同的现代社会治理新模式。这一机制包括五大机制构建,其中协同治理价值机制是城乡社会协同治理机制的前提,协同主体培育机制是城乡社会协同治理机制的基础,协同主体间运行机制是城乡社会协同治理机制的关键,协同治理保障和协同治理评价机制是城乡社会协同治理机制的保障。

第三节　城乡融合视域下乡村社区多元主体参与治安治理研究

目前,我国经济正处在新的发展时期,城市化水平已经获得飞速发展,代表着我国的城市化进程进入了新时期。为了保证国民经济的持续发展,以及实现在21世纪中叶达到70%的城镇化率水平,我国的城镇化进程还在加速推进,城市面积不断扩大,不可避免地出现了城市与乡村的交界地带,即城市边缘地区,而它们在推动我国社会进步、促进就业、传承文化等方面也发挥着越来越重要的作用。城市边缘地带既具有城市的部分服务和功能,农业又仍旧在其中占据着一定的地位,呈现一种奇特的共生状态。同时城乡接合部是逐步发展的,呈现梯次的结构。一个城市在建设的过程中,边缘地区就是属于城乡接合部分,当这个城市在扩张时,原来的城乡接合部会逐渐融入城市之中,在城市外围又会产生新的接合部,所以在未来很长一段时间内,我们还将看到这种接合部在我国的存在。在21世纪中叶达到城市化顶点以前，城乡接合部都将是我国发展绕不开的一个重要话题，是我国国民经济稳步运行的关键所在，所以整个社会、政府都要对这个问题引起重视，对它产生的各种问题提出有效的应对措施。时代在一直进步，社会情况也在不断变化，我国针对城乡接合部已经进行了几十年的研究，提出了大量解决方法，但还是有大量新的问题不断涌现，等待着广大学者去提出解决之道。

长期以来，我国对于城市边缘地区的管理主要是依靠政府的力量，在治安管理方面无法提供充足的管理人手，经费支持较少，管理的手段也较为单一，导致各种问题频频出现。如一味地追求治安结果而忽视治安过程等，不同城市的边缘地区更是缺乏有效沟通，无法实现信息共享，造成一些地区治安效果不尽如人意。随着城市化进程的加速推进，许多原先被忽视的问题开始引起人们的关注，学者们的研究不断深入，开始分析观察各种问题的本质，只有这样才能帮助社会制定出适合实际情况的解决之道。

我国城市规模不断扩大，许多人开始聚集到同一区域内，形成了一个社会生活共同体(即社区)，这种共同体是一个小社会，有着某种共同的文化。社区数量不断增多，使得政府的管理力量也开始呈现不足的情况，所以社会的其他力量开始不断涌入治安管理的领域内。除了我国人民民主意识的增强，以及参政议政意愿的不断提升外，中央和地方政府为了更好地管理社会、稳定民情，也逐渐把各方面社会力量的意见纳入政府议程中来。

一、哈尔滨市多元主体参与治安治理存在的问题和原因

1. 哈尔滨市多元主体参与治安治理存在的问题

(1)多元主体职能划分不清

目前哈尔滨社区的多元主体参与治安治理现状存在着职能划分不清的问题，主要体现在“全能政府”定位不准和其他主体的职能模糊。

多元主体受政府主导过多，在社区治安治理上的职能也较为模糊，哈尔滨社区在治安治理中缺少管理尺度，并且缺乏统筹安排和管理，在涉及治安治理的内容中各主体出现了利益和权力的重叠和矛盾，难以协同作战，在缺乏沟通和各自为政的复杂情况下产生了矛盾，归根结底是各个主体的职能划分不清。城乡接合社区琐碎和繁杂的治安治理涉及社区方方面面，但政府部门未及时转变观念，没有针对城乡接合区域的复杂治安状况，深入地进行调研，也未根据所管辖区域的城乡差异、

人口、案件、矛盾数量等因素制定有效可行的政策及时转型，而是带着滞后的观点进行管理，导致基层政府和社区工作面涉及过大，并施加给治安职能部门的公安机关，造成了基层警力不足。

(2)多元主体缺乏参与合作平台

哈尔滨市社区多元主体参与治安治理也面临着参与难的问题，主要体现为缺乏参与合作平台。

首先是现有传统平台未发挥实效。政府缺乏有效的正面指引，一些原有的社区参与平台未得到重视和维系，导致基层社区不能及时化解和控制矛盾，并在经济不断发展的社会经济制度体系下，民众对于无偿的联防模式并不能够接受，显得对事情较有抵触，即使参与也仅仅是表面上的敷衍。通过这些问题的阐述都能看出当前社会治安遇到了瓶颈，民众在参与治安的活动中没能发挥一定的作用，对于治安治理没有正确的认识，也不能积极地参与其中，缺乏有效的参与和治理，由于没有政府部门有效的引导，基本被排除在社会治安管理主体之外。

(3)多元主体参与社区治安治理成效不佳

在当前的哈尔滨市社区治安治理工作中，过分强调政府和公安机关的主体作用，对其他主体参与社区治安治理的重视程度不足。也导致在实际工作中，作为城乡接合部的哈尔滨市社区，因政府综治部门的工作范围较大和公安机关警力不足而导致社区治安治理薄弱。同时，社区也没有明确地规定各主体的权利以及义务，使得多元主体参与社区治安治理非常混乱，一些社会组织缺少实质性的主体能动性和积极性；一些企业组织由于担心承担了参与治安治理的义务却得不到收益，缺乏合作参与的动力。社区居民大多存在与自身利益相关的参与要求，缺乏主动参与到社区治安治理中的观念，习惯于政府帮其考虑和分析，需要政府的正面引导。一些主体存在急功近利心理，自身业务和法律素质却不高，影响了治安管理的效率和质量，而缺少相应的监督，未及时进行更正，容易造成负面形象甚至导致居民的利益受到影响。而在多元主体参与社区治安治理过程中，政府又无法给予直接正面的保障或是增加他们的社会资本，更无法形成长久合力，从而保证多元主体参与社区治安治理的连续性，导致多元主体参与社区治安治理成效不佳。

2. 哈尔滨社区多元主体参与社区治安治理问题的原因

(1)社会公众责任意识不强

在经济突飞猛进发展的趋势下，当前人们对于需求有不一样的认识和理解。社会财富分配上的不平衡和不均等让一些人难以平复心情降低要求，他们内心的情绪难以找到一个宣泄的途径,导致怨愤积聚,成为威胁社会治安的潜在因素,也使得社会公众并没有积极参与到社区治安治理中去。

①社区文化价值导向不足

城乡接合部是乡村快速城市化的一个现象,传统乡村社会向现代城市社会快速转变。城市与乡村之前完全生活在不同的结构中,群体形成鲜明的分界,显示了巨大的差异性,城市化发展形成的城乡接合区域处于一种矛盾对立的状态,这样的矛盾对立也让社会形成一种长期的紧张状态,社会内部矛盾不断积累。人们的生活模式发生了改变,造成大规模人口流动和迁移,以及多种信息并存的形态和结构,不同的文化进行碰撞和交流,颠覆以往的传统观念,新出现的问题和矛盾不断冲击原来的社会秩序。社会环境日趋强调经济独立与个人主义,人与人之间的信任已经逐渐难以建立,大家对彼此之间的情感看得相对淡漠,民众对所在辖区的参与感显得模糊,缺少对美好生活的展望和充盈的内心,在长久难以建立良好社交渠道的情况下,将导致其偏离生活正常轨迹,对自我的认知和控制能力都会下降。

城市向乡村的推进,导致贫富之间的差距逐渐扩大,部分资源和财富分配失衡,也会使部分民众感觉分配不公,城乡接合社区混居着城市和乡村居民,有的人没有工作,有的人失去土地,有的人没有了生活来源而成为社会弱势群体,贫富差距的不断扩大和生活质量的差异,会激起一些人仇富的心理和对抗的情绪。由于周遭环境和生活际遇发生变化会让人感觉到落寞和孤独,也让人更容易产生不安的心理恐慌。在经济变革带来的物质基础丰盈的时代,人们对物质的需求越来越高,对自我的约束能力越来越低。在对当今社会与旧社会对比即可看出,民众的价值取向已经发生了巨大的变化,对于物质的要求变得越来越偏离正常轨迹。由于近年来改革开放后经济出现的井喷式发展,让民众对于物质的要求越来越高,能够积累财富和创造财富是值得推崇的,但缺乏文化和精神的丰富却显得人极为空洞。同时外来的思想也动摇了一些民众,并与其他恶劣行径相互碰撞和摩擦,一部分人道德水平滑坡,唯利是图,这也导致社会上物欲横流不良风气的出现。人们在一味追求物质财富的过程中,随着日益增长的物质需求,法律意识逐渐开始淡薄,更忽视了自身所处环境的稳定性和安全性。近年来城乡接合部的案件一直呈现上升趋势,尤其是各类侵财类案件高发,随时可能转化为杀人、抢劫等恶性暴力犯罪案件,不仅打破了稳定的治安环境,也给城乡接合社区的治安治理带来了严峻的挑战。

②传统依赖政府观念较严重

综合哈尔滨市的社区治安治理现状,多元主体参与治安治理确实发挥了重要作用。但是毋庸讳言,在得出经验的同时也有很多问题需要进一步探讨。政府干预过多、治理主体单一导致当前的自治程度较低，政府通过行政力量直接控制社区治安治理，整个治安治理过程中，政府拥有绝对的权力，即当前的社区治安治理主体主要还是政府，虽然外界力量参与进社区治安治理中，但是群众性等都受到了一定抑制，社会公众的主体责任意识仍未增强，仍然需要政府不断主动引导，社会公众被动接受，社区和基层公安部门的压力仍然没有得到明显改善，同时过多的行政干预容易让公众缺少主动积极性。

由于参加社区治安管理是一件既费时又费力的事情，而在如今市场经济理念影响下，很多人都会思考付出与回报是否成正比，因此，在诸多因素的影响下，人们的价值取向便开始产生偏离，只是一味地追逐自身利益，反而忽略了应该承担的社会责任，所以使得多元主体参与社区治安治理的社会环境不理想。根据调查问卷总体结果显示，很大比例的多元主体参与社区治安治理时考虑更多的是政府的物质保障和自身的利益，认为社区治安治理应该由政府或者公安来负责，有良好的治安是应该的，与自己没有任何关系，所以导致民众参与的意愿普遍不高。在对哈尔滨市的社区走访过程中，我们发现，大部分民众都对政府以及公安机关存在着很大的依赖性，缺少一定的社会责任感，而哈尔滨市的社区在推动社会文化和法治宣传的力度上明显不足。

(2)城乡接合社区体制不完善

①结构层次复杂，治安治理难度大

城乡接合社区同时兼具城市和乡村双重社会属性，治理主体既需要在城市社区管理模式中运行，还要适应乡村的社区管理体制，由于城乡社会的各方面存在差异，很容易互相推诿，导致社会治理作用相互削弱，形成了相互的制约。城乡接合社区在治安信息的传递和掌握上也存在阻碍，由于区域的差异，自上而下的有关政策无法强有力地传递下去和执行起来，各地对上级部门进行信息的反馈和沟通的机制也未建立，社区治安问题和治安形势无法及时反映上去，导致城乡治安信息不对称，影响治安主体的工作对策，致使政府治理工作很难开展，现实的社区治安防范和治理压力都压在了公安机关肩上，长期以来形成社区治安过度依赖公安机关导致警力不足，社区治安治理更加缺乏独立性，治理难度较大。

城乡接合社区的结构层次复杂还体现在客体层面，这一地区的管理客体也存在着多元化复杂的特征。城乡接合社区内有城市失业人员和乡村失地农民，也有外来务工人员和大量不同身份的流动人员等。这就要求要针对各类人群采取针对性的管理方法，特别是针对各类人群中的重点人员进行管控关注，要求拥有很多的人力和物力，城乡地区治安主体力量不足，更加大了这一地区治安治理的难度，多元主体参与社区治安治理模式亟待推进。很多城乡接合区域的犯罪人员是在城乡变动过程中失去原有根基的社会底层人员,单一通过法律制裁他们的犯罪行为并不能完全遏制他们以后的再犯。其中很多人是社会弱势群体,他们迫于生活无路或某些困难才从事犯罪,没有从根本上解决问题,违法犯罪就得不到有效遏制。近年来失地农民问题也引发了很多矛盾纠纷,城乡接合社区需要加强对外来务工人员和流动人员的管理,社区治安治理客体的复杂性导致各方面的需求较大,给社区治安治理带来很多障碍。

②法规严重滞后

我国的社区治安管理理念是从 20 世纪 80 年代开始的,我国社区治安管理的法律法规一直以《中华人民共和国治安管理处罚法》为主。随着社会发展,社区治安的需求更高,社区管理开始向社区全面治理转变,社区治安治理面对的将是社区的方方面面,特别是城乡接合社区的问题更为明显,我国针对城乡接合部的治安治理进行了几十年的研究,提出了大量解决方法,但是随着社会情况的不断变化,还是有大量新的问题不断涌现出来,等待着解决方法的出现,但是在社区治安治理层面上的法律法规一直未跟进,显现出严重滞后。

而且法律法规也一直没有明确社区治安管理的组织力量,使得以前的治安管理一直没有具体的法律法规可以参照。法律法规未对社区多元主体进行明确,也导致社区多元主体参与治安治理的形式不被法律认可。因此导致社区治安治理多元主体的角色定位不清,多元主体参与形式混乱,在社区治安治理的过程中出现了很多不合理的地方。如对公安机关的工作职责未有明确的法律界定导致警力严重不足;对社区治保会、治安联防组织没有科学的组织和监督导致形式化;对社区企业参与治安治理的合作规范也没有明确等。以上这些都导致社区治安治理的整体工作较为被动,而且多元主体也无法具体参与到社区治安治理的合作和监督中,法律法规在社区多元主体参与治安治理层面仍有待完善。

(3)多元主体参与合作理念不足

①政府忽视了发挥多元主体力量

行动最初都形成于理念,长期以来的传统观念有着很大惯性,已经不适应当前社会快速发展的新形势,但是仍旧影响着政府部门行为,制约了多元主体参与治安治理的创新进程。传统社会管理体制使政府形成了全能观念,政府主导限制了多元主体的参与,一些科学有效的方法却不被社会公众认可。城乡接合部治安治理结构复杂、群体集中复杂、矛盾交错性大,单靠政府很难较好地解决,但全能政府的理念已深入人心,“一有事找政府”成了社会的惯常思维。引起政府重视的任何事情都能通过权力解决,致使政府在社会治安治理上没有明确的定位,多元主体的参与不成熟且发挥的效果短期无法与政府行政权力的直接效果相比,导致所有事情都要政府管也只能政府管,政府社会治安治理职能出现重心失衡。

②社会公众没有主体参与意识

以前我国一直实行计划经济体制,政府通过高度集权的行政管理体制来进行管理,社会治安由公安机关管理,由于当时社会结构主要体现乡村社区的稳定单一,因此不需要借助社会力量参与。但是随着改革开放和社会的快速发展,城市快速发展出现了一系列的问题,我国也提出了社区治安管理理念,但是在社区治安治理的形式上仍然是高度依赖公安机关,也造成了我国基层警力严重不足,同时城乡接合社区存在残余的守旧思想,使公众没有认识到自身作为社区治安治理主体的意识,仍旧认为社区治安治理都是政府的事,可以说社会公众参与治安理念严重不足,也没有很好地在治安治理中起到实际作用,参与到社区治安治理中的多元主体,一直将自己看为社区治安治理的临时帮手,不是长期参与并平等合作的团队,导致多元主体力量分散且未发挥性能,也造成社区公众的需求没有得到满足,基层的治安治理工作任务无法落实到位,导致基层派出所的工作范围再次扩大,多元主体参与社区治安治理难以推行,社区治安环境不断恶化。

(4)缺少有效机制保障

政府在治理城乡接合社区复杂多变的治安环境过程中,开始意识到社会各主体参与和作用的重要性,也逐步采取了一些措施,但是多元主体参与社区治安治理的机制保障仍然未形成常态化。

①缺乏多元主体参与分工和协作机制

哈尔滨市的社区在不断积极扩大参与社区治安治理的多元主体范围的同时,缺乏相应的分工和协作制度。参与哈尔滨市的社区治安治理的多元主体缺乏专业定期的培训,在社区治安治理层面上大多为新手阶段,在社区治安治理过程中有很大的局限性,在面对实际突发的社区问题时会感觉可用资源不足,导致束手无策。如缺乏重视和适应社会发展的工作机制,直接影响基层社区原有的一些组织的作用,如社区治保会、社区治安联防组织、共调对接室等,没有制度维持系统专业的培训,全靠居民自治,导致治安技术的缺乏和正常运作出现问题无法发挥作用,这些组织的存在性更加得不到重视,逐渐流于一种形式,导致治安防控效果失效。

②多元主体参与的监督和激励机制有待加强

传统的社区管理模式单一,一方面缺乏对客观规律的研究和分析,仍旧以单打独斗的理念,以行政权力影响多元主体参与社区治安治理,不考虑多元主体的主体性保障制度，同时对社区治安工作出现的一些苗头性问题和运行模式缺乏监督机制，导致问题的积累和扩大，存在严重的隐患。更重要的是缺少对长远发展的正确认识，没有相应的监督和保障机制，造成与社会发展脱节，无法保证多元主体参与社区治安治理的长期性。社区治安治理的多元主体没有正式的政府编制，导致多元主体参与社区治安治理存在不固定性，多元主体在参与社区治安治理过程，都会因为人力、物力、财力上的保障支撑有限而心存顾虑，导致无法充分发挥多元主体的作用，目前哈尔滨市的社区仍然局限于形式上的多元主体参与，并没有太多实际的工作机制及相关保障制度进行约束，所以如今的多元主体参与社区治安治理出现表面化，在进一步推进参与合作的过程中有一定的难度。

二、完善城乡接合社区多元主体参与治安治理的建议

1. 推进城乡接合社区文化建设

随着我国城市化的快速推进，社会贫富差距进一步加大，社会矛盾也在逐渐加深，社会公众的理念和法律意识也有待加强，从而带来了各种问题。为了稳定社会，促进经济的快速发展，必须实现以人为本的思想观念，提高对人的重视，提倡在发展的过程中，所有的发展都要结合人的发展，将人作为发展的重点，从而调整政府发展政策和管理方式的改变。在当前我国城乡接合中出现的问题，要从以下角度进行以人为本的研究。

(1)弘扬社会先进文化

我国文化博大精深，文化是国家的精髓，是民族集体智慧的结晶，推动了社会的快速发展。在进行治安管理过程中，要注重结合文化进行管理，这样不仅能够有效地建立良好的社会价值观，而且还能够治理社会的冲突问题，指引社会发展的方向和社会结构的不断变革。先进文化能够改善当前社区治理的生态环境。在当今社会中，传统道德的丧失，社会上不良文化和人们浮躁的情绪等，严重影响了社会主义建设。所以在进行治理的过程中，要重新调整社会的文化价值观，建立良好的思想价值观，提高社会道德教育程度，增强人们的治安安全管理意识，提高保护公共安全的自主性。

优化先进的文化传播机制，同时淘汰落后的文化，提高社会人员的文化认同，在社会主义思想的领导下，进行思想建设，增加公民的治安意识，提升公民的能动性，完善相应的组织治理方案，政府要增强对大众群体的思想和行为的指导，提升

公共安全意识。

(2)推动多元主体参与合作理念

在弘扬社会先进文化基础上,政府还要树立起多元主体参与合作理念,从思想上推动社会力量参与。一是政府以及社区设立专门的知识讲座,引导政府工作人员以科学的发展观和长远的眼光看待多元主体参与社区治安治理工作,尤其是对领导干部群体进行重点培训,提升他们的大局意识和施政能力,探讨如何发挥多元主体参与社区治安治理的效果。二是可以广泛进行宣传,在人员聚集的小区、单位发放宣传资料,在网络媒体等公共平台进行社区治安的宣传和教育,通过各种形式的宣传来增强社会公众的参与合作意识,设置方便直接的沟通途径,提高群众参与社区治安治理的积极性。在宣传的过程中,政府要随时了解社区内部的意见和需求,及时进行反馈和完善,积极树立社区多元主体参与合作理念。三是通过社区治安治理实践增强互动,在建立和谐警民关系的基础上,通过邀请各类主体进警营和参与警务活动进行实践教育体验,以参与治安治理实践,培养提高社区各主体的参与能力,并主动邀请其参与社区治安治理和监督,吸收好的建议和想法并进行互动,全面树立多元主体参与合作理念。

2. 加强城乡接合社区法治观念

要提高城乡接合社区多元主体的参与效果,改善这类社区的治安状况首先需要从法律制度层面转变城乡接合社区治安治理法律法规滞后的现状,从而适应社会发展基本需求,构建科学有效的社区治安治理法律体制。还要在明确法律法规的基础上,严格推进依法行政,营造社区遵法守法的良好氛围。城乡接合社区治安治理有了相应的法治保障,能够严格依法行政,才能更好地发挥作用。

(1)完善基层治理

政府部门根据城乡接合社区的实际问题和趋向,制定针对性治安治理层面的法律规章及政策,改变城乡接合社区治安治理法律层面滞后的现状,同时通过法律层面明确多元主体的地位和职责,解决长期以来多元主体职责划分不清的问题。

政府部门在社区治安治理中有着明确的法律职责,因此在参与过程中也有法律的保障,而推动其他主体参与社区治安治理就需要社区治安的法律、法规提供依据,保障多元主体参与社区治安治理的合法性,明确城乡接合社区内多元主体参与治安治理的职责,肯定多元主体参与社区治安治理的有效性,这样才能更好地发挥多元主体的作用。通过明确法律、法规,保证多元主体参与社区治安治理的机制,保障多元主体职责明确,参与社区治安治理运行不受阻碍,并赋予参与社区治安治理的多元主体法定的地位和相应的权利义务。在法律保障的基础下,社区多元主体拥有了参与动力,政府部门也明确了主要职责,并可以根据实际情况在法律法规允许的条件下,积极发展多元主体参与到社区治安治理中,取得更好的效果。

(2)严格推进依法行政

我国当前的治安问题,一部分是由社会矛盾和利益分配引起的,针对这些问题,政府必须依法进行管理,所有的管理制度,都要建立在法律的基础之上,从而保证整个治安治理的顺利进行,促进整个社区的快速发展。

对社区内存在的主要问题,要结合实际情况,杜绝不良行为对整个治安管理的影响,有效降低社会矛盾。例如城乡接合社区人口治理中主要存在的出租房违法出租、安全隐患、外来人口漏登记等问题,应当在社区中挑选典型,严格执法,扩大宣传,落实责任。在做出具体的处罚决定时,以点带面严格规范地操作,并积极跟进落实整改,通报处理结果,及时扩大宣传,加强群众的法治意识,构建社会治安治理的良好环境。

3. 优化城乡治安资源整合

(1)推进治安信息共享

社区应当充分发挥桥梁作用,推进治安信息的共享,主动听取社区公众对社区治安治理的意见和建议,定期搜集治安问题信息,时刻掌握社区治安情况,向政府和公安部门及时反馈公众需求和社区治安情况,协助政府和公安部门对社区的治安环境定期评估和分析研判,以开展相应的治安治理工作。同时政府和公安部门通过社区向社区公众及时提供各类治安信息和专业指导,加强双方之间的理解和信任,保持治安信息的畅通,保障应急机制的及时有效。

随着科学技术的不断发展,特别是计算机技术的快速发展、基础建设的逐步完善,现代社会已经全面进入信息化时代,在日常的治安管理中,充分使用这种信息技术,能够快速提高社会治理的效果。重视利用现代信息技术,加强相互协调合作,积极推进信息之间的互通有无、共享互助,形成整体合力,抛弃惯常思维,不限于视线内的治安信息,要加强对社会商用信息资源的整合,如一些公共服务机构业务数据、社会企业商用数据、互联网信息公开数据等,把数据应用与社会治安治理深度融合起来,统筹整合各警用和社会资源,实现打防管控无缝对接,提升治安防控信息化水平。

(2)整合社区治安资源

随着社会的快速进步,社区传统的管理模式效率低下,而且效果不好,在新时代的背景下,要充分转变思想,积极治理。在社会治理过程中,需要以政府为主导,同时公共组织和其他民间机构一起参与。所以,社区的治安治理要充分建立公平合作、系统性、协调性的管理制度。要充分利用各种资源,实现社会资源的合理配置,积极发动多方共同参与,最大限度地调动社会人员的积极性,增进多元主体间的协作整合。

城乡接合社区应该树立起一个统一的意识,增强社会公众主人翁意识,充分发挥民主的主导作用,共同参与风险的管理和实践,实现自我问题自主解决,提高公众对结果的满意度。并作为协调者将社区多元主体和社区资源一体化、高效化地融入社区的治安治理中去,更加注重共享,以互利互惠思维,整合资源力量,提高综合利用效率,实现优势互补、各方共赢。带领民众打破常规思想,注重团结合作,充分发挥团队的力量,提高团结协作能力,共同治理社会。

4. 建立健全多元主体参与的保障机制

在进行社区治安治理过程中,只有动员更多的主体参与到其中,才能实现高效的治安治理。结合城乡接合社区的资源丰富性,建立健全多元主体参与的保障机制,能够增加各方参与建设的方便性,增加信息沟通的及时性,丰富可参与建设的内部的多样性,使得参与治理的内容更加全面、细致,从多个方面确保多元主体真实地进行相应的政策的制定,提升参与主体的工作的质量,增加对各主体的意见的使用和反馈,提高整个过程的透明度,激发各主体的积极性,让其能够更加主动地参与到社区治安治理过程中,通过这些实践中,得到相应的能力,从而增加参与社区治安治理的质量。

(1)构建多元主体参与分工和协作机制

充分认识参与社区治安治理的多元主体的差异性,具体了解各个主体的优势和特长,构建分工机制,明确各个主体参与社区治安治理的分工和职责,发挥各自主体的真正作用。参与社区治安治理的多元主体有着各自不同的想法、不同的需求,参与的层面和方向也有差异。通过构建有效的分工机制能够形成一个完整性的稳定环境,政府需要发挥起这一职责,主动了解社区各主体的想法和需求,根据各个主体的具体情况进行社区治安治理职责和功能的分配,使得参与治理的内容更加全面、细致,从多个方面确保多元主体真实地进行相应的政策的制定中。提升参与主体的工作的质量,增加对各主体的意见的使用和反馈,提高整个过程的透明度,激发各主体的积极性,让其能够更加主动地参与到公共管理过程中,通过这些实战,得到相应的能力,从而增加参与的质量,科学有效地实现治安治理目标。同时可以引入市场机制，通过市场竞争与合作，增加成员的自然流动性，促进民间组织机构的快速发展。在整个发展的过程中，应重点发挥市场自我调节的作用，以保证在质量为前提的情况下，改善组织结构，加快治安治理的效率。通过政府的作用，激励民间组织参与治安治理，为社区以后的发展提供了有利的条件。特别在科学区域，利用市场中的公共安全产品，支持自主创新合作，争取打破常规的行业封闭和垄断。

在社区治理过程中，多元化主体的利益需求各不相同，因此，不同的主体之间难免会出现矛盾，为了使得治理工作顺利开展下去，就必须要建立相应的协调机制，促进他们共同参与治理。要注重听取社区各主体的建议和表达的社情民意，综合运用各种协调方式方法，创建多元主体协调的氛围，才能更快地解决社区的问题、居民的问题，如健全会议制度，充分发挥代表会议的协调功能，充分发挥社区协商对话、民意测验的作用，为广大公众在参与社区治安治理的工作提供积极的政策指导，开辟优越的制度环境。同时要健全民主制度，协同决策，在社区治理的制度和事务建设管理中，每个主体都要积极地参与进来，发挥各自的优势，实现资源共享，一起促进社区治理的正常发展，建立民主协商制度，对不同的见解都要充分地考虑，确保治理工作顺利地执行下去。

(2)健全多元主体参与监督、激励机制

社区治安治理工作的周期性比较长，同时系统化要求比较高，在内部需要多元主体的团结协作，外部需要科学有效地掌控和推动，这些都需要有一系列规范的制度。建立健全监督、激励机制，有助于多元主体参与社区治安治理的常规化和长效性，使各主体发挥作用和效果，并在工作中获得公平感和成就感，进而吸引更多的人参与到社区治安治理工作当中，不断完善社区治安治理的运行模式和资金来源。建立有效的监管制度，形成一种互动过程中的动力，不仅能够找出社区治安治理工作中的不足并及时进行完善，保证多元主体参与社区治安治理的连续性和实用性，同时也可以从正面反映出各主体的贡献和付出，让多元主体参与社区治安治理有全面完整的反映过程，使各主体更坚定地投入实际的工作中去。社区治安治理涉及面很广，不仅涉及国家的稳定安全，也关乎社会公众的切身利益，因此是一项任重道远的任务，必须建立相应的后勤保障制度，建立稳定的组织架构，支撑起一个工作顺畅、内部稳定的保障体系，并制定合理的物质奖励和精神激励机制，平衡各参与主体的利益需求，同时努力提高社会的认可度，让参与的各主体各司其职，也吸引更多的主体参与进来，进一步提高实效。

随着我国经济建设的快速发展，城乡接合部得到了飞速的发展，它的发展促进了我国城市化进程加快的步伐，不仅刺激了经济的发展，也深化了我国的城市结构，对我国经济战略的调整有很大的促进作用，研究它能够深化我国经济改革，制定相应的经济发展策略，具有十分重要的意义。但是随着城乡接合的加快，也带来了很多新的问题，例如人员的流动性增多，增加了犯罪发生的概率，对社区的治安带来很大的挑战；不同的群体之间互相融合，导致他们之间的矛盾进一步增加等。政府部门、社会组织和社区民众作为社区治安防控的重要多元主体，通过他们之间的协调作用，加快了社区治理的快速发展。在社区治理的过程中，政府需要将权力适当地下放，充分地发挥不同群体的优势，实现资源的合理配置，提高社区治理的快速发展，但是政府部门还处于主导地位，在实际的治理过程中，要积极引导相关机构参与治理，制定合理的实施方案，保证整个治理过程的顺利进行。但是结合实际的情况调查，在当前社会中，政府部门还有很多不足，所以多元参与治理发展中存在很大的问题。

第四节　城乡融合视域下社区管理创新研究

一、转变传统社会管理中的政府角色——推动服务型政府的建构

党的十八大报告中提出：“发挥基层各类组织协同作用，实现政府管理和基层民主有机结合……深入推进政企分开、政资分开、政事分开、政社分开，建设职能科学、结构优化、廉洁高效、人民满意的服务型政府。”服务型政府是把为社会、为公众服务作为政府存在、运行、发展的基本宗旨，并在社会民主秩序的框架下，严格按照法定程序、公正行政和执法，以服从公民意志为核心的责任型政府。政府职能的转变，除了能够进一步提高政府自身对社会和公众的服务能力以外，也能够加快服务性、公益性社会组织的发展，政府分离出一部分执行性的工作，以授权、委托的方式让渡于社会组织，从而更好地服务社会、服务群众。改革开放后，我国市场经济高速发展的同时，城市公共服务领域不断扩大，各个领域公共服务供给都离不开政府的统筹、干预、调节，社会发展水平滞后于经济发展水平，打造“服务政府”不仅是党对政府改革和自身建设的深入认识，更是经济社会发展的内在需求。所以，针对当前提出的公共服务供给均等化和提高供给量、供给水平的社会管理创新进程，政府角色转变应当是最为紧要也是最为顺应时代要求的。当前建设服务型的政府在政府改革发展现阶段已成为共识。哈尔滨市以民政综合改革为契机，加快政府

转型。

1. 明确职能定位，打造“结构优化、财事平衡”的服务型政府

（1）打造“结构优化”的服务型政府

城市公共服务领域不断扩大，意味着公共服务需求量也在不断增加。大力推进公共服务供给方式的创新，提供充足的公众满意的公共服务是当下政府的紧迫要求。在此，政府就要鼓励社会多方参与，与非政府组织、社区、民众协同治理公共事务，推进城市公共服务的社会化和市场化，最大限度地发挥市场在资源配置中的基础性作用。所以，就要明确好政府的服务性职能。要打造区域性的现代政府、服务政府，就首先要在城市组织单元管理上对政府职能进行基本定位，即政府明确在城市核心区域街道和其他基层乡镇社区管理的各组织单元位置、协调组织单元之间相互联系，以及推进各组织单元的互动所发挥的自身职能，要在各个领域中明晰政府权责、优化政府结构、理顺各级关系。而对于乡镇乡村地区公共服务供给不足而言，陈世伟教授在《我国乡村公共服务供给主体多元参与机制构建研究》中提到：乡村地区公共服务陷入“国家单方供给”的困境，其主要原因是政府职能定位不明确，机构设置过宽，也在于政府权力及功能过度扩张，所以必须改变传统的乡镇地区政府管理模式，优化基层政府结构。哈尔滨市以政府改革为基本手段，通过稳健、有序地推行政府机构改革和事业单位改革，提出了构建“两级政府、三级管理、四级网络”的城市管理体制和全市社区的“网格化”管理，权责分明、路径清晰，在公共服务供给上践行了全方位、多层次的设计理念。从哈尔滨市“两级政府、三级管理、四级网络”管理体制中，我们不难看出，哈尔滨市政府正从传统的生产者、监督者、管理者和公共服务的供给者向现代的协调者、维护者、培育者和服务者转变。

“两级政府、三级管理、四级网络”的城市管理体制在上海市已经出现，这是一种在政府管理体系下的结构化管理思路。由于现代管理模式和传统管理模式的逐渐分离，人口大量流动后的混居、公房、商品房等新型社区居住模式让社区结构变得更加复杂，针对这种情况，上海提出并实行了“两级政府、三级管理、四级网络”新型社会管理体制，在国内产生了极大的影响，在这个过程中，根据地区发展要求，政府的权力不断向下释放，管理重心不断向下移动，改变了原来的那种“社区内条线，单位对资源”的管理模式，有效形成地区性、群众性、社会性的新型管理模式。哈尔滨市在构建“1650”大都市核心区域管理体制时提出“两级政府、三级管理、四级网络”，具体是指市、区两级政府，市、区、街道三级管理，市、区、街道、社区四级网络，该构思是基于明确市、区政府职能，将街道和社区管理权力下放，使财权和实权相统一。尤其是在区划格局重构后，更需要一种新的管理体制来替代传统的管理体制。如乡镇行政区划调整为街道的同时，就要有政府行政制度结合乡村综合改革，积极稳妥地做好乡镇机构改革工作，最终达到政府转变职能、理顺管理体制的目的，促进机构精简、降低行政成本、优化公共服务、提升行政效能。

基层社区的“网格化”管理体制是在哈尔滨市区划调整后，将区域内社区划格管理，使基层干部下沉到每个社区格子中，并对每个格子的事务落实到位。每个“格长”责任明确，包括政策宣传、社区信息采集，社区空巢老人、留守儿童、离退休党员、病残党员联系慰问及开展社区群团活动，未婚男女青年、孕环检对象、社会抚养费未征收对象计生管理与服务，社区矫正人员、涉毒人员管理、安全隐患排查整治、矛盾纠纷排查化解等。基层社区“网格化”加强了社区管理和服务。

(2)打造“财事平衡”的服务政府

公共服务供给的均等化是党中央在十六大以来一直强调的重要思想。一直以来，我国公共服务供给难以实现均等化，其主要的原因是城乡发展、城区发展、乡镇发展的不均衡、不协调，发展不均衡下的不同地区的公共财政投入也完全不一，所以，政府在发挥公共服务供给的职能作用过程中在财政承担上存在许多挑战，尤其是乡镇一级，其财权和事权的不平衡是极为突出的问题。20 世纪 90 年代初建设的“强镇”陷入的就是“权小、事多、责重、财弱”的困局。因此，在“强镇扩权”的基层社会管理创新的语境中，要推动公共服务供给均等化，加快服务型基层政府的建设，乡镇公共财政体制面临着改革，必须积极地完善乡镇公共财政体系。

2. 转变政府职能，建立“理性扩张、廉洁高效”的服务政府

“服务型”政府管理方式不同于“统治型”和“管制型”政府的管理方式。国内有学者认为：服务型政府基本定义是以公共服务为主要职能的政府管理模式。对于哈尔滨市的城市布局而言，为基层民众提供充足的和高质的公共服务相对比较困难，原因在于哈尔滨地区行政区划、人口分布存在大量“低、小、散”的现象，按照传统管理方式，政府承担公共服务供给显然有限，加上近年来哈尔滨市的经济转型举步维艰。因此，无论是从政府层面、还是从经济层面均面临极大的挑战，原哈尔滨市委书记将政府公共服务供给投入的“低、小、散”比喻如撒胡椒面一般，被分散得七零八落，表达了在基础设施难以高效利用的现实状况中，难以谈及公共设施的均等化。基础设施高效利用、公共服务均等化的实现则要政府行政行为中具备理性构思和勤政作风，而要做到这两点，转变政府职能是最高效的方式。

(1)建立“理性扩张”的服务政府

什么是政府理性的扩张？徐勇教授曾经提到农民理性的扩张，其中说到传统农业生产方式下形成的农民理性是生存的理性，但是随着工业化进程的不断发展，这种生存的理性逐渐形成扩张的态势，与工业社会所带来的优势产生了叠加，最终释放出巨大的能量。从党的十六大提出社会管理到当前提出创新社会治理、在提高社会治理水平的过程中，传统政府形成的社会管理和治理理性，随着经济社会快速发展，政府越来越难以统管社会事务、解决社会矛盾，现下社会发展需求反逼政府转型，要求行政触角合理性地回缩，但是政府行政理性却由于社会更加健康运行而产生了积极的效应，这种效应使得政府在现代社会发展中扮演了推动者的角色，使政府行政行为高效化、降低行政成本的同时促进了社会朝着更好的状态发展，这不仅是政府职能的转型，也可以认为是一种政府理性的扩张。哈尔滨市在社会管理创新过程中的政府行政体制改革就是一种理性的扩张。近年来，哈尔滨市不断加快政府结构优化，转变政府职能，通过基层区划调整，下放大量审批权力，同时通过社会组织的第三方介入，政府、基层自治组织、社会组织合力推动社会结构的优化，取得了明显的成效，传统政府理性正与社会发展需求的效应相互叠加和融合。

一方面，政府调研制定政策，推进区划格局重构、培育社会组织、推动政府转型等多层面的管理改革工作。通过乡镇“撤扩并”、村级组织“转并联”和农房改造集聚和户籍制度改革等来解决区划布局零散、人口布局分散的问题，以社区为社会基础单元来为政府统筹供给公共服务打下基础，打破原有的城乡分离，实现城乡公共服务均等化；根据国务院“新 36 条”(指“非公经济 36 条”颁布 5 年后，国务院于 2010 年 5 月 13 日再次发布的《国务院关于鼓励和引导民间投资健康发展的若干意见》，简称“新 36 条”)，鼓励民间资本投资公共服务项目，并参照发达国家和地区的先进社区管理经验，建立公共服务购买机制，将一部分职能下放到市场中，同时在相关的政策文件中对公共服务购买方式、购买范围、购买程序进行规范和限制；对公共服务的供给方进行规范和强化。通过补贴、奖励、购买进一步强化社会组织参与社会管理能力。针对目前社会组织参差不齐的局面，通过政府平台来培育当前社会需要的社会组织，重点培育包括“居家养老、福利服务、医疗卫生、科教文体”在内的公益性的社会组织。

另一方面，合理分配权力，做好审批权下放和简化的工作，具体可有以下几个方面的举措。

①减少审批事项

对缺少法定依据的审批事项一律取消，重复审批的事项进行归类，取消不必要的审批事项,同时要减少审批环节中的自由裁量权,减少不合理、不必要的审批前置,实行委托前置审批,做到依法委托,减少前置审批层次。

②简化审批程序

在项目建议书与可行性研究报告、规划设计方案与项目初步设计合并审批的基础上,进一步减少审批环节。实行施工图备案与招投标文件同步审查、施工许可证联办等制度;完善施工图联审或网上并联审批制度,施工图联审(网上联审)覆盖率达100%;同步做好政策处理、审批、供地工作,实行"三线并进"。

③下放审批权限

将市政道路项目、供水项目等15个原由市一级审批的项目下放到县(市、区)一级进行审批。

④提高审批效率

缩短审批承诺时间,可行性研究报告和初步设计审查时限由原来的10个工作日缩短到5个工作日。实施项目审批集体审议制度。实施项目审批会商制度,针对涉及产业政策不明确或多个部门之间互为制约的关系时,会同市审管办开展项目会商。实施项目联合审批制度等。

这些措施强化了政府的引导职能,加大了服务效用,降低了行政成本,使地区发展更趋向协调和健康,使得"政府理性"在引导、服务、协调、优化等方面得到了全面的扩张。

(2)建立"廉洁高效"的服务型政府

廉洁高效是服务型政府建设的要素之一。一直以来,廉政建设都是政府建设的重要环节,事关政府公信,也影响了政府所在地区的全局发展。过去,由于政经不分、政企不分、政社不分等原因,迫使政府行政触角延伸到经济社会建设的各个领域,管得过多、过细使政府直接触及经济利益,影响了政府的廉洁高效。所以政府行政体制必须改革,转变政府职能,有利于推动廉洁高效的服务型政府建设。

①建立高效的服务型政府

要使政府行政高效化,必须要注意五个因素:行政主管领导观念、完善行政制度、理顺行政管理范围、提高行政队伍素质和强化监督机制。

哈尔滨市在城乡统筹社会管理创新过程中非常重视政府自我建设的环节。政府认为,政府机构的能力和素质是城乡统筹社会管理的关键因素之一,只有政府机构具有较高的服务意识和专业能力,才能更好地发挥城乡统筹社会管理的作用。因此,哈尔滨市政府采取了一系列措施,加强政府自我建设,提升政府服务能力和素质。首先,加强干部培训。政府组织干部参加各种培训和学习活动,提高干部的专业能力和服务观念。其次,实行责任制。政府明确各部门的职责和工作目标,建立绩效考核制度,促使公务员工作更加高效、规范。再次,推进信息化建设。政府引进新技术,实现信息化管理,提高工作效率和服务质量。最后,加强监督管理。政府建立健全的内部监督机制,规范行政行为,确保政府机构的公正、廉洁和高效。以上措施有力地提升了哈尔滨市政府的服务能力和素质,加强了城乡统筹社会管理的有效性和效率。

②建立廉洁的服务型政府

通过相关规定,相关政府部门严格控制公款接待费的支出,促进政府的党风廉政建设,全面提高政府的公信力。严格执行新的工作餐制度、加强单位食堂建设、严格执行公示报告制度、禁止同城接待和超规格接待等。要求各单位对公务接待费用每月一报,每季一报,同时要求上报与上年同期增降幅,将其上报市纪委党风廉政室和财政局行政政法处。对违反规定的责任人进行严格处理。相关政策的出台使控制公务接待成为一种刚性的制度规范和考核指标。

可见,哈尔滨市政府在社会管理体制改革过程中不断完善政府行政体制,注重党风廉政建设,日趋走向政府"理性"的扩张。加上城乡一体化推进的体制上"一元化"的思路,也必然促使传统政府的职能从"二元"向"一元",从"包办"向"引导",从"管理"到"服务"的转变。政府在社会管理中,随着新体制逐渐成熟,更多地通过市场手段来完善公共服务设施,提高公共服务水平,而政府行政则成为宏观引导的指针,是政府社会管理方式的一种传统向现代的跨越。

3. 提倡法治理念,构建"依法行政、执法透明"的服务型政府

我国从 20 世纪 90 年代后全面推进依法治国基本方略,至今已二十余年。哈尔滨市政府在依法行政中明确了行政的目的:其一,人性化、科学化,以全心全意服务群众为目的;其二,整体化、精确化,以推动社会有效管理为依法行政的目的;其三,透明化、群众化,以树立政府应有的形象,强化政府的服务型职能为目的。如 2012 年,哈尔滨市委、市政府用明文规定来约束政府机关的行政职能,建立有责任心、善于学习、高效率、注重服务、强调廉洁的政府机关,推进政府依法行政。同一年,哈尔滨市委、市政府印发《关于进一步提高行政效能改善经济发展环境的实施意见》(以下简称《意见》)。该《意见》的出台有效解决了当时一些地方存在的执法不公、行政不作为和乱作为、行政诉讼败诉率居高不下等突出问题,对全面提高执法人员执法能力,加强政府法治建设具有重要的意义。《意见》主要从工作重点、内部建设、方式创新、和外部监管四个方面进行详细规定。

(1)工作重点

该《意见》提出,政府工作重点主要在于执法体系的结构优化,首先是执法机构的结构优化,即是要科学设置行政执法岗位,根据执法对象的需求,及时梳理和调整行政执法岗位;其次是考录体系结构的优化,综合考察执法人员的政治思想、道德品质、能力素养、学习工作表现等,通过统一发布招聘公告、统一审核报名资格、统一组织笔试面试的形式进行招考;再次是人才结构的优化,通过组织、民主或自我推荐、上岗竞争、晋升竞争等人才选拔和使用机制的健全,加强岗位交流,实行定期交流、定期培训等方式,推动执法人才结构的优化。

(2)内部建设

内部建设的重点是从行政执法主体资格管理、执法队员资格管理、执法队员信息管理、执法经费保障几个方面入手。在主体资格管理方面,依法审定执法主体性质,对法律法规授权委托不明确的,及时报同级政府法制机构协调解决,同时清理和规范委托执法;在执法队员资格管理方面,规定凡申领、换发行政执法证件的人员,必须属于行政机关的在编工作人员,并通过综合法律知识考试和专业法律知识考试,在审核和确认执法人员资格的基础上,做到持证上岗、亮证执法;在执法队员信息管理方面,建立网上查询系统,及时录入本单位行政执法人员信息,接受社会监督,并按要求对行政执法人员进行清理,建立行政执法人员档案,完善动态管理机制;在执法经费保障上,根据现行财政管理体制,建立健全财政经费投入保障机制,加大执法装备投入,配备执法取证所需的基本设备。

(3)创新方式

该《意见》在执法信息平台的构建和执法行政培训评议激励机制的完善上具有创新价值。执法信息平台的构建,利用互联网的信息高效传输功能以及电子技术手段和政务网资源,在网上实行政务公开、行政执法、监察监控,积极推进行政处罚结果网上公开,依法、合理、有序地向社会公众公开行政处罚对象、违法事实、适用法律依据、自由裁量情形、行政处罚措施等行政处罚信息。完善执法行政培训评议激励机制,通过加强与各类法学院校、行政学院间合作,优势互补,严格筛选行政人员培训机构、合理设置培训内容。实行与培训考核一致的目标化管理。同时,建立行政执法人员培训档案,将培训情况、学习成绩等因素纳入考核硬指标中。

(4)外部监管

外部监管首先是做好行政执法专项的检查工作,针对规范行政裁量权工作开展情况、说理性行政处罚文书推行情况、零处罚零许可情况、行政执法人员持证上岗和亮证执法情况、行政首长出庭应诉情况、司法建议、复议建议或意见反馈情况等工作,由专门小组适时开展行政执法专项检查,及时发现问题、及时解决问题。其次是建立行政执法案卷的定期评查制度,要求各级政府下属的法制机构每年至少组织一次以行政执法案卷为内容的专项评查,各行政执法单位每年至少开展一次系统内的以行政执法案卷为主要内容的评查工作,并将该工作纳入年度依法行政评议考核。再次是加大对重大具体行政行为的备案审查力度,重大案卷必须按月报送同级政府法制机构备案,该工作也将纳入年度依法行政评议考核。最后是发挥行政复议和过错责任追究制度。认真抓好复议过程中统计分析工作,落实行政机关首长出庭应诉制度,及时反馈并落实行政复议建议或意见以及司法建议。

该《意见》是哈尔滨市政府全面建设依法行政的过程中探索出来的,哈尔滨市在社会管理的各个领域多次提出了依法行政的思维和理念。如建设政府行政决策程序、完善风险评估机制、树立人性化执法理念、健全部门联动机制、完善行政监督机制等;在基层行政规范上,要求街道(镇)推行综合执法改革,同时建立起一支具有政治合格、纪律严明、业务精通、作风过硬的高素质的行政执法队伍,通过提高执法效能,用于应对基层矛盾所引发的棘手的问题,促进基层社会和谐;在行政公开上,按照"以公开为原则、不公开为例外"的要求提供政府行政信息。我们由此可以看到,政府在逐渐转变管理方式过程中,通过多个方面的转变,确保政府行政行为在社会管理的有效性,大力地推进现代政府、服务型政府的建设,充分地使权力在阳光下运行。

二、加快新型社会管理角色的培育——社会组织体系建设

1. 哈尔滨市社会组织的新型发展方向

(1)承担职能

哈尔滨市在培育新型社会组织过程中尤其注重管理职能的赋予,社会组织将会在社会管理中扮演重要的角色、承担更多的职能。一是参与社会事务服务管理,以"五个凡是"为原则,以城乡统筹一体化为战略目标,以社区居民需求为导向,完善文体类、公共服务类、社区管理类职能,尤其是引导社会组织承担社区服务管理方面的职能,参与新型城乡社区建设,在基层社会管理中,承担起协调、管理、服务、专业指导等职能。二是加强社会组织参政议政,明确要求增加社会组织代表在党代会、人大代表、政协委员中的安排比例,同时探索政协中设立社会组织界别,参与社会管理,创新相关政策的制定和理论研究工作。三是开辟社会就业渠道,政府鼓

励社会组织通过整合社会资源、充分挖掘就业空间和容量,鼓励自主参与和引导市场调节就业,吸纳各类专业性人才,地方在再就业基金投入、职业培训、公共就业服务等工作中,将社会组织及工作人员纳入其中。通过政府—就业—社会组织的相互作用,形成互利共赢局面。

(2)参与治理

新型社会组织定位为参与社会管理和基层治理的主体,有效承接原有的政府社会管理和基层治理的职能。很明显,参与治理是新型社会组织的主要发展方向,所以在推动社会组织参与治理的过程中,提高社会治理能力是当务之急,哈尔滨市政府提出以下几个方面的工作。一是要求社会组织提高治理意识,政府在培育社会组织的过程中引导其树立服务理念,主动配合改革发展的重大工作,全面融入经济社会建设。二是打造高素质的治理队伍,每年由财政安排专项资金做好人才队伍的培训工作,重视社会组织工作人员参与职业水平资格考试,优化队伍结构。加强社会组织专职从业人员的权益保障,研究制定社会组织专职从业人员权益保障政策,完善用工制度。三是规范治理制度,要求社会组织以规范运作、诚信执业、信息公开、资质认证为内容,健全管理机制。社会组织在运作过程中需公开服务程序和业务规程、服务项目和收费标准,建立民主选举、决策、管理、监督机制完善的社会组织。四是强化协同治理,黑龙江省社会组织党建工作一直走在全国的前列,哈尔滨市加强社会组织党建工作,成为培育社会组织的重要举措,做好社会组织党员教育、服务、管理工作,形成“非公有制经济组织和社会组织党工委牵头,有关部门党委齐抓共管的党建工作格局”,使社会组织通过党建等形式加强与政府部门的交流,有效强化社会组织协同治理。

2. 哈尔滨市社会组织建设的长效机制

哈尔滨市社会组织建设的长效机制主要举措是:定期进行评估和搭建社会组织服务平台,前者能够有效地了解一段时间内社会组织建设的不足之处,能够及时更正,也能够发现社会组织建设的亮点,能够及时推广;后者能够发挥政府对社会组织的指导作用和支持作用,能够长久地维持社会组织健康地发展。

(1)定期评估

为了哈尔滨市社会组织长效发展,哈尔滨市政府分别对政府培育工作、社会组织指导站建设、邻坊中心建设和社会组织建设进行评估,通过引入激励机制,激发社会组织创先争优的热情。政府培育工作评估主要有管理体制改革、放宽准入、资金扶持落实、公共财政扶持、授权和购买服务机制建设、社会组织平台建设、引导工作、管理机构队伍建设等内容；邻坊中心建设评估主要有实体化运作、上（社会公共服务平台）下（社区服务中心）衔接工作、活动开展、职能承接、组织机构、配套设备、项目引进和落实、工作理念和方法等；社会组织建设评估主要有运作要素完善性、规章完善性、年检审定、组织机构、财务管理、档案章证管理、活动举办、公众评价和政府表彰、党建水平等。每年开展一次评优评选活动，其中要求民办社会机构比例达到10%以上。

（2）平台搭建

搭建社会组织服务平台能够加大培育扶持的力度，优化社会组织发育的机制，增强社会组织的公共服务功能。黑龙江省将搭建社会组织平台纳入社会管理创新的重点任务中，哈尔滨市在搭建社会组织服务平台过程中，主要采取了以社会组织服务中心为主题，以促进会和发展基金会为主要支持，以网络平台为依托，形成多种服务为一体的综合性平台。通过政府资助社会组织发展资金、提供开展活动场地、引导运作大型项目、出台支持政策等方式，整合资源、优化配置，为社会组织的发展壮大提供动力。从政府来说，县（市、区）政府为本级社会组织提供场所、资金及政策支持，为社会组织策划项目，及时平衡供需，街道一级的社会组织服务平台要求建成基层社会组织的孵化器，为社区公益慈善服务组织在办公、活动、培训等方面给予便利的公共平台，并提供基础设施、咨询指导和能力建设的服务。

参考文献

[1] 李英,贾连奇,张秋玲,等.关于加快城乡融合发展推动乡村建设的思考[J].中国农学通报,2020(2):155-159.

[2] 文雷,郭静怡.乡村振兴战略背景下新型农村社区建设研究[J].学习与探索,2019(12):107-113.

[3] 田鹏.乡村振兴背景下新型城镇化社区建设动力机制研究:基于豫北地区的实证调查[J].学习论坛,2019(1):73-80.

[4] 孟庆华,李家彤,刘志刚.乡村公共文化建设中的“在地文化”创新路径研究[J].文化产业,2021(13):70-71.

[5] 潘欣寒,张玉彬.诸城市列入首批山东省城乡融合发展试验区[J].城乡建设,2020(17):23.

[6] 冯乐坤.村民委员会的反思与重构:以城乡社区建设实践经验为基础[J].海峡法学,2021,23(2):53-65.

[7] 徐立全.加强城乡社区建设夯实基层社会治理基础[J].中国政协,2020(10):60-61.

[8] 张辉.坚固基层基础让家园更和谐温馨:住鄂全国政协委员建言加强城乡社区建设[J].湖北政协,2020(5):11-12.

[9] 鲁昕.广泛开展城乡社区教育大力推进学习型社会建设:在全国社区教育工作座谈会上的讲话[J].中国职业技术教育,2021(1):31-37.

第四章　城乡融合视域下乡村公共服务设计

第一节　城乡基本公共服务均等化的体制机制研究

享有与经济社会发展水平一致的基本公共服务，是现代公民的最基本权利。长期以来，城乡二元化的政策设计，使农民在户籍、权利、身份等方面存在诸多限制，农民难以分享社会发展成果，他们承担了过多的发展成本。而在以经济建设为中心的执政理念指导下，日益成为独立利益主体的地方政府治理行为异化，致使公共服务职能弱化。因此，无论是国家层面的制度设计，还是地方政府治理的行为动机，都忽视了乡村公共产品供给，使城乡之间产生巨大的公共服务差距。在社会治理转型、城乡统筹发展的时代背景下，城乡基本公共服务均等化的重要性日益凸显。均等化服务的关键任务是打破城乡二元的制度构建，进行公共服务体制改革，实现城乡一体化的制度体制设计，进而从根本上推动基本公共服务覆盖城乡居民。

一、城乡基本公共服务均等化诉求分析

税费改革以来，鉴于基层政府、村集体财政收入大幅度减少，公共财政开始对乡村公共服务增加投入，尤其是“一事一议”财政奖补政策的实施，使财政支农力度更大。此外，政府加大对社会保障、义务教育、公共文化、医疗卫生等乡村基本公共服务的资金投入，使城乡基本公共服务差距有所缩小。不过，在乡村公共服务供给中，农民自助、村社互助仍然占据主要地位，城乡之间的服务差距仍然很大，制度障碍尚未打破，农民的基本公共服务需求远远没有得到满足。

1. 基本公共服务均等化重要性凸显

(1)计划经济时代:矛盾潜伏

中华人民共和国成立以后,国家“以农补工”、优先发展工业的政策,人为地用户籍制度把城乡居民分隔开,使户籍身份成为一种先赋的、可遗传获得的地位,一个人的生计和福利简单地由户籍决定,并在二元户籍制度基础上建立起城乡二元结构。

在这个时期,政府统筹一切,整个社会都处于政府的安排之下。由于城乡二元结构的安排,城市实行公共财政供给制,城市居民生老病死一切所需都由国家财政统一安排,严格按照制度实施,人们所享受的基本公共服务大体均等。而乡村居民则加入政社合一的人民公社,公社成员的生产生活所需都由公社集体经济承担,在公社范围内公社成员享有同等的公共服务待遇,这个时期国家财政对乡村投入很少。但是,由于当时国民经济薄弱,社会普遍贫困,国家又肩负着工业化发展的重任,因此无论是城市还是乡村,基本公共服务的标准都很低,水平不高。在城乡二元体制下,城市内部和乡村内部基本公共服务相对均等,加之城乡之间资源流动少,彼此互动不多,二者之间公共服务的差别并未明显呈现,所以乡村居民在低水平的内部均等下尚未深刻感受到国民待遇的不同。

(2)改革开放后:矛盾激化

改革开放后,无论是乡村还是城市都经历了从计划经济向市场经济的转型。正如卡尔·波兰尼在讨论一个社会从先前的农业时代向工业时代转型时所说的:“(向工业资本主义和专业机械化生产的)转型,意味着行为动机的变化……所有交易都转变成金钱交易……这实际上涉及一个社会的自然和人性的本质向商品的转型。结论虽然怪异,但却不可避免。”市场一旦登场,中国先前计划经济体制下的一切利益结构和行为模式都将随着商品经济的活跃而发生改变。在城市,计划经济时期的定量供应制度解体,城市居民独享的低价公共产品消失了。但是,在改革开放初期城市居民享受的基本公共服务待遇没有因此降低,反面呈正向增加趋势。原因在于,一方面,在“以农补工”,优先发展城市的国家政策号召下,作为区域政治、经济、文化中心的城市,国家财政在公共服务方面的投入从未间断过;另一方面,城市的发展从乡村汲取资源,其中一部分为城市人口分享,而城乡二元制度对乡村人口流向城市产生阻碍,使乡村人口在为城市的发展做出贡献的同时却没有对城市的公共服务供给造成多大的影响。但是随着改革的深入推进和中国市场经济的兴起,原来的单位制弱化并渐渐式微。

各个单位在渐进的改革中逐步剥离原始的社会职能,实行就业与后勤服务市场化、住房自出化、社会保障社会化改革,单位组织解决社会事务的能力明显弱化。随着社会流动的不断加快,大量新成立的就业组织采取“非单位”的管理体制,越来越多的社会成员从“单位人”变成“社会人”。社会成员从“单位人”向“社会人”的转变给社会管理带来了很多新问题,也对整个城市的公共服务提出了新的挑战。此外,为顺应市场经济发展而进行的企业改革、乡村剩余劳动力大量流入城市,对占城市绝大部分人口的产业工人的就业产生重大冲击,大批产业工人失业,加之社会发展过程中自然形成的失业,使城市失业人口急剧增加。数量庞大的失业人口的衣食住行、生老病死成为政府治理的头等大事,相伴着房地产市场的兴起,收入缺失的失业工人的衣食住行等越显无助。

在乡村,人民公社制度的瓦解,使乡村基本公共服务供给主体缺失,而公共财政又没有及时补上空缺,使乡村公共服务供给陷入困境。在家庭联产承包责任制取代集体所有制的情况下,“乡村干部被要求在缺乏真正的集体经济实力的情况下去筹集资金”,针对农民的“三提五统”“两工”成为乡村公共服务的主要供给来源。此外,为维持政府基本运转的制度外筹资以及长期以来的工农产品剪刀差,使农民在缴纳农业税、自力更生提供公共产品的同时,还要承担沉重的额外负担。国家对企业招工制度的放松和城市对乡村劳动力的需求以及允许乡村人口流动的政策出台,使改革后背负沉重负担的乡村大量剩余劳动力奔赴城市寻求生计和发展机会。大量乡村流动人口的出现,使城乡二元结构的矛盾凸显。户籍制度不只是一种通行的控制制度,它还是一种福利制度。以户籍制度为基础的城市公共产品供给制度难以覆盖流入城市的乡村人,从而使乡村流动人口的公共服务获取面临制度阻碍和现实困境。一方面,农民负担沉重,乡村公共服务的公共财政投资缺失,在政治、经济、文化等各个方面都与城市存在巨大差距;另一方面,进入城市寻求发展的乡村人难以融入城市社会,被排斥于城市公共服务体制之外。在城乡差距大,乡村资源、人口流动受限,制度壁垒未被打破的现实背景下,形成了这样的尴尬局面,农民“进不来、留不住、回不去”,成为漂移于城乡之间的群体,导致社会问题不断滋生,最终威胁到社会的和谐。

因此,改革开放以来,无论是城市还是乡村,公共服务都产生了新的问题和新的挑战,基本公共服务均等化尤为迫切。基本公共服务均等化重在解决城乡之间和地区之间的服务差距,城市社会人和弱势群体的基本公共服务也成为其中的重要内容。针对改革以来城市管理和公共服务面临的新问题、新任务,从 2000 年开始,由民政部牵头,在城市居委会基础上实行社区建设试点。社区居委会也开始基于社会管理任务的增加和公共服务需求的满足而转型,意在社区层面通过居民自发组织改善城市社会管理和公共服务供给。但是大面积的因失业而贫困所引发的社会问题越来越多,特别是一些城市地方政府基于房地产利益的追逐,而使广大城市居民生存问题变得更加严峻。为此,政府在现实的压力下,也实行了一些改良措施。比如:修建经济适用房、社保房,实施医保、社保政策,但这些政策的实施只能惠及少部分人。而对于乡村,国家为减轻农民负担,扭转公共服务“农民被动,政府缺位”的现状,近年来先后实行了“一事一议”筹资筹劳和“一事一议”财政奖补政策。同时,在全国试点和推广新型乡村养老保险和新型乡村合作医疗,加大对乡村义务教育的支持和投入,部分城市也开始放开针对乡村流动人口的政策,提供一些基本的公共服务。但是,在城乡制度壁垒尚未打破的情况下,城乡二元公共服务体制仍未改变,地区之间、城乡之间基本公共服务水平仍存在巨大差距,农民的基本公共服务需求远未得到满足。

2. 农民基本公共服务需求分析

随着新型城镇化、新型工业化、农业现代化“三化”建设的深入推进,农民基本公共服务需求凸显与基本公共服务不足之间的矛盾加剧,大力推进乡村基本公共服务建设是各级政府面临的重要任务。而对乡村社区居民基本公共服务需求的客观掌握是公共服务建设的前提。为此,笔者将分别从义务教育、基本医疗卫生、基本社会保障、公共文化服务、公共基础设施五个方面对现阶段农民的需求进行分析。

(1)义务教育需求

长期以来,乡村义务教育获得的公共财政投入少,因支持力度不够,导致乡村教育发展缓慢。乡村学校在办学条件、师资力量、教学质量、发展机会上都与城市存在很大差距,乡村居民的教育需求远未得到满足。

(2)基本医疗卫生需求

直到 2010 年,新农合基本上覆盖了所有乡村居民。不过,新农合的实施并未有效改善乡村的医疗卫生现状,农民医疗负担依然沉重,基本医疗卫生需求没有得到有效满足。城乡医疗卫生服务差距大,究其原因,一是多年来国家对乡村医疗卫生投入不多,重视不够,造成乡村医疗卫生机构条件差、底子薄,短期内难以获得较大改观;二是新型乡村合作医疗政策存在诸多不足,农民满意度不高,对乡村医疗卫生服务的改善作用有限;三是城乡二元结构下,农民难以与城市居民一样享受城市优质的医疗卫生资源和服务。

(3)基本社会保障需求

为解决乡村社会保障缺失,深入推进乡村税费改革,近年来,国家针对乡村实施了一系列社会保障政策。包括建立以养老保险和医疗保险为主的乡村社会保险;针对五保户、贫困户、残疾人及其他困难群众的乡村社会救助;为乡村特殊对象提供的乡村社会福利;以及针对退伍军人、从军家属的乡村社会优抚。通过近几年的努力,乡村社会保障得到恢复和发展,农民的基本社会保障需求得到一定程度的满足。不过,由于国家对乡村社会保障建设"欠账"太多,乡村社会保障现状尚未获得根本改观,而伴随着乡村社会变迁又产生新的社会保障需求,使当前的乡村社会保障建设面临新的挑战。此外,部分政策措施在实施过程中存在一些问题,需要调整。

(4)公共文化服务需求

随着改革开放的深入,乡村经济复苏,乡村收入逐年增加,收录机、电视机等各类家电逐渐普及。随着乡村文艺人员的流动变化、人们的工作重心和兴趣转移到经济建设上来,乡村公共文化服务日渐衰退。尤其是近年来的乡村税费改革,取消了农业税及各项提留统筹费,基层政府、村集体可支配收入大幅度减少,在"重经济"的发展理念下,乡村公共文化服务投入陷入困境,以乡镇文化站为代表的基层文化组织到了名存实亡的尴尬境地,有些地方的文化站甚至在乡镇综合配套改革中被撤销,从而导致乡村公共文化服务缺乏,农民文化需求无法得到满足。

(5)公共基础设施需求

公共基础设施是发展乡村经济、改善农民生活不可替代的基础条件,对乡村的发展具有很强的基础性和战略性作用。近年来,随着"三农"问题得到国家重视,公共财政投入乡村建设的增加,使乡村基础设施获得一定程度的建设。但乡村基础设施仍然落后,在一定程度上影响乡村社会经济的发展。

二、体制机制重构:基本公共服务均等化的现实选择

我们正步入一个新时代,这是一个平等的时代。在这个时代,让人们受到同等尊重和关照,让人人平等分享发展成果,让更多的人获享平等的公民权利,日益成为社会的共识。

中华人民共和国成立尤其是改革开放以来,虽然农民的生活得到很大改善,但长期以来城乡二元化的政策,使城乡之间、工农之间在户籍、身份、权利、义务等方面存在诸多限制,农民难以分享城市的发展成果。同时,财权上收、事权下放的分

税制改革,削弱地方财力,使地方政府公共服务能力不足;而GDP政绩考评体制,导致地方政府掀起以经济增长为主的地方竞赛,弱化了政府公共服务职能。虽然近年来在国家政策的扶持和各级政府的重视下,乡村基本公共服务有所改进,但与城市相比差距仍然很大。在我们这样一个乡村人口占绝大多数的国家,最重要的问题仍然是农民的民生和平等问题。在城乡统筹发展新的时代背景下,实现城乡居民身份、权利的平等尤为迫切。因此,破除制度障碍,结合政府治理转型,进行城乡基本公共服务体制机制重构势在必行。

1.制度体制改革

在我国社会主义市场经济建设过程中,一些地方政府忽视了公共服务,使政府公共服务能力不足。因此,政府的公共产品供给不能有效满足民众需求。而一些乡村,连最基本的公共服务也长期得不到保障。实现城乡基本公共服务均等化,首先要改革政府治理体制,其次要改变不利于基本公共服务均等化的户籍制度及财政体制。

(1)改革治理体制,建设公共服务型政府

从传统治理模式,向以“有限政府、法治政府、民主政府、分权政府和开放政府”为特征的现代治理模式转变,政府“单中心”的治理体制有了挑战,多中心治理成为新的治理模式。中华人民共和国成立以来,我国政府多次进行分权化改革,但是这种分权是体制内的分权,而无论是集权还是分权的制度安排,其制度结构都是单中心的,“决策权是在等级制度的命令链中组织起来的,具有一个单一的终极权力中心”。单中心的存在造成政府职能的存量不减或者是增大,而现实的问题是政府管了许多不该管也管不好的问题,那些本应该由市场、社会和公民自己解决的问题却集中在政府手中,而那些本该由政府提供的公共产品和公共服务却得不到充分的发挥。因此,增强政府的公共服务能力,关键是要改革治理体制,构建“多中心”的治理模式。“多中心”治理就是打破单中心的政府统治模式,构建政府、市场和社会三维框架下的多中心治理模式。因此,政府要向体制外分权,与社会合理分权,建立政府之外的新的治理载体,如社会组织、市场组织等。通过合理定位政府职能,把一部分由政府承担的职能转移给新的治理载体,从而减少政府事权范围、缩小政府规模、提高行政效率,促进有限政府、公共服务型政府建设,使政府能集中精力促发展。

(2)改革户籍制度,剥离附着利益

破除城乡“二元结构”已经成为当今制度体制改革的关键环节。要打破长期以来城乡二元体制所附生的二元户籍制度。社会流动日益频繁,使户籍制度对不同的农民群体而言具有不同的意义。对于留在乡村社区的居民,户籍制度改革将使他们具备与城市居民享受同等基本公共服务的身份和权利;对于具备流动能力和正在流动的农民,户籍制度改革将赋予他们自由选择的权利;对于长期在城市生活、工作并成为事实上城市常住人口的农民,户籍制度改革将使他们在就业、社会保障、子女入学等方面获得公平合理的待遇,而且使他们能更加顺利地融入城市社区。

当前,国家层面已经把户籍制度改革纳入议事日程,各地也在根据具体情况出台相关政策。如国务院常务会议提出要分类推进户籍制度改革,发改委随后亦提出要根据城市综合承载能力和转移人口情况,分类推进户籍制度改革,统筹推进相关公共服务、社会保障制度改革,有序推进农业转移人口市民化,将基本公共服务逐步覆盖到符合条件的常住人口。

(3)改革财政体制,确保公共服务投入可持续

①加大财政支持力度,确立合理的政府间财政分担机制

国民收入分配和财政支出结构不合理,公共服务投入不足;政府间财权和事权划分不公平,财权上收而事权下放,地方政府尤其是基层政府负担沉重;乡村公共服务投入在政府间无明确责任划分是目前普遍存在的问题。因此,深入推进城乡基本公共服务建设,需要调整公共财政支出结构,建立科学合理的政府间财政分担机制。首先,改善公共财政支出结构,加大公共服务投入力度,建立稳定的公共服务财政投入机制;其次,合理划分各级政府的财权和事权,依据政府间公共服务职能分工,明晰各级政府财政支出责任。

②建立合理的财政支农机制,保证乡村公共服务投入

城乡基本公共服务均等化,尤其是乡村基本公共服务供给的落实和改善,任重而道远。因此,必须建立可持续的乡村公共服务财政支持机制,将合理的政策性安排变为制度性安排,确保乡村公共服务有足够的财政资金支持,解决广大农民日益增长的公共服务需求。作为农民生活的共同区域,乡村社区是政府社会治理的基础部分,政府的各项公共管理政策和公共服务,很大程度上要在社区得以体现。因此,针对乡村公共服务的财政投入,要以社区为落脚点,建立稳定的、可持续的公共服务财政支持机制。要充分认识到基层社区在公共服务建设方面的重要性,通过国家、省级项目资金引导,市、县(区)级财政配套、社区自筹等方式为社区提供财政投入和经费支持。

2. 体制机制构建

(1)厘清责任,确立合理的公共服务分工机制

基本公共服务的有效落实需要各级政府间的科学分工和有效协作。首先,只有对不同层级政府承担的公共服务职责做出明确合理的界定,才能使其各司其职,分工合作,确保公共服务得到合理有效的供给。理论上,中央政府负责全国性公共服务,地方政府负责地方性公共服务。其次,根据政府管理层次和职能的不同,高层级政府主要负责公共服务的决策和监督,基层政府主要负责管理和执行。不过,从我国现行政府间职责和权限的划分看,除国防、外交等几项事务被明确划归为中央政府的职责范围外,其他公共服务都属于各级政府的共有职责,各级政府的职责配置几乎一样,“上下一般粗”,在提供公共服务过程中经常产生政府间职责交叉、分工不清、上下错位、随意性大等问题。笔者在调查中还发现,公共服务分工的问题不仅存在于上下级政府之间,还存在于政府与基层社区之间。基层社区职能错位,承担了很多政府应该承担的公共服务职责,而本该属于社区承担的与居民日常生活息息相关的服务却被搁置。

针对公共服务分工不合理、职责不清的问题,首先要按照“收益、能力、管理效率、统筹协调、权责对等”等要素的要求,合理划分政府间的公共服务职能,细化公共服务的决策、执行、管理与监督的权力和责任,在各级政府间对权力和责任进行合理分配,改变“有责无权、有权无责、权资脱离”的情况。其次要实事求是,明确社区的功能定位,防止社区行政化、异化为政府的“腿、脚”,使社区发挥配合、协助政府供给公共服务的作用,而非具体承担公共服务的职责。最后,要加强乡村公共服务的投入、监督和管理,转变过去“投入少、监督缺、管理松”的情况。

(2)以民为本,构建民众需求利益表达机制

民众是政府公共服务的对象,满足民众需求,令其满意是服务的最终目的。在公共产品供给之前充分掌握民众需求,这有助于改变当前存在的供需脱节、公共服务效益不高的情况,促进政府科学决策,使服务合民心、顺民意。

①畅通居民需求表达渠道

必须将畅通居民需求利益表达渠道作为工作的重中之重,准确地发现、识别不同服务对象的利益诉求,并通过正式或非正式的途径有针对性地解决民众的现实需求。正式途径就是直接向社区、政府表达需求偏好,在正式途径效果不佳或未被采纳之后往往再通过非正式的途径,即通过向专家学者和新闻媒体倾诉等方式表达其需求偏好。但笔者调查发现,由于知识结构、信息获取、认识水平以及集体行

动与个人利益不对称等方面的原因,城乡居民的需求表达意识不强烈,尤其是乡村居民需求表达意识很缺乏,而正式与非正式途径不畅是阻碍民众表达意愿的关键因素。所以,一方面应增强民众的自主意识,特别是要加强乡村居民公共服务需求偏好的表达,使基本公共服务需求能够从正式途径得到准确、完整、及时地表达。另一方面应整顿完善正式与非正式表达途径,加强社区、政府部门、专家学者和新闻媒体对基本公共服务需求表达的关注,降低需求表达成本,提高需求表达效率。

②重视民众意愿的甄别和汇总

注重对需求偏好的表达和发现并不意味着完全根据居民的需求进行供给,在具体的工作中我们应重点通过实地调研、针对性访谈等途径有效甄别民众公共诉求中异化的个人诉求,识别真实需求,剔除夸大或不真实的需求。要建立科学合理的公共服务偏好汇总机制。由于公共服务供给是一个集体选择行为,因此,在甄别出真实需求之后,必须对总体的需求偏好进行汇总。由于不同的居民对不同的公共服务有不同的需求,而且即使对同一种公共服务也往往会有不同的偏好强度,因此,基本公共服务的需求偏好汇总实际上就是根据本地的经济社会发展水平,分别针对不同类型的公共服务需求以及同类公共服务不同强度的偏好赋予不同的权重,将其加总后得到公共服务需求轻重缓急的顺序,而这个顺序正是政府进行公共服务供给决策的最终依据。

(3)参与式治理,建立多元化公共服务体制

政府是公共物品和公共服务的主要供给者,但并不排斥而是积极鼓励商业组织和非政府组织提供公共物品和公共服务。为建立有效的公共物品供给结构,挖掘商业组织和非政府组织提供公共物品的潜力,政府自身应实现由直接生产者的单一角色向动态地兼任生产者、安排者和培育者的“多面人”角色转换,建构以政府为主导,商业组织和非政府组织广泛参与的多种方式并存的“一主多元”公共物品供给结构。当代社会,政府可以依靠与民众、企业、非营利性组织共同治理和共同管理。所以,城乡基本公共服务建设要将政府、社会力量结合起来,建构参与式治理机制。充分考虑到政府的特殊性和社会参与的多元性,妥善处理好二者的关系,推动参与式治理达到最优。

①转变观念,引导市场力量参与

“在能够排除不付费的情况下,私人企业能够有效地提供公共产品,即如果存在排他性技术,则私人可以很好地供给某些公共产品。”有些公共服务的物品属性往往比较复杂,既具有公共物品特性,又具有私人物品特点。这类物品引入市场机制不仅可能,而且必要。合适地引入市场机制、建立有效的利益分享机制,激发市

场的热情并切实保护市场投资主体投资基本公共服务的合法权益,对于构建基本公共服务参与式治理机制,有着重要的现实意义和可能性。推动市场力量参与社会治理是一项复杂的工程。

第一,要明确不同利益主体间的产权关系,推动乡村产权改革,从而有效发挥不同市场利益主体参与的积极性和能动性。

第二,要利用税收杠杆的调控作用,对积极参与基本公共服务的市场利益主体实施税收减免,提高其参与基本公共服务,特别是乡村基本公共服务的积极性。

第三,政府监督和政策引导,避免市场的趋利性和盲目性,引导市场向基本公共服务的有效供给和城乡均等化供给发展。

②投资社会资本,发展非政府组织

长期以来,政府往往根据既有的政策等来决定公共服务供给,民众的实际需求并没有得到应有的关注。可见,单一的供给主体制度难以满足基本公共服务的实际需求,造成服务供需脱节。而非政府组织能够有效地弥补政府和市场公共服务的缺陷,调动社会力量,照顾政府无暇顾及的微观区域和社会弱势群体,增进社会福利和公平。因此,在具体的工作中,政府要通过政策引导、财政支持等手段,鼓励社会组织参与供给政府和市场不能有效提供的公共服务。另外,投资社会资本是发展非政府组织的另一种策略,针对当前我国非政府组织发展面临合法性困境、组织能力困境和公信力困境的问题,政府要积极投资社会资本建设。社会资本主要包含了合作规范、信任和网络。因此,"投资社会资本的策略的核心是生产出更为丰富的社会资本,提升组织在社会中的认同和信任,拓宽组织的社会关系网络,以及更好地与政府、企业和民众形成良好的合作"。

③重视民众力量,建立居民参与机制

基本公共服务的提供和生产主要包括居民偏好表达、服务的安排提供、生产、消费和监督等五个环节。在这些环节上,民众事实上都可以进入并发挥重要作用,要构建民众参与机制。

第一,要将居民的现实诉求放在首位。扭转目前工作中普遍存在的自上而下的服务思路,树立自下而上的诉求回应决策服务理念,真实、有效、科学地反映和满足社区公共服务需求。

第二,建立居民参与的基本公共服务供给绩效评价机制。在服务供给过程中建立监督与反馈机制,使决策者了解居民对服务供给的满意程度,并以此作为以后政策调整的依据。"改进公共部门绩效评估必须取得民众的关注和参与,民众的关注和参与必定能有效改进公共部门的绩效评估。"

随着时代的发展,社会的进步,民众民主法治意识、权利意识的增强,今天的中国将迎来新的转型,社会的发展已到了需要变革的时刻。

第二节 城乡一体化背景下黑龙江省公共图书馆服务体系建设研究

城乡发展不平衡、不协调,是我国经济社会发展存在的突出矛盾,也是全面建成小康社会、加快推进社会主义现代化必须解决的重大问题。改革开放以来,我国乡村面貌发生了翻天覆地的变化。但是,城乡二元结构没有根本改变,城乡发展差距不断拉大的趋势没有根本扭转。要从根本上解决这些问题,必须推进城乡发展一体化。推动城乡发展一体化,要加快完善城乡发展一体化体制机制,着力在城乡规划、基础设施、公共服务等方面推进一体化,促进城乡要素平等交换和公共资源均衡配置,形成以工促农、以城带乡、工农互惠、城乡一体的新型工农、城乡关系。城乡一体化包括经济、文化、社会、生态的一体化,其中文化的一体化是城乡一体化建设中的重中之重。在我国大力推进城镇化建设的过程中,不仅仅是要把乡村居民的身份户口转为市民,更重要的是促进其生产生活方式的根本转变。在生产生活方式中,人的精神文化活动居于中心地位。缺失文化建设的城镇化,缺乏精神文化的生活,就不是完整意义的现代生活。因而,只有通过推动城乡文化事业统筹规划、协调发展、资源共享、共同繁荣,使乡村居民和城市居民享有均等的基本公共文化服务,让他们对文化生活的需求均能够得到一定程度的满足,才能逐步打破城乡文化二元结构,弥合城乡文化发展鸿沟,实现城乡文化共建共享和一体化发展。而在这一过程中,公共图书馆因其“社会性”“知识性”和“公益性”为打造覆盖城乡的公共文化服务体系提供了无限的可能。

一、城乡一体化进程与公共图书馆服务体系概述

1. 城乡一体化

城乡一体化,顾名思义就是破除城乡二元结构,统筹城乡共同发展。这一思想的提出可以追溯到20世纪80年代末期,我国形成了城乡之间的二元化发展,致使

各种经济和社会矛盾层出不穷，城乡一体化的思想也就越来越受到重视。近些年许多学者都对城乡一体化的概念和内涵做过研究，但因为其涉及内容较多，范围较广，包含了社会经济、生态环境以及文化生活等多个方面，人们对城乡一体化进程的理解也就不尽相同。

社会学学者将城乡一体化定义为：在工业化、城市化条件下，在保持城乡各自特色的基础上，资源、人口、生产要素在城乡间自由流动、双向作用，城乡间经济、社会、文化、生态的协调发展，这是一种城乡经济社会融合，城乡居民共享现代文明，实现共同富裕的现代社会结构。

经济学界则从经济发展规律和生产力合理布局角度出发，认为城乡一体化进程是现代经济中农业和工业联系日益增强的客观要求，是指统一布局城乡经济，加强城乡之间的经济交流与协作，使城乡生产力优化分工，合理布局、协调发展，以取得最佳的经济效益的过程。

通过对各种定义的对比，我们不难看出，城乡一体化进程，其本质就是要通过积极推进城乡统筹，整体推进工业化、城镇化和农业现代化，促进城乡同发展共繁荣，使城乡居民共享现代文明成果，逐步实现“共同富裕”。统筹城乡发展，也就是让城市和乡村居民的生活水平和生活质量越来越接近。在这个过程中，满足人民基本的温饱需求是城乡一体化的首要任务，在此之后，对于精神文明的追求和发展就显得尤为重要，这一部分在很大程度上来自公共文化服务。城乡间公共服务的巨大差异使得城乡居民的生活质量和生活水平相差较大，即使拥有相同的经济收入，也不一定能够拥有享受无差别公共服务的权利。因此，要实现城乡一体化，最复杂也是最重要的就是实现公共文化服务的均等化。

2. 公共图书馆服务体系

公共图书馆服务体系是公共图书馆运行和服务的模式和机制，也是我国公共文化服务体系的重要组成部分，对于保障广大人民群众的文化权利，落实文化惠民政策有着重要意义。在这种大的环境下，我国图书馆学者对构建覆盖全社会的、普遍均等的公共图书馆服务体系的理论和实践研究做出了巨大贡献，取得了丰硕的研究成果。但是，关于公共图书馆服务体系概念的定义，至今还未有一个能够得到我国图书馆界的一致认同。在此，笔者选取了三个国内外相比较而言，获得大多数人认可的定义作为对这一概念的解释。

定义一：公共图书馆服务体系是指一个国家或地区的公共图书馆独立或通过合作方式提供的图书馆服务的总和。从基础设施架构的角度看，公共图书馆服务体系包括所有实体图书馆、流动图书馆以及它们建立的馆外服务点、图书馆联盟、总分馆系统、区域性服务网络等服务平台。

定义二：公共图书馆服务体系是社会公共文化服务体系的重要组成部分，它是政府举办的、非营利性的、收集和传递文献信息资源，传播先进文化，以保障大众基本文化需求的公共图书馆机构和服务的总和。

定义三：公共图书馆服务体系通过合作规划和服务项目帮助各地方成员图书馆向用户提供低廉、有效的信息服务。公共图书馆服务体系旨在促进各成员馆之间的资源共享。

通过对三个定义的对比，我们可以发现，定义指出了公共图书馆服务体系提供的是一个覆盖国家或地区范围的综合的图书馆服务，其中包含了各种形式的服务类型和服务体系。与定义一相比，定义二更加突出了公共图书馆服务体系之于社会公共文化服务体系的重要性，并且明确了公共图书馆服务体系的建设主体是政府，性质是非营利性的，手段是收集和传播信息资源，目的是保障人们的文化需求得以满足，在一定程度上丰富了公共图书馆服务体系的内涵，符合时代发展的要求。定义三来自外国学者对公共图书馆服务体系的解释，相比较前两个定义，定义三更加注重总馆与成员馆之间的互助共享，目的是通过建立图书馆服务体系为更多的居民提供具有成本效益的信息服务。

综上所述，国外对于公共图书馆服务体系的定义更加关注其自身的优势和根本目的，国内的定义则更加注重公共图书馆服务体系的外在表现和时代特征，没有强调建立公共图书馆服务体系的根本优势，即实现资源的共享和有效利用，降低运行成本，达到更可观的公共图书馆投入效益比例，而这与我国目前公共图书馆服务体系的发展现状有着很大关系。

公共图书馆服务体系的内涵极其丰富，不仅包括宏观上国家、省、市、县、乡镇、村的六级服务体系，也包括了微观上各个地区的市、县、乡镇、村的四级服务体系；在内容上除了包含一个国家或地区公共图书馆组织体系的规划与建设，还包含支撑其正常运行的各项必要保障，如经费安排、人员分配、技术支撑、服务提供等内容。因此，对于公共图书馆来说，建设和完善城乡一体化的服务体系，需要考虑到方方面面的因素，必将是一个复杂而漫长的过程。

3. 公共图书馆服务体系建设在城乡一体化进程中的重要作用

(1)有利于加强城乡文化一体化建设中的基础设施建设

在我国长期存在的城乡经济二元结构体制的影响下，我国的文化建设也存在着二元分化的特征，即城乡之间文化资源、文化基础设施和文化权利在数量和质量上的不对等性。城乡文化一体化建设是城乡一体化建设的重要方面，主要涉及统筹城乡文化建设、推动城乡文化的全面、协调、可持续发展。在全国大力推动新乡村文化建设的过程中，公共图书馆不仅承担着提供资源、传播知识的责任，也承载了推动文化教育、启发文化意识的重要职责。作为基础文化设施，公共图书馆能够满足不同层级人群的不同需求，可以最大范围地实现人们对于文化一体化的需求。

(2)有利于保障城乡居民均等享受公共文化服务权益

公共图书馆的存在使社会中每一个公民具备了均等享受公共文化服务的权利，它保障和实现公民的阅读权、平等获取信息权、参加社会活动权、享受服务权等权益，从知识和信息的角度维护了社会公正。华东师范大学信息管理学系范并思教授认为，现代图书馆已经被赋予了一种公共图书馆精神，即让社会知识得到公平的利用，保障社会弱势群体平等得到竞争资源的社会公义内涵。目前，我国居住在乡村的部分信息弱势群体因为其自身文化素质较低、社会地位不高等原因，在享受图书馆服务时往往会遭遇忽视，“无差别”的平等服务在一些地区并不能真正实现。构建城乡一体化的图书馆服务体系，就是要以“无区别服务”为基本前提，确保乡村的居民也能够切实享受到与城市居民对等的图书馆服务和信息服务。目前，在国家的大力推动下我国的文化设施建设初见成效，基本上形成了以乡村为网点，依托县级图书馆，覆盖整个区域范围的服务网络，将广大乡村居民作为服务的主要对象。同时，“农家书屋”的广泛建设也为公共图书馆服务体系提供了全方位、多渠道的服务形式，使更多的文献信息资源、参考咨询及培训服务能够直接被乡村群体享受，并且非常方便、快捷，符合农民的需求。

(3)有利于促进城乡一体化进程中基层图书馆的可持续发展

公共图书馆是一个传播知识、传递信息、开发智力、开展社会教育的主要公共文化阵地。图书馆事业的发展往往反映了一个地区文化事业发展的整体水平，尽管基层图书馆与一些大型图书馆相比在软硬件设施、资金投入、人员调配方面都存在很大差距，但从公共图书馆为广大基层群众服务、满足人民大众基本文化需求这一落脚点来说，基层图书馆的地位举足轻重。然而，我国目前基层图书馆的现状着实令人担忧，由于缺乏财政资金作为保障，乡村基层图书馆大都面临着馆藏资源较少、更新缓慢、服务单一等困境。因此，怎样使城市中总量丰富的馆藏文献资源流向最需要支援的基层图书馆，让农民也能享受到更加优质的图书馆服务，获取更多的知识信息是城乡一体化进程中公共图书馆服务体系构建首要考虑的问题。在面向城乡、着力打造一体化发展的公共图书馆服务体系建设中，通过馆际间协调合作，在省市—区县—街乡—社区及村镇四级图书馆间形成服务网络，不仅使原来的图书馆联合起来，在一些地区还会新增一批基层图书馆，构成服务网络中重要的组成部分。基层图书馆通过利用计算机网络技术、数字化等服务手段能够享受到丰富的资源配置、统一的服务标准和通借通还的服务，方便了读者的同时也使其摆脱了资源匮乏、效率低下的尴尬处境，重新走上可持续发展道路，使图书馆事业迈上新台阶。

二、黑龙江省公共图书馆服务体系建设与完善的基本思路和对策

1. 黑龙江省公共图书馆服务体系建设与完善的基本思路

（1）以推进城乡文化全面、协调、可持续发展为出发点

科学发展观是我国经济社会发展的重要指导方针，加快城乡文化一体化发展，是深入贯彻落实科学发展观的内在要求。科学发展观的基本要求是全面协调可持续，根本方法是统筹兼顾。城乡发展不平衡是我国经济社会发展中的突出问题，也是文化建设中的突出问题，这与全面建成小康社会、实现经济社会协调发展的目标不相适应。黑龙江是农业大省，农民人口占全省人口的大多数，只有把乡村文化建设搞好，农民文化权益得到保障，实现社会主义文化大发展大繁荣才有坚实的基础。

建立城乡一体化的公共图书馆服务体系，就要始终以科学发展观为出发点，推进城乡图书馆服务全面、协调、可持续发展。"全面发展"要求黑龙江省公共图书馆服务体系的建立要兼顾市区、郊区、县乡、村镇群众的实际需求和切身利益，对区域内有限的公共图书馆资源进行合理分配，并根据实际情况适度向乡、镇、村等乡村地区倾斜，把对基层公共图书馆的建设和完善作为统筹城乡全面发展的重点工程来抓；"协调发展"要求公共图书馆服务体系的建设要在充分了解当地实际发展需要和发展条件的情况下进行，不断根据社会经济发展的需求和人们对精神文化生活的变化，适时调整各馆之间的资源配置，避免"一刀切"；"可持续发展"要求服务体系的构建要有健康有序的长效发展机制，不盲目跟风，不搞面子工程，而是从城乡文化建设的长远考虑，从图书馆服务提供的长久性考虑。

（2）立足自身实际情况，吸取和借鉴他人优秀经验

马克思主义哲学认为，事物之间存在着矛盾，矛盾具有普遍性和特殊性，普遍性（共性）寓于特殊性（个性）之中，特殊性包含普遍性，事物的发展经历了从特殊

到普遍，再从普遍到特殊的过程，二者是辩证统一的关系。毛泽东在《矛盾论》中也曾指出：“就人类认识运用的秩序来说，总是由认识个别和特殊的事物，逐步扩大到认识一般的事物。人们总是首先认识了许多不同事物的特殊本质，然后才有可能更进一步地进行概括工作，认识诸种事物的共同的本质。”在探索如何建立统筹城乡发展的图书馆服务体系的过程中，很多地区都进行了有意义的尝试，这极大地丰富了城乡一体化公共图书馆服务体系构建的相关理论及实践经验，促进了矛盾特殊性向普遍性的转换。因此，在我们对自身的图书馆服务体系建设进行理论创新和实践探索前，应首先学习前人的经验，吸取和借鉴他人成果中的优良部分，从个性、特殊性去研究，总结出共性、普遍性，从而达到由普遍到特殊、正确指导自身实践的目的。需要注意的是，每一事物的矛盾都有自己的特殊性。只有从实际出发，具体分析自身矛盾的特殊性，才能找到解决矛盾的具体方法，从而正确地解决矛盾，把事情办好。正如前面所述，每个图书馆服务体系的建设方案都是根据各自的具体实情制定的。

(3)发挥政府主导作用，建立政策保障机制

提供公共服务是国家、政府最基本、最经常的职能之一，也是政府存在的逻辑起点之一。图书馆由政府主导，保障了其服务的公益性、社会性和教育性。政府的关注和投入、社会各界的声援与支持以及民众的共识与参与，都是影响图书馆发展的核心要素。在其中，政府发挥着不可替代的主导作用。城乡一体化发展的公共图书馆服务体系重在实现区域内的资源整合、合理调配，使其实现效用最大化，均衡服务城乡居民。在这个过程中，必然要涉及对原有体制的冲突，而这种矛盾仅仅依靠图书馆的行业创新是无法完成的，必须依靠政府主导才能得以解决。城乡一体化建设要求将关注点集中到基层，而事实证明，目前我省大部分基层政府(乡镇、街道)并不具备承担支撑图书馆建设和运行所需要的稳定、持久经费的能力，因而需要将这部分责任上移至少是县(区)级以上政府，从而使图书馆服务体系向基层延伸能够顺利进行。

在公共图书馆服务体系法律保障方面，黑龙江省根据《文化部 财政部关于推进全国美术馆、公共图书馆、文化馆(站)免费开放工作的意见》《公共图书馆建设标准》等相关文件精神，结合黑龙江省公共图书馆事业现状和发展趋势，制定了黑龙江省公共图书馆服务标准，对公共图书馆的免费开放做了一些硬性要求。然而，由于目前我国政府建设和管理图书馆的能力呈现着按照行政层级的降低而逐渐减弱的普遍特征，这也成为实现公共图书馆城乡一体化发展的主要障碍。突破这一限制的最好方法就是政府通过出台更加详细、全面的规章制度，规定各级政府及其

管理的相应的服务体系内应履行的责任和所承担的义务，将城乡一体化公共图书馆的建设和发展服务纳入各级政府和职能部门的工作目标和考核指标中去，保证城乡一体化下的公共图书馆服务体系在建设过程中，因为有了坚强的法律后盾而使政策得到强有力的贯彻执行。

(4)重视协调合作，坚持信息资源共建共享

建设城乡一体化发展的公共图书馆服务体系，就是要在区域范围内通过图书馆信息资源的共建共享，实现城乡均等服务，保障不论城市还是乡村的个体信息需求得以满足。黑龙江省辖区范围较广，但人口又相对集中，大部分市、区县都有图书馆。在财政经费有限的情况下，如果各自为政独立发展，就会造成公共资源不能得到有效使用。通过资源的共建共享，可以避免公共资源的浪费，使其得到最好的分配和最大限度地利用。信息资源的共建共享机制主要通过两个方面实现：一是通过信息资源在地域上的合理布局；二是通过信息资源在提供者之间的合作。信息资源在地域上的合理布局是建立覆盖城乡的图书馆服务体系的坚实基础，提供者之间的协调合作是服务体系建设和运作的必要前提。如前所述，目前黑龙江省已基本形成了以省图书馆为核心，市图书馆为支撑，县图书馆、乡镇文化站点为基点，农家书屋辐射村组成的全方位的四级服务网络，城乡一体化下的图书馆服务体系建设，要使信息资源充分依托于这一服务网络，通过上下级、同级间的协调合作，实现区域内的合理配置和流动。

虽然公共图书馆在构建促成城乡一体化发展的服务体系时承担了主要责任，但是由于这一建设覆盖面很广，涉及了区域内的每一个级别单位，是一项巨大的工程。因此，公共图书馆应该利用自身优势走联合协作的道路。除了上述打破行政体制的合作，图书馆还应加强图书馆界的联系与合作，实现与高校、科研图书馆的共建共享。并且充分吸收热心于打造城乡图书统一发展的非政府组织和个人的力量，将他们纳入服务体系中，通过捐助、志愿者服务等方式提供知识援助。

2. 黑龙江省公共图书馆服务体系建设与完善的对策

在对公共图书馆资源和服务进行有效整合和统筹兼顾时，国外许多发达国家(如美、英、法等)普遍采取总分馆制的建设方式进行。然而由于我国目前实行的是中央政府与地方政府分灶，省、市、区分灶的管理体制，这决定了我们不可能照搬西方国家的具体做法。而黑龙江省经济发展落后于发达地区，自身资源分布不均，城乡文化差异大，图书馆建设起点也比较低，适合于其他地区发展的图书馆服务体系模式不一定适合我们自己。因而，在缩小城乡差距、推进城乡一体化发展的过程

中,我们需要在吸取其他地区成功经验的同时,建设和完善适合自己的公共图书馆服务体系模式。

(1)建立“两层四级,一主一辅”的组织体系,完善城乡图书馆服务网络

在城乡一体化进程中,组织体系的构建是公共图书馆服务体系中的重中之重。由于各级图书馆建设主体和管理者不尽相同,在组织体系构建中如何发挥省级图书馆的带头作用,使其渗透到各级图书馆的建设和管理中,笔者认为,覆盖城乡区域的图书馆服务组织模式必然要依赖于省图书馆的指导和带头作用,而在具体的模式构建和运行过程中,以市、县为中心会更加贴合当地实际,确保图书馆的资源和服务能够延伸到基层。因此,应按照“政府主导、统筹规划、分级管理、资源共享”的原则,发挥省图书馆的宏观指导、政策制定和先进带头作用,在原有服务体系基础上建立健全覆盖城乡的“两层四级、一主一辅”的组织体系,对图书馆总体发展进行系统的规划、布局、调控与监督。

(2)完善公共图书馆事业相关条例,制定专门性的制度保障文件

由于我国相关的公共图书馆法尚未出台,公共图书馆事业的建设与发展在很大程度上取决于地方的经济状况与政府的主管领导。如果地方政府能够提供充足的资金支持,且给予图书馆建设足够的重视,那么公共图书馆的建设和发展水平可能就会更高,反之则比较困难。这种“人治”而非“法治”现象的产生,使公共图书馆服务体系的建立和运行存在很大的不确定性,与公共图书馆所倡导的公平、均等的服务精神也相背离。黑龙江省可以制定公共图书馆服务标准、乡镇综合文化站服务标准等,对省内各级公共图书馆的服务建设及免费开放作出指导性规定,为“两层四级、一主一辅”公共图书馆服务体系顺畅建立运行、推动城乡图书馆事业共同发展奠定基础。然而,从嘉兴、苏州等地对城乡一体化公共图书馆服务体系的探索中我们也可以看出,政府始终是地区图书馆事业的主导力量,唯有通过政府政策性的调控和管理,才能将图书馆服务体系的建设纳入规范、持续的正确轨道。因此,黑龙江省地方政府还要依据自己的实际情况建立详细、完善的图书馆服务保障制度,给城乡一体化图书馆服务体系的建设提供经费来源、运行管理机制等方面的法律保障,严格依法办事。这部有针对性的法规制度应至少包括:对城乡一体化下公共图书馆服务体系建设的长远规划及组织结构说明;“两层四级”中各级政府、文化管理单位、公共图书馆在建设过程中应承担的具体责任和义务;明确图书馆事业投入经费及分配使用标准范围;城市、乡村各级图书馆人员管理的规定等。

(3)改换思路,建立层级明确、多样化投入的经费保障机制

采取政府与企业合作的投入方式,这主要适用于建设新馆和旧馆改造的情况。

近年来，随着我国市场化机制的逐渐成熟，公共文化建设的许多方面都引入了市场化概念，形成政府逐渐“放权”，企业积极参与的局面。在新图书馆建设方面，原哈尔滨市图书馆所在地过于狭窄，无法承载越来越多的读者和日益增长的馆藏书藉，于是在政府和企业合作的基础上，兴建了现在的哈尔滨市图书馆新馆。新馆投资额高达5亿元，其中政府出资3.7亿元，企业参与资金1.3亿元。企业参与投资将对新馆的品质提升和服务水平的提高起到重要作用。在旧馆改造方面，为了提高旧图书馆的服务质量和用户体验，哈尔滨市图书馆采取了政府与企业合作的方式进行改造升级，如加装了自动检索设备、安装了自助借还柜、开设了电子阅览室等。企业参与改造不仅提高了旧馆的技术含量，还使馆内设施、服务水平等得到了全面升级。政府与企业合作的投入方式，有效地推动了哈尔滨市图书馆建设和改造的进程，为市民和读者提供了更优质和便利的文化服务。将公共图书馆的建设与运行交给企业，政府只负责提供建设所必需的经费，这种新型市场化运作模式一定程度上减轻了政府的人员编制负担，也有效避免了因行政体制设置滋生的“雁过拔毛”或分配不均的现象。现实的发展和需要证明，公共图书馆服务外包的形式将不仅在市区进行，日后还应借政府之力进一步扩展到乡镇基层单位，做到“遍地开花”，确保图书馆服务体系能够不断向基层延伸和深入。除此之外，由于社会力量、民间个人办馆的形式在我国的发展愈加成熟，其贴近基层、因地制宜和形式多样的优势为公共图书馆文化服务带来了新的机遇。因此，要实现“普遍均等、惠及全民”的公共图书馆服务体系，各级政府还要不遗余力地吸收来自社会和民间个人的力量，获得外部财力、物力支持的同时也使图书馆网群得到进一步的扩展。

第三节　哈尔滨市城乡接合区域社区公园设计研究

随着哈尔滨城市化的快速发展，城乡规划建设水平的不断提高和人们对社会发展理念的不断更新以及人口激增，使得人们的居住区域逐渐由城中心区域转移到城乡接合区域。如今土地、耕地资源的浪费和减少，归根结底是由城市的无序扩张导致的，这使得城乡之间的矛盾日益凸显。人们对自然绿地不断地开发利用，导致作为城市生态屏障的城市近郊区或者城市边缘区的自然景观破碎化、生物栖息地多样性降低等，都给人们的生活和生产带来了极大的影响。

城乡接合区域社区公园是城乡居民日常出门活动最平凡的公园类型，是城市绿地系统中的重要一环。人们对自身居住环境的关注，对室外游乐区域的期望，以及现阶段邻里相互交往的缺失，使得哈尔滨市城乡接合区域社区公园的建设开始兴起。在城乡接合区域社区公园的设计、建设过程中还是存在着一些问题，这导致在哈尔滨市城乡接合区域社区公园数量虽然增多却还是无法满足城乡居民的使用需求。

一、哈尔滨市城乡接合区域社区公园设计原则和总体布局

1. 城乡接合区域社区公园设计原则

(1)近自然原则

根据城乡接合区域社区公园的区位和内容不同，其既要满足一般公园设计的原则，同时还要突出区位的特性。研究表明，自然景色有减轻人的心理压力，净化人的心灵的作用。奥姆斯泰德认为，人的眼睛不能一下子看到这么多人工制造的东西，像在城里那样，会受到伤害。这种伤害会影响人的心智和神经，以至整个人体系统。而自然的景观可以把人从严酷、拘束不堪的城市生活中解脱出来，它能清晰和愉悦人的眼睛，由眼至脑，由脑至心。公园设计崇尚自然、再造自然，从而实现达到高于自然的境界。城乡接合区域社区公园最大的特点之一就是它拥有自然地貌，在进行设计时，保持基址的自然野趣是非常重要的，应尽量减少对基址的大规模变化，要进行自然系统环境的保护和修复，安排适合的游憩活动以促进人与自然的互动。

(2)整体性原则

在城市绿地系统中城乡接合区域社区公园占有重要地位，在公园设计时不仅要将公园与周围其他类型的绿地之间的关系协调好，更应该考虑公园设置对城市整体空间、绿地布局以及绿地系统规划产生的影响，同时公园设计的选址、大小等因素也应得到重视，从而真正达到城乡接合区域社区公园连接城市空间、美化城市环境的目的。

对于居住景观设计首先应从景观整体性上进行考虑。整体性是对环境气候、自然条件、历史文化底蕴等因素进行研究，是对公园所在区域居住区生活规律的全面分析，在对公园所在区域自然条件进行调查后，进行再创造而设计出来的。在当今居住区中景观的定位应与景观所要表达的主题保持一致，景观整体性的确立，不

仅保证了景观的真实性，同时也满足了社区居民的归属感和安全感。

在把握社区公园整体性的同时，城乡接合区域社区公园还应与所在居住区的环境相协调。公园与周围环境的“整体性”除了体现在公园选用材质、建筑造型及色彩搭配等物质形态上，还应该在精神上得到统一。在社区公园设计中，应正确理解人的特性和需求，力求达到客观环境与主观意识的融合，从而创造出精神与物质协调统一的和谐的设计蓝图。

(3)可达性原则

城乡接合区域社区公园就是为了向城乡居民提供就近的户外活动空间。所以共同的可达性就成为决定公园使用率的又一决定性因素。公园的道路交通、道路信息指示牌以及出入口的设置都可以直接反映出公园是否具有可达性。哈尔滨市社区公园包括主入口在内，一般按行人行走路线设置了八个出入口。合理的出入口设置形成了景观视觉廊道，为居民的出行提供方便的同时也增加了公园的服务半径。

(4)公平性原则

城乡接合区域社区公园要满足公园对每一个使用者保持“公平性”的基本原则。在公园的建设初期到投入使用，设计师要始终坚持公园的公平性。公平性的具体化主要体现在城乡接合区域社区公园中对无障碍设施的应用上。社区公园的选址不仅需要考虑公园的服务范围和公园的可达性，更应该与使用者的分布和数量等公园周边实际情况，以及公园绿地周围的实际情况相结合。在社区公园使用者中还有一部分弱势群体，设计师应将更多的无障碍设计融入社区公园中，有利于让弱势群体走进公园融入社会，获得与常人一样的公平待遇，从而推进社会的和谐发展。如哈尔滨群力新区体育公园在建设初期公园的边界设置有围栏，极大地影响了人们的使用和公园的边界景观效果，改造后的公园拆除了原有的围栏，并在公园边界的台阶处设置了无障碍缓坡，为居住在社区的弱势群体进入公园提供了方便。

(5)地域性原则

地域具有差异性和特殊性，即使同一区域的不同场地也具有不同自然与人文历史特性。这就要求城乡接合区域社区公园的规划设计需因地制宜。既不能以一种单一的形式设计，也不能照搬照抄城市公园的设计方法，更不能为了表现设计师个人的奇思妙想而忽略场地本身的特性。城乡接合区域社区公园规划应充分利用现有的景观资源和建设材料，突出适应当地自然、社会与人文条件的景观类型，形成典型的地方风格，避免违反自然规律的异地逆境栽植、盲目跟风或哗众取宠的设计风气。

2. 城乡接合区域社区公园总体布局

(1)城乡接合区域社区公园的选址

城乡接合区域社区公园的选址应该先于居住区的选址。因为公园的用地性质属于居住区的配套基础设施,所以在公园选址时,不仅要结合居住区选址条件,还应该与社区外围其他绿地系统相结合,构成稳定的“绿色隔离带”。

现在城乡接合区域社区公园中出现的一些问题,究其原因是公园在选址时先以居住区选址为主,在居住区位置选定后,公园的位置也通常是由居住区的开发商决定,设计师很难有决定权,这也就造成了公园在选址时出现的不合理现象。

只有将公园选址与居住区中建筑选址相结合,才能使二者的布局更加合理。嵌型和相邻型的城乡接合区域社区公园在现实应用上并不常见,公园为了考虑本社区居民的使用方便而设置在整个社区的中心,在我国以内含型的城乡接合区域社区公园比较常见。社区公园的选址还应该考虑高频使用者的使用方便和安全,所以应尽量靠近学校、老年人活动中心等公共设施。在充分考虑人的因素后,社区公园的选址还要从自然的角度出发,场地中应该有一定的地形地势变化,选择植被茂盛、植物种类丰富的区域,这不仅使得公园整体水平得到了提高,还有利于节省建设资金。当社区公园的占地面积较小时,公园的选址可以是靠近居住区或道路一侧,这样可以起到为社区阻隔交通噪声、美化街景的作用。如哈尔滨群力新区体育公园周边多为居民区,附近还有幼儿园、小学,是居民们茶余饭后最喜欢聚集的地方。

此外,城乡接合区域社区公园应该具有一定的城市避灾功能。由于老城区的房屋比较老旧,一些地区还有违章建筑存在,这些因素都成了紧急避险时居民逃生的障碍,因此,在老城区更要按照规划要求设置城市绿地。

(2)城乡接合区域社区公园的定位

在公园设计之初,除了要考虑公园选址,还应该确定公园的定位,也就是公园在城市绿地系统中的位置与作用。公园的准确定位可以使公园拥有自己特点和属性,在公园主题日益趋同的今天脱颖而出。社区公园的大小、社区公园的服务对象以及功能都能决定城乡接合区域社区公园的定位。社区公园的定位应该主动地根据社区居民的需求来确定,而不是受到城市规划和用地范围限制的被动确定。在社区公园的使用者中,老年人和孩子占的比例是最高的,因此社区公园的定位应以这类人群为主,尽可能地满足他们的日常使用需求,从而充分反映出本社区的特色,增强社区居民的凝聚力。例如哈尔滨市道外区知青公园的定位是集科普教育、休闲游览、体育活动为一体的开放式的城乡接合区域社区公园。

(3)城乡接合区域社区公园的立意

古代书画家讲究意在笔先,有了立意的书画作品才会富有灵气而不显得死板。园林设计师通过不同的设计思路和设计手法表达出自己对园林艺术的理解。公园的立意是否明确合理,对公园设计的好坏起到关键的作用,而设计时的构思会对公园的整体设计产生深远的影响。城乡接合区域社区公园设计初期的相关资料收集、公园的整体布局和空间组织以及公园的表现手法都是由最初对公园的立意来决定的。在城市化进程迅猛的今天,国内大城市的城乡接合区域社区公园也在迅速地建设起来。但现在的城乡接合区域社区公园形式单一,趋于雷同,让游人很难对其留下深刻的印象,所以如何提高公园的知名度,如何保持公园的长久生命力是设计师在设计公园初期不得不考虑的现实问题。出色的社区公园立意可以让使用后的人们经常想起公园的景色。

每个公园都应该有自己的立意,而不应该千篇一律地进行复制。设计师将现场实地勘察公园周边的文化底蕴,了解社区的社会背景,进行民意调查等资料综合分析和整合后,才会对公园的立意有一个明确的定位,通过上述工作后确定的公园立意才能经得起推敲和实际考验,也只有以场地和人为出发点的城乡接合区域社区公园立意才会是成功的。确定公园立意的方式有很多种,可以通过保留场地原有景观要素、修复破损的标志性历史文化坐标以及再现区域内象征意义明显的场景等来与社区居民产生共鸣。

二、哈尔滨市城乡接合区域社区公园景观要素设计

1. 城乡接合区域社区公园的地形设计

地形是公园内承载园林要素的基础,对景物位置、景观效果有着直接影响。特别是公园用地范围位于城乡接合处的城乡接合区域社区公园,公园内的地形地势变化丰富,公园边界多为不规则的多边形。因此,在对公园地形进行设计时应将地形与公园整体相结合。

(1)地形设计对居住区的影响

地形设计不仅注重地形地势变化,更应该本着为社区居民服务的思想进行细致的推敲揣摩。

当公园周边的环境对公园内部使用者造成不良影响的时候,可以通过地形设计将地形适当地抬高或降低来减少不良影响。当社区公园类型属于镶嵌型或相邻型时,至少会有一条公园边界与城市干路相邻,这时可以通过适当抬高临街公园边界区域的地形,再配植以植物隔离带,这样不仅起到屏蔽公园外界噪声、净化公园空气的作用,还可以通过地形设计明确社区的空间范围、营造社区安静舒适的空间环境。值得注意的是,靠近居住区一侧的公园边界,在地形上要考虑居民的使用安全,不宜设计地势变化复杂的地形。另外,对公园内使用率较高、人群相对集中的区域,也可对区域周边的地形适当地抬高,来降低区域内的噪声以免影响到其他社区居民。适当的地形设计也会对社区底层住户起到保护隐私的作用。同时,对地形的改造也对城乡接合区域社区公园起到一定的保护作用。如哈尔滨市道外区知青公园紧邻天衡山,设计师利用天衡山地理优势,结合哈尔滨历史文化,在此处设计建设知青公园,一方面教育人们学习知青精神,另一方面闹中取静,为市民提供了一个休闲娱乐、体育锻炼的场地。

(2)地形设计与空间营造

丰富的地形变化可以使公园中的景观层次多样。对城乡接合区域社区公园地形进行设计的同时还要充分考虑居民对空间的使用要求。

①营造私密空间

由于人们行为习惯、生活规律的不同,在社区公园的公共环境中,人们还是向往在某一时间段有一片属于自我的小空间,来与人进行交往。根据公园使用者的这一想法,在社区公园中应该设置一些可以让人们进行密切交谈的小空间。实际调查发现,社区公园中存在的私密小空间往往成为人们茶余饭后闲聊的好去处。地形设计的好坏会直接影响到私密空间的使用率。富有地形地势变化的私密小空间,可以为人们提供一定的空间依附感,使用者会从心理上感到安全,人与人的交往也会自然产生。而缺少地势变化的空间会让使用者产生被动心理而在此区域停留时间缩短。

②开辟视觉透景线

城乡接合区域社区公园的用地面积与综合性公园相比相对较小。所以社区公园中居民的流动范围要比其他类型的公园绿地的游人流动范围广。根据这一特点,设计师就要在空间相对紧凑的场地中,利用公园地形的变化来引导使用者的行动轨迹和视线,达到步移景异的空间变换效果。在哈尔滨市道外区知青公园的主入口广场中,设计师通过对公园入口两侧的地形设计,增强了入口的空间变化,使游人的视线从公园入口自动地转移到公园内部的景观透视线上。

2. 城乡接合区域社区公园的水体设计

水体所具有的调节环境小气候、增强视觉感官、提高空间变化等特点使得其在园林景观要素中处于举足轻重的地位。但城乡接合区域社区公园中的水体会受到场地条件、使用者需求等因素的影响。

(1)影响水体的因素

①复合型用地

城乡接合区域社区公园的用地性质多为复合型用地,一些城乡接合区域还会存有一定的地下水资源,因此在对公园水体设计时要充分考虑到公园基地的地下空间。城乡接合区域社区公园具有紧急避险的使用功能,一些公园地下会存在防空地下结构,所以在进行公园水体设计时,应该对公园的基址进行充分勘察,对公园地面的荷载数据进行科学准确的评估后,再确定水体的形式、深度和面积。此外,驳岸周围不宜种植深根类乔木,以防止其对地下结构产生影响。

②亲水性需求

人类具有天生的亲水性。社区公园中的水体景观就成了城市居民亲近自然山水的绝佳去处。所以,城乡接合区域社区公园中水体驳岸的设计在满足防洪护堤功能的同时还要注重驳岸的亲水性。一般来说,满足驳岸亲水性的要求可以通过置石驳岸、亲水平台等几种形式。但城乡接合区域社区公园受到水位变化和城乡居民行为活动的影响,在水体驳岸设计时要充分考虑水位落差和居民可参与性的问题。

社区公园中的驳岸具有的空间过渡转换特点使其成为人们经常聚集的区域。因此,在水体驳岸设计时就需要根据场地条件和人流方向等条件进行综合分析,通过提高驳岸的亲水性来提高使用者的参与度。在靠近水岸的区域设置如亲水平台、木质栈道等停留空间,以便引导游人视线,驻足观赏水岸风景、进行水体游戏。例如哈尔滨市道外区知青公园中水体与公园绿地的关系,在驳岸处设置木质栈道,栈道周围栽植以水生植物,将人们由公园的绿地吸引到水边。

(2)水体设计与气氛营造

水的特性使得水成为城乡接合区域社区公园中最具灵性的景观要素。公园水景的景观效果随着水的不同状态也会呈现出不同的状态。而城乡接合区域社区公园考虑到地理位置、周边人口环境以及公园后期维护成本等限制条件,公园内的水体主要是以静态水体存在的。

静态水体利用光在水面形成的倒影,可以丰富空间层次,扩大社区公园有限的视觉空间，烘托出宁静的气氛，述说着人们平和的情感。例如社区公园中的大型湖面以周围的景观为背景，在水中形成了色彩明艳、层次鲜明的映像，给游人一种平静的内心感受，使游人烦躁的心情得以平复。

本文通过对哈尔滨市具有一定代表性的城乡接合区域社区公园的实地调查，以及城乡接合区域与社区公园的相关理论整理和研究，结合对实际案例的深入分析，认为一个成功的城乡接合区域社区公园设计应做到前期分析、注重实效性与观赏性和设计因地制宜富有地域特色三个方面。

第一，平衡自然环境保护与利用的关系。理想中的城乡接合区域社区公园应给人以天然、纯净的享受，同时处于该区域内的野生动植物可以不受威胁地在这里自然繁衍。营造自然野生环境其目的并不是像自然保护区那样，为各种野生动植物提供避难场所，而是要为市民在城市中营造一隅自然的角落和游憩场地。因此，一味地纯保护和无限制地开发都不可取。

城乡接合区域社区公园设计的关键是处理好保护与利用开发、开发与管理运营的关系，既要营造良好的自然景观与生态环境，又能满足社区居民游憩活动的需求。哈尔滨市公园的建设尚处于初期，第一阶段主要是通过绿化与基础设施的建设营造公园的整体结构与氛围，应为未来的城乡接合区域社区公园发展与完善打下坚实的基础。因此，制定切实可行的保护方案，并加以有效地实施，严禁可能破坏公园内现有自然植被、水源和动物的一切开发行为，并在此基础上深入研究科学合理的开发利用模式。

第二，注重实效性与观赏性。设计师在城乡接合区域社区公园设计中要充分利用场地内原有的土地、空间资源，建成以服务性功能为主的美化改善社区及城乡接合区域周边环境、提供城乡居民日常户外活动场地的实效性公园。与此同时，还应该考虑公园的观赏性和艺术氛围，真正做到将公园的实用性和艺术性相统一。

第三，设计因地制宜富有地域特色。地域具有差异性和特殊性，即使同一区域的不同场地也具有不同的自然与人文历史特性，这就要求城乡接合区域社区公园的规划设计需因地制宜。

参考文献

[1] 高学民.新疆城乡多民族社区自治建设与和谐共建的基本路径[J].新丝路(下旬),2020(2):2.

[2] 张鹤,聂清华.深化三防两化助力即墨和谐社区建设[J].社区,2021(16):2.

[3] 王明田,薛玉峰,钟晨.新时期乡村社区建设模式探讨[J].小城镇建设,2021,39(3):7.

[4] 黄正泉.乡村社区建设的内源式发展之路:评贾先文教授新著《乡村宗族与乡村社区建设研究》[J].武陵学刊,2020,45(3):2.

[5] 涂伟,周嘉林.探析公共艺术介入城市社区建设的发展路径[J].美术教育研究,2021(3):2.

[6] 嘉兴市住房和城乡建设局.智慧社区建设有了嘉兴经验[J].城乡建设,2021(24):42-45.

[7] 郑卫东.城市社区建设中的政府购买公共服务探讨:以上海市为例[J].广东行政学院学报,2011,23(1):24-29.

[8] 任晓莉.新型乡村社区建设中出现的问题与对策探讨[J].中州学刊,2013,196(4):51-54.

[9] 田毅鹏.未来社区建设的几个理论问题[J].社会科学研究,2020(2):8.

[10] 赵虹.党建引领四治协同创新城乡社区发展治理[J].社区,2021(16):2.

第五章　城乡融合视域下乡村社区规划建设

第一节　城乡统筹视域下的山地城乡空间协同发展论

改革开放以来，我国的城镇化快速推进。但与此同时，由于城乡发展差距的不断扩大，造成城乡二元结构异常突出，带来建设用地粗放型增长、城镇空间无序扩张、土地资源利用不合理、生态环境破坏等问题，严重制约着我国城乡经济社会的协同发展。在这一特殊背景下，国家出台了一系列关于城乡统筹的政策加以应对，并由各地方政府加以落实。党的十八大报告提出以城乡统筹、城乡一体、产城互动、节约集约、生态宜居、和谐发展为基本特征，促进大中小城市、小城镇以及新型乡村社区的协调发展、互促互进的新型城镇化概念，进一步提升了城乡统筹的发展内涵。2016 年，中央城市工作会议指出，要科学规划城市空间布局，实现紧凑集约、高效绿色发展；要在分析资源禀赋及区位优势的基础上，确定主导产业及特色产业，加强大中小城市及小城镇产业的协作协同，按照横向差异化、纵向分工协作的格局发展，加强构建创新合作机制，形成高效开放的创新资源共享网络，实现以协同创新引领城市协同发展，城镇化要与农业现代化同步发展，城市工作要与“三农”工作同步推动，形成城乡一体化发展的新局面。2017 年，中央一号文件也指出，经过多年不断的努力，我国农业乡村发展不断迈上新台阶，已进入新的历史阶段。但也面临着许多挑战，如农民增收动力衰减、资源环境严重透支、农业供给侧的结构性、体制性问题等矛盾。

在统筹城乡背景下，如何消除城乡二元对立，促进城乡区域协调发展，维护人居环境生态本底,也成为城乡规划工作新的要求和挑战。中国是一个典型的多山国家,山区面积达70%左右,山地人口比例约占人口总数的三分之一,山区战略地位重要,可以说山地是人类赖以生存的自然和环境资源的宝库,也是重要的生态依托和生态屏障。因此,山地城乡规划建设直接影响到我国经济社会的整体发展和"生态文明"建设的进程,也是"美丽中国"建设的关键区域,因此,研究山地区域的城乡统筹具有重大的现实指导意义。

一、适应与和谐:城乡生态空间协同发展

生态安全是城乡空间协同发展的重要保障,生态空间的有效保护是城乡空间统筹发展的重要目标之一。随着改革开放力度加大,我国社会、经济的发展速度也在加快,人民的生活水平得到很大提升。但在我国城镇化与工业化快速发展的双重特定背景下,城乡建设空间的快速扩张造成的生态问题严峻:资源开始衰竭、土地盐渍化与沙化、水土流失严重、水资源紧缺和环境污染加重等。

1.城乡生态空间协同发展的核心议题

(1)城乡生态空间适应与和谐的协同目标

从促进城乡空间协同发展的角度出发,"适应与和谐"是城乡生态空间协同发展的目标,对生态空间进行有效保护的综合协调仍需要落实到对人工空间发展过程的控制与引导上。

对于城乡生态空间的保护及协同,首先是对城乡人工建设的引导与控制,也即城乡空间管制。城乡空间管制规划是一种针对政策的分区,是从综合视角来考查区域发展的趋势,包括经济、社会以及自然视角,其中一部分城市及其周边区域的发展趋势较明显,可直接进行管制区划。其次从空间看,"人居"和"建设"的区域以及禁止建设的保护区域,属于中观层面的工作,有时候甚至能细化到微观层面。空间管制规划的法规有较为明确的界定,但其技术基础也比较弱,还未出现严谨的划分标准。除部分区域界定清晰、具有相应的法律保障和严格约束的区域外,其余的部分都是宏观和模糊的判断。

通过对"人地关系"理论研究的整理及国内外对于城市规划中有关生态学思想的研究经验,可以发现,如何提高区域人工空间的拓展,以及这种拓展作用对自然环境所保持的适应性是对生态空间进行有效保护以及综合协调的本质考虑。自然环境的生态规律在城乡发展的空间拓展过程中是始终要遵守的,而区域生态空

间本身所涵盖的生态学内涵也应遵守，并将这些所要遵循的条件置于最基本的位置。参考 Geddes、Mumford 以及 Maekaye 等学者的观点，在研究城镇人居环境的过程中，把人工建造的空间与其周围的自然生态系统作为一个研究整体，城镇在区域环境中只是一个小的人工单元，对于区域规划的制定应当结合生态空间和生态学。正如 McHarg 曾提出城镇空间的拓展要遵守整个区域生态系统的平衡关系，使建设的人工生态系统与区域中现有的生态系统充分融合，从而带动区域秩序走向平稳。最终形成一个人工空间、生态空间相统一、高效的空间系统。

从城乡统筹来看，可以将生态空间的保护协同发展目标具体分为以下几个状态。

①人工空间自身的拓展不应当超过区域自身生态环境的承载力，应当在保障生态空间承载力的范围之内，再进一步保障区域的安全性不被打破。

②人工空间的拓展应符合区域自然生态系统的发展规律，扩大同等规模的人工空间应采取相对的措施来减少对区域生态空间的影响，最终达到人与自然和谐相处。

在组织协同发展过程中，应充分利用协同发展论中“协调主客观性统一”的基本原则，充分遵守客观规律。在对“人地关系”进行的协调中，生态环境在自组织规律层面上具有一定的客观性，因此调控主体对其组织主观拓展人为空间的管理，也应反映主观遵守客观原则，只有对人工空间的拓展方式的调控遵循客观生态规律，保护生态环境系统的协调性，使生态空间更加高效地得到保护，保障协同发展过程也更为高效。

(2)“适应与和谐”的生态学内涵

自美国芝加哥学派创始人帕克将生态学成功与城市研究结合之后，以人类聚居方式作为基础研究的生态学开始迅速发展。人们逐渐开始意识到城市作为生态系统并不完整。吴良镛先生曾经指出，只有人工构成部分(Architecture of man)和自然构成部分(Architecture of nature)二者综合在一起，才形成人类的居住环境。而这两部分相辅相成，缺一不可。Ecology(生态学)是由希腊语的“oikos”与“logos”演变而来，前者大意为 house 或 household(居住地、隐蔽所、家庭)，后者表达为学科研究。由此看出生态学原意是研究生物住所以及其周围生存环境的，这说明从刚开始的生态学，到演化至今的人类生态学，有机体(包括城镇空间)以及与其周围环境之间的相互作用一直被看作是研究的重点。人类作为生命系统中最举足轻重的部分，其所包含的社会属性与一般生物不同，但是当我们将城乡空间单独作为人类住区环境来研究时，不可忘记自然生态环境在人类的劳动系统中所起到的关键作用。《马丘比丘宪章》在对“人与人相互作用与交往是城市存在的基本依据”做出强调的同时，指出“同样重要的目标是争取获得生活的基本质量以及与自然环境的协调”这一思想同样重要，与当今人类生态学的主要思想十分契合，并在城镇空间研究中被广泛引用。

因此，在对城乡人居环境进行研究的过程中，应当充分结合城市以及城市周围人们所赖以生存的环境，将其作为整体，强调应由社会系统、人类经济以及赖以生存的自然生态系统等多层面来开展研究，充分遵循整个区域所包含的自然生态规律。对于人工空间的发展充分遵从自然生态系统基础，保障人与自然和谐共处，最终达到“人地关系和谐”的生态学目标。

2. 城乡生态空间协同发展的对象分析

城乡生态空间协同发展最本质的是“人地关系”的和谐，城乡生态空间系统中的各种要素之间的互动关系都是我们应该关注的内容。在理解城乡生态空间协同的前期，必须对城乡生态空间协同发展的对象加以解析和诠释。将城乡生态空间作为城乡空间协同的研究对象，但从本质上讲，城乡之中的“人地关系”是城乡生态空间协同发展的重要研究对象，我们可以解读为在城乡区域内的人工空间的拓展以及其周围赖以生存的自然生态环境之间的关系。在城乡空间拓展的过程中，不断向外扩张的人工空间与作为人工空间扩张载体的自然生态环境间的“人地关系”，可以作为城乡生态空间有效保护协同的基本参量，它是在达成生态空间的有效保护目标过程中需要去协调的核心议题。

(1)城乡生态空间的构成要素：山水自然禀赋

城乡生态空间一方面可以加强对城乡生态安全的维护，另一方面可以保障城乡的可持续发展。在快速城镇化背景下，城乡生态环境遭受巨大威胁，如何处理好城乡生态保护与产业发展、城乡建设之间的关系是新时期城乡生态空间面临的巨大挑战。自然生态环境与人工建设环境共同构成了城乡生态空间。以涪陵为例进行分析，城乡生态空间构成要素主要有自然的山水生态格局、地形地貌、城乡土地、自然资源、生物资源等，可划分为自然生态环境与人工建设环境。将这些要素处理得当，会更好地促进城乡生态空间的协同发展。

(2)城乡生态空间协同发展的主要问题

城镇无序扩张、环境资源的破坏产生了一系列的恶劣后果，造成了城乡内部自身环境的加剧。同时，我国许多城镇也普遍存在生态失衡、自然绿地减少，以及“城市热岛”“城市荒漠”等城镇环境问题，城镇自然生态系统能力的退化进一步减少了城镇自然生态系统对外界环境的承载力。而涪陵作为重庆重要的城镇化水平较高的地区,在长江上游承担着重要的生态屏障作用,虽然近年来其环境恶化的趋势得到一定程度的控制,但环境污染现象依然严峻,生态环境依旧脆弱,因此,环境形势前景依然严峻。

生态环境问题的出现是多方面的,作为各种经济活动、社会活动的物质载体,应引起足够的重视。选择符合生态规律的空间拓展模式是区域生态环境保护的重要前提。以涪陵为例进行分析可知,涪陵在其城乡空间发展的过程中所暴露出的生态环境问题有一定的共性,这是由其内在的体制所造成的,但由于涪陵地理位置的特殊性,在区域空间的发展过程中暴露出来的生态环境保护问题尤为明显。涪陵城乡生态空间主要存在的问题主要有:水环境、生物多样性减少、水土流失、石漠化、酸雨、森林生态功能退化等。

3. 城乡生态空间“人地关系”的重点内容

“人地关系”是城乡生态空间协同发展的主要研究对象,其本质上是城乡生态环境、建设环境与城乡人群之间的互动关系。城乡生态空间“人地关系”最主要的是关于城乡生态空间保护、建设空间扩展等对于城乡人群的影响,其中十分重要的是建设空间与非建设空间的关系。从空间角度上看,城乡生态的“人地关系”主要包括:矛盾关系和共生关系。

(1)城乡生态空间的矛盾关系

人类社会的发展必须包含两个基本要素:人类本身具备的知识、劳动能力与智慧;人类可以自行使用的生态环境资源,这是进行发展的资本。环境保护与城乡发展的矛盾关系表现在两个方面。一方面,劳动生产增加了人类的财富以及福利,却消耗了生态资源,破坏了生态空间。人们经常把社会发展与单纯的经济增长混淆在一起,衡量发展的程度和水平时通常采用国民生产总值,这样的发展虽然能在短时间内取得一些收益,但却会破坏自然环境,造成经济发展的不可持续。另一方面,环境保护与生态建设的规划与实施往往也存在矛盾关系。小区域范围内尤其是经济发展较为落后的区域中,大区域环境保护以及生态建设规划往往会因短期效益而无法体现,地方利益也造成实施难度增加。因此,城乡生态环境统筹发展必须在各个区域层面加强限制,加强地方环境监督与管理成为政府经济发展工作的主要组成部分。

(2)城乡生态空间的共生关系

共生是一个生态学层面上的概念,主要表达不同种属的“共生单元”在一定的共生环境中按照某种形式形成的某种关系。而当今城乡发展包含着日益增长的高成本付出和环境破坏,必须保障资本投资在有利于生态资源的基础上,充分发挥其作用,真正地创造财富和社会福利。而从另一方面来说,生态环境与城乡空间是互为环境、互为资源、互相服务的。经济、社会、生态效益的辩证统一关系正是共生的内容与目标。因此,必须改变传统的经济发展观,将人类的发展与生态系统统筹兼顾,构建城乡发展与环境保护的共生关系。

二、集聚与高效:城乡产业空间协同发展

城乡产业空间协同发展是指调整城乡产业布局,优化城乡产业结构。通过协同城乡产业空间布局,最终实现城乡产业空间的统一协调。合理的产业布局、优势性强的产业集群与产业链通过城乡产业发展中的空间聚合,发展特色主导产业集群,使区域内的城市和周边乡镇每个子系统合理有效地承担自身在城乡区域这个大系统中的职能分工,在差异化发展的背景下发展各自的经济以及产业链,形成城乡产业的集群发展。

1. 城乡产业空间布局相关理论与实践

多要素、多学科的融合影响着产业空间布局。在相关理论和实践方面,国内外学者做了许多探索研究。经济地理学者认为,产业布局是产业结构在空间地域上的投影,是从区域空间的角度来考虑的。区域经济学家通过对产业组织以及产业结构方面的研究,发现产业布局的出发点是从两个比较优势来判定的,即绝对比较优势和相对比较优势,这是从产业结构以及产业组织方面的角度来进行研究和考虑的。

产业空间布局可以较为通俗地理解为产业在实体地域空间上的结构投影,即在地域空间内集合了产业发展的各种要素、环节、部门以及具备相应的区位优势等,产业部门为了选择最好的区位优势,产业资源、要素、各企业部门之间共同形成了一种动态分布的状态,是产业之间重新组合、配置资源在地域空间内的转移以及移动过程。而产业布局的静态表现则为空间上的分布形式以及地域内产业的部门、要素以及产业链之间的组合。

(1)产业集聚及协同发展

为了实现区域产业的协同发展,需要通过对相关理论进行研究,包括产业集群理论、产业集聚扩散理论、产业梯度转移理论,区域经济学家在产业发展研究过程

中强调了发展具有集群性质产业群的作用。

产业集群理论认为,产业集群实质上就是为了达到企业规模生产的效应,进而将具有相同性质的中小企业聚集起来,在聚集的同时来进行产业各个阶段的分工。产业集群发展对市场上产品占有率的提升、外部规模经济发展的实现、降低产业成本、提高利润方面有积极的作用。韦伯曾经提出,产业集群的过程应该分为两个阶段,第一阶段包括产业的集中效应带来的企业自身的扩张,这是一种较为简单的产业发展模式;第二阶段则包括在某一个地方集中的组织完善过程,以较大的企业来促进同类较小企业的发展以及萌芽阶段,在这个阶段,产业大规模生产的经济优势就是地方聚集性带来的优势。

产业集聚扩散理论是瑞典经济学家缪尔达尔提出的,他认为当出现一个新型的工业,与之相关的连锁效应就会相继出现,进而吸引其他新型工业的产生。这一理论同时属于因果关系的累积循环。集聚的基本形式以及其特征表象是产业的空间存在,向心聚合发展方式以及人口极速增长的表现是产业空间的表现形式。产业空间布局集聚发展的促成因子包括人们的交往活动的需要、经济收入的制约、经济规模效应的相关需求、高效率的可行性、产业中心区的区位象征以及对外界的吸引力等。在地域空间中产业空间外向扩张、蔓延和创新行为的传播过程是扩散,这种扩散的表现近似一种离心运动。区域产业的空间格局与相关城市在聚集与扩散的双重机制作用下发生着交替变化。集聚与扩散一般是交叉同步进行,其发展的主要倾向随着时间和地点以及发展过程的变化而变化,并且随着相关条件的变化而相互产生着变化,集聚或者扩散过程中的相关要素的构成以及所引起的效果变化会表现出多样化的趋势。

产业梯度转移理论是在区域梯度推移学说基础上提出的。弗农年的工业生产生命周期阶段理论是区域梯度转移学说的由来。有关产业梯度转移学说的关键性内容是一个地区的经济兴衰变化是由这个地区的产业结构决定的,与此同时产业结构也会对相关产业的主导部门产生影响。如果一个地区的主导部门在较高梯度的区域,那主导部门一定是比较兴盛的。而较低梯度的地区是因为相关主导产业的部分产业属于正在衰退的部门。首先在高梯度地区推动创新经济的发展活动,继而,通过高梯度区域向低梯度进行转移,是根据产品的循环次数来判定的。产品具有生命周期,产业的转移也要遵循梯度转移定律。

国内外根据上述理论也进行了相关实践。例如:伦敦卫星城建设即是通过在外围设置产业集群形成增长极,引导城市功能和人口由核心区向郊区疏散,同时以中心区再中心化实现中心向金融产业和贸易业等高端职能的转变,进而向外围梯度转移，从而形成区域分工、多中心布局的产业格局；我国按照产业集聚的构想，提出按照“西部第一、全国一流”的标准，形成以现代经济和总部服务业为核心，以高新技术产业为重点，以高效率的现代制造业、农业为依托的现代市域产业系统，充分发挥高级产业的优势，以此来带动我国西部地区以及更大范围的产业发展，并且在国际分工产业体系中发挥极其重要的作用。

(2)产业空间功能布局高效

通过重点研究产业空间布局选择和空间布局模式转变，区域地理学家在产业空间布局研究中提出了区位理论、增长极理论、点轴看法模式、网络发展理论等。同时国内学者在吸收国外相关理论和实践成果的基础上，总结提出了对应不同城市发展阶段、不同层次的产业空间布局模式。

区位理论是对人类经济行为在空间区域内的位置优选以及高效率的经济活动组合研究，是人类在进行经济活动时的空间区位选择以及布局规律的理论。从杜能的基于经济活动中的运输成本与生产地和市场之间关系的农业区位论，到韦伯强调运费、劳动力和集聚的工业区位论，到廖什从区域均衡的角度来分析的市场区位理论，再到艾萨德强调区域经济和社会综合发展要求区域性的区位分析来看，得出区位论的主要内容是相关使用方或者投资方都力图选择出最小成本的区位，也就是地租和运输成本最小的地方。

增长极理论是 1955 年经济学家弗朗索瓦·佩鲁最早提出的，该理论的核心内容包括：区域内的经济增长极不会同时均衡发生在所有地点。一些产业的主要部分或者是具备新兴能力的相关企业会充分把握本国经济发展阶段中的一些特殊领域，或者他们会在城市特殊区位处集聚并发展成为经济核心，与此同时集聚地的经济发展速度将会极大地超越其他地区，从而发展形成相应的经济增长极。一旦形成增长极，就会逐渐发展出经济增长极核，在经济的支配效应、乘数效应、极化效应、扩散效应的带动下，增长极周边的地区经济也会全面增长。即总是从有相对优势的地区先开始经济增长，集聚不断发生，周边地区的经济增长也会得到全方位的全面发展。范围广、创新水平高、增长效率高、处于主导地位，更为重要的是带动其他与之相关的产业发展的主导产业，要突出强调产业之间的紧密联系的效应。经济增长极辐射效应的表现是经济增长极的极化效应，使得资金、人才、信息向较为发达的地区集中；集中之后的扩散，即通过增长极扩散效应把成果和经济发展动力传递到更为广大的区域腹地。

点轴开发模式是点轴理论在经济增长极理论的延伸，根据区域经济发展的过程来思考，经济增长中心总是集中在少数条件较好的区位，并且成斑点状分布。这样的经济中心即区域增长极,也是点轴开发模式的点。伴随着经济的快速发展,经济增长中心逐渐增加,点与点之间由于生产要素交换所产生的交通线路、动力供应线、水源供应线等的需求,这些线路相互连接起来就是经济增长的轴线。这种轴线首先服务于区域增长极,如果轴线一旦形成,所产生的经济效应就会吸引人口和产业向轴线两侧不断地集聚,并且会在轴线两侧产生新的经济增长点。经济增长点和轴线相互贯通,就形成了点轴系统。所以,经济增长的点轴开发模式可以理解为:从经济比较发达的区域中大大小小的经济中心(点)沿着主要的交通线路以及能源供应线向不发达的地区纵深推移发展。它揭示了区域经济发展不均衡性的原因,即经济发展可能通过经济增长点与点之间跳跃式的资源要素的相关配置,通过经济轴带的拉动作用,对整个区域的经济发挥带动作用。因此必须确定出中心城市经济发展的等级体系,并且确定出中心城市和经济生长轴的发展时序,在此基础上逐步使经济开发重点转移扩散至其他区域。

网络开发理论认为,首先应构建经济布局体系,逐渐开发建设已经拥有完全发展点轴系统的开发区域,在此基础上就可以逐步形成现代区域内的空间开发体系,并且会完善相关的网络开发。网络开发必须拥有的三个主要方面,包括:一是各类中心城镇——节点;二是经济发展轴线两侧的“节点”所覆盖的范围;三是人流、物流、技术流、资本流以及信息流等相关的相互浮动网络,还包括道路、通信网所组成的“网络”。经济发展的点、面、网络之间生产资源联系的范围和影响可以通过网络开发增强,地区经济一体化、城乡一体化也会得到发展。区域的经济资源配置可以通过网络的作用向四周区域辐射,同时整理和调节更多的生产元素,从而实现区域经济发展进一步成熟。

另外,国内杨万钟等学者将产业空间结构的布局模式总结为以下五点:均质模式、增长极模式、点轴开发模式、网络开发模式、梯度转移开发模式。一些地方也进行了相关理论实践。

2. 城乡产业空间协同发展的重点内容

城乡产业空间协同是指在与区域产业协同和与城乡产业关联基础上的城乡产业发展、产业空间布局和产业空间体系的构建,其目的是优化城乡产业空间结构,其研究重点内容主要为城乡产业关系、主导产业和产业空间布局。一是应结合现有产业发展基础和未来发展定位,制定科学合理的三次产业关系;二是在比较区域产业和自身产业发展基础的前提下,发挥产业发展的比较优势,合理选择城乡主导产业,实现城乡产业与区域产业经济发展的良性互动关系;三是通过产业升级,优化产业结构,形成城乡以特色突出、协调互补、分工合理为特征的产业关系;四是从发展历史和基础的角度分析区域产业,结合城乡各自不同的产业定位,合理进行相关产业的分区布局,形成以优势互补、错位竞争、共同发展为特征的全覆盖的产业空间体系,在此基础上使城镇工业园区、城乡市场体系以及农业产业园等相互结合发展,并形成城乡生产空间网络,使相关产业集聚、集约发展经营;五是要统筹城乡产业与生活用地,减少工业对居住的影响,保障城乡居民点安全。总之,要发展低污染、低消耗、高附加值的产业,推动产业绿色转型,推动城乡产业资源有效配置、城乡产业要素合理流动,以及制定产业空间发展指引是城乡产业空间协同的主要研究内容。

(1)城乡产业资源有效配置

要推动生产要素有效流动,高效利用市场配置要素的基础性用途,同时加强政府在产业布局中的指引作用,发挥各县市区发展特色,强化统筹发展,准确科学地确定各县市区发展目标;集中力量重点推进,形成各具特色、具有较强竞争力的优势产业体系;按照生产发展、生活富裕、生态良好的要求协调功能布局,开发需要与人口、经济、资源环境相统筹,以及协调城乡发展、统一区域发展,在空间上推动人口、经济、资源环境平衡发展。

(2)城乡产业要素合理流动

统筹区域发展与基础设施承载能力,按照适度优先原则,推进城乡产业布局建设。既要了解传统产业在城乡发展上的支持要求,又要充分掌握战略性新兴产业升级转型的发展目标,对城乡产业发展导向进行调节,促进产业集聚高效发展。建立以工促农、以城带乡的长期有效机制,对城镇资源扶农助农进行必要引导,积极引导工商资本参与现代农业开发和土地范围管理,重点对乡村二、三产业进行发展,鼓励引导城乡资本统一,选择有条件的区域实施城乡联合发展产业,实现城乡产业协调发展。

(3)制定产业空间发展指引

合理配置产业空间资源,增强生活、生产以及生态空间之间的统筹关系,加大对三大产业的协调。进一步推动城乡产业融合,促进一体化的城乡基础设施建设和一体化的城乡居民公共服务共享;乡村地区要围绕城市更多发挥生态、观光、休闲等功能,实现城乡协调发展。着重布局重点园区、重点产业、重点企业,进一步发展成为开放型产业发展模式,这种模式以工业园区为载体,构建园区大开放高地,推进配套企业、配套产业发展成为产业集群。

3. 城乡产业协同发展的方法路径

以城乡产业基础、资源禀赋和功能差异为基础，在全域产业发展中以空间集约发展、城乡功能互补以及片区合理分工等方式来建立产业布局和发展需要导向的空间布局，包括城乡空间的工业布局、农业布局、现代服务业布局和旅游规划，特别是旅游规划要在整合城乡旅游资源的基础上，结合综合城乡旅游资源、交通条件、旅游发展条件以及趋势等方面的特征分析，提出以“点、线、面”为旅游业发展目标的城乡空间互动格局，才能进行产业空间布局的协同规划。根据梳理产业空间布局、城乡统筹等方面的理论方法及相关模式，认为城乡统筹背景下的产业空间协同路径为：区域协同发展，点轴引领、圈层分工发展、完善城乡产业链。

（1）区域协同发展

构建区域协作有利于区域分工协作及提升效率。大量理论和实践表明，分工协作可以有效防止内部竞争、促进有序竞争的区域协调发展。现代城乡空间布局已经颠覆了传统城市空间扩张模式，高速交通体系、轨道交通、通勤交通提供的便捷性，使城市与郊区的发展界限逐渐模糊。当城区低端制造业以及生产服务业向郊区转移时，城市郊区、村镇成为大都市区空间的有机组成，而不再是与城区对立的传统的二元结构。区域的产业布局应根据各区域发展优势，合理分工、协同发展。

城乡产业发展过程中应结合城乡特色划定不同产业分区。通过新的产业分区，新产业高地变成郊区与乡村，郊区转变为新城区，而生态旅游、农业观光的功能聚居区也变成了乡村的大量区域，同时城市化的深度发展，都市圈、城市群所形成的空间发展高地，也使原来发展的郊区与乡村价值被重估，纳入到城市功能区统一规划，产业布局、居住功能、生态功能等方面要与中心城市功能定位接轨。

（2）点轴引领、圈层分工发展

城乡统筹的产业布局协同发展在考虑主导产业发展时，应遵循主导产业，依靠主要交通轴线、集中在核心聚集点的点轴发展带动模式。优先集聚发展优势产业集群，以点带面、以线串点。以快速发展的主导产业轴带及其辐射网络承接区域产业转移，带动全域发展。

利用产业集聚形成合理的产业结构以及有效的扩散机制，构造一个基于产业集聚的圈层经济结构，以大中城市为节点，以卫星城市为枢纽，以市场为基础，以专业化分工为联结，确定不同经济圈层的产业导向，实现产业的梯度强化，从而形成区域产业和整体产业的同步发展。

(3)完善城乡产业链

统筹考虑区域市场统筹地区间专业化分配和多维性要求,发挥区域优势,构建以产业链为核心的城乡产业融合布局,形成延展城乡的旅游产业链、贸工农产业链。城市、城郊和乡村形成既有联系、又有区别的关联性产业,需要以产业分工与发展为基础,并体现在相关密切联系、有机结合的产业链条上。

拓展城乡的贸工农产业链的形成,实现经济效益最大化,需要以市场导向为核心,突出发展城区商业贸易业、城郊加工制造业和乡村订单农业这三个主要环节。旅游产业具有重点复合型的特点,多方位、大层次、全维度的旅游产业链条的形成,有赖于拓展城乡旅游产品体制、融合城乡旅游产业,强化重新分配旅游供给,提高城乡旅游各个环节服务水平和保障,促进城乡产业协同发展。

第二节 城乡融合视域下基础设施建设研究

改革开放以来,由于我国长期存在的城乡经济二元结构,导致城乡基础设施差别较大,而城乡基础设施又是联系城乡、促进城乡统筹发展的重要纽带,是城乡要素流动的重要载体。滞后的城乡基础设施已经成为影响城乡社会经济健康发展的瓶颈,严重制约了乡村经济体制改革和社会转型;基础设施供需失衡长期存在,也影响到城乡一体化和新型城镇化发展进程。因此,加强城乡基础设施建设特别是乡村基础设施建设将成为解决城乡统筹、推进新型城镇化和城乡一体化的重中之重。

本节在对城乡基础设施建设的内涵及相关理论研究分析的基础上,以哈尔滨市城乡基础设施建设情况为研究对象,通过对农民问卷调查等形式,揭示了城乡基础设施建设过程中存在的问题,并针对基础设施规划缺少统筹性、投融资不足、投资偏向性严重、管理机制不健全等突出问题,提出了以统筹城乡发展为主线,以"城乡一体化"为目标,从规划、建设、制度、资金、管理和机制创新等方面综合系统发展的对策建议。

一、哈尔滨市城乡基础设施建设问题的成因分析

在城乡基础设施一体化发展的进程中,迫切需要提高城乡基础设施建设的速度和管理水平,然而,匮乏的资金、不科学的规划建设等因素始终是制约城乡基础设施建设的瓶颈问题。

1. 乡村基础设施建设资金投入仍然不足

综合分析近年来哈尔滨市城乡基础设施建设情况，出现乡村基础设施建设资金投入不足的原因有以下几方面。一是虽然各级政府逐年加大“三农”方面的投资力度，但由于乡村基础设施“底子薄、欠账多”，国家、区、州、县对乡村基础设施的支持力度仍不能满足当前需要，投融资供给与需求之间仍存在巨大缺口，无法及时满足农民的生产生活需求，乡村基础设施依然远远落后于城市。这是我国长期形成的城乡经济二元结构遗留问题，我国“重城市轻乡村”的倾向政策导致城乡差距越来越大。二是由于哈尔滨市乡村居民点相对分散，特别是牧区乡镇各村场受自然地形限制，依山而建，呈带状分布，给乡村基础设施的施工也带来了一定的困难，建设周期更长，建设成本也随着增加，目前的投资力度尚不能满足实际需要。三是地方财政收支存在巨大缺口，直接制约了财政预算内资金的支出比例。

2. 城乡基础设施投融资机制尚未完善

我国基础设施建设资金的来源主要是中央和地方政府的拨款，很少使用也难以充分利用市场机制，城乡基础设施投融资机制尚不完善，政府承担的风险明显太大，投资能力也十分有限。其主要原因：一是国家与地方财政的投资政策的倾向性；二是乡村税费改革后，哈尔滨市实行“乡财县管”的财政制度，基层政府财力不足，乡村基础设施建设的资金主要来源仅能依靠村集体和农户自筹，运转资金有限，限制了其投资规模，造成了村集体无力满足乡村基础设施建设投入需求；三是城乡基础设施领域目前依然是以中央和地方政府为主的计划性投融资机制、采用垂直一体化管理结构。这种机制造成政府作为投资主体、经营主体和管理主体，同时扮演多个角色导致职责不分，即“单一主体、职能多样”，政府单一主体的主导地位强化了行政垄断，忽视了市场对资源配置的决定性作用，无法形成市场化的投资主体地位，多元化投资为主的格局尚未建立，缺乏充分调动民间企业和个人参与的积极性，融资渠道狭窄，投融资模式不够成熟和完善，导致了基础设施建设的低效率。而乡村基础设施投资项目存在自然环境和市场稳定性差的风险，社会资本和金融机构投资者往往需要承担更大的投资失误风险，且村集体普遍偿还能力低，为规避投资风险，社会资本和金融机构对乡村基础设施投资的积极性不高。

3. 规划建设管理缺乏统筹性和长期性

长期存在的城乡二元体制和受限的部门发展思路导致哈尔滨市各职能部门在

城乡基础设施建设方面缺乏协调和统筹。一是政府缺乏项目统筹规划,尤其是科学合理的基础设施建设长期规划,致使本就杯水车薪的基础设施建设资金的使用效率不高。因此,投融资机制内部结构等有待科学化、正规化,扶持政策方向有待具体化、同步化。二是各乡镇部门在相关规划编制过程中始终从部门的利益和角度出发,仅仅立足于解决眼前问题,没有树立“城乡一体、统筹发展”的理念,导致规划起点低、建设标准低,乡村供水管道出现年年建、年年改的现象。县城、乡镇、园区的基础设施建设泾渭分明,形成不了共建共享的良好局面,最终造成了基础设施重复投资、利用效率低下。

4. 城乡基础设施建设环境相差甚远

与城市相比,第一,乡村地区拥有天然的自然资源优势,但同时地形条件也是复杂多变的,一定程度上阻碍了外来资金的投入;第二,与乡村基础设施领域相关的法律法规不完善,使得乡村基础设施建设投资缺少强有力的制度保障;第三,乡村地区面积大,人口居住相对城市较为疏散,人口密度小,为基础设施建设计划的制订和实施带来了很大的难度;第四,乡村基础设施建设具有“投资大、见效慢、点多面广”的特点,其建设成果在短时间内很难充分展现,加之尚未建立有效的引导和扶持政策,因此基层政府缺乏主动投资乡村基础设施建设的积极性,导致城乡基础设施发展失衡。

二、完善哈尔滨市城乡基础设施建设的对策研究

基础设施本身就是一种资本,是国民经济增长与社会发展的根基。城乡基础设施的缺位已经成为影响城乡社会经济健康发展的瓶颈,严重制约乡村经济体制改革和社会转型。基础设施供需失衡的长期存在,也影响到城乡一体化和新型城镇化发展进程,更影响到美丽乡村和全面建成小康社会的目标的实现。本文在对“城乡基础设施建设”的内涵及相关理论研究分析的基础上,大量统计分析了哈尔滨市城乡基础设施建设数据,逐一阐述了哈尔滨市城乡基础设施建设中显现出的问题,对哈尔滨市统筹城乡基础设施发展、推进美丽哈尔滨建设过程中存在的基础设施差异较大、投融资保障性不强、监管不到位等问题,站在区域统筹发展的高度,结合哈尔滨市“打造城乡一体化先行示范区”目标,针对哈尔滨市城乡基础设施建设的现状和存在的问题,从规划建设、制度、资金、管理和机制创新等方面提出合理化的建议。

1. 统筹城乡布局,建立覆盖城乡的基础设施规划体系

(1)构建覆盖城乡、统筹协调的基础设施规划体系

①优化设施网络结构

调整和优化城乡基础设施网络结构,合理确定各类城乡基础设施的规模,科学优化布局,形成规模合理、等级有序、联系密切的城乡基础设施网络,充分发挥城乡基础设施的作用,提高使用效率。

②区域设施共建共享

打破行政区划,以设施集约集中利用为原则,建立全县“统一规划、统一建设、统一运行、统一监管”的基础设施一体化建设管理机制;加强与周边区域设施共享,如乡镇与轻工园区污水、燃气、热力共享,乡镇与新兴产业园区、化工园区污水处理设施共享;加快近郊乡镇与城区的管网对接。

③分区式构建基础设施服务体系

通过分区构建区域管网设施,政府将近郊的一些乡镇及其近郊村庄纳入城区基础设施管网体系,产城融合型乡镇依托化工产业园、轻工产业园等工业园区统一布置基础设施;无法实现设施共建共享的偏远乡镇单独配套符合其发展要求规模的基础设施,并覆盖镇区及周边村庄。

(2)统筹整合城乡基础设施建设资金

结合市场需求和农民意愿,坚持科学合理、良性循环的原则,完善乡村基础设施投融资平台建设,建立健全城乡基础设施投融资机制,打造多元化投资渠道,全面推动城乡基础设施建设迈向新台阶。

①统筹城乡基础设施建设资金

资金是制约乡村基础设施建设的瓶颈之一,要实现哈尔滨市城乡基础设施统筹发展的目标,应积极对接中央“三农”政策资金,县级公共财政逐步向乡村倾斜,建立健全财政惠农资金长效递增机制,逐步加强乡村基础设施建设投资比重。中国农业银行创新推出“乡村人居环境贷”,用实际行动支持助力宜居宜业和美丽乡村建设。一是充分利用国家、自治区在环境保护、小城镇建设、安居富民等方面的项目扶持,加大项目资金争取力度;二是县政府组建国有投资公司搭建融资平台,积极争取国家农业发展银行、国家开发银行改善乡村人居环境长期低息贷款,组织各乡镇展开贷款申报工作。

②完善投资管理机制,引导企业及社会投资

目前,哈尔滨市城乡基础设施建设投资模式仍然以中央和地方政府财政为主,

乡镇和相关政府部门往往重视建设环节而忽视了后期管理。要彻底改变“只管建设不重视运营”的现象，各级政府部门需要打破自身利益束缚，不断健全管理机制，同时树立“责权明晰、权随责走”的管理理念，建立全社会参与的激励机制，发挥项目和财政资金的杠杆撬动作用，构建以农民投资为主，社会团体、个人投资为辅的乡村基础设施建设融资模式。具有一定投资回报的项目，可以按照 PPP 模式积极引导社会资金进入乡村基础设施建设。稳步推进政府购买服务制度，实现公开招标、竞标，鼓励、引导非公有制经济参与乡村基础设施建设。

(3)突破现行管理体制，实现部门统筹

坚持统筹原则，解决各管一块的问题。一是合理统筹设计乡村的各类基础设施项目，成立专门机构，指导各项目申报和建设安排，按“整合优先、统筹配合”的原则，集中管理和整合各类项目，做到捆绑整合、重点突出，增强项目资金的使用效率。二是统筹衔接如供排水、环境保护等专业规划，打破行业格局；优化整合县、乡、村的职能，规范管理，实现部门无缝衔接；推行城乡生活垃圾“分户收集、统一处理”的城乡垃圾处置方式，改变以往由县乡分管模式，统一由县环境卫生服务中心负责全县各乡镇、村场生活垃圾的清运和处理，提高城乡垃圾收集清运效率，减少二次处置对环境造成的污染；继续推行城乡水务改革，改变城乡供水分制分管现状，形成水务集团对县域城乡供水“统建统管”机制。

2. 完善政策保障

城乡基础设施的建设，还必须有科学、合理、严格的扶持政策和配套的制度作为保障，使城乡基础设施的建设在县乡两级政府和相关政策法规的监督之下健康运行，因此要建立健全相关的政策制度，制定城乡基础设施建设标准、决策机制、融资规则、评价体系等，并严格执行。

(1)强化职能监管，增加决策的科学性

强化县乡两级政府对城乡基础设施建设的总体统筹职能，制定科学的、有约束性的城乡基础设施建设年度计划；科学决策和合理安排城乡基础设施建设项目，保证城乡基础设施从数量上和质量上均能满足哈尔滨市经济社会发展的需求。提高城乡基础设施建设项目行政审批效率，简化审批手续，提供行政效能；树立为投资者服务的意识，增加为投资者的决策服务职能，降低投资者商业成本。

(2)建立城乡基础设施项目库滚动管理机制

按照县域经济发展规划和城乡规划，建立城乡基础设施项目库，科学合理指导城乡基础设施建设。根据前期工作的进展情况适时调整、剔除一批经论证为不可行或暂时不可行的项目,按照经济社会发展需求增补新的项目或调整项目建设时序,保证城乡基础设施建设项目的社会效益和经济效益。

(3)强化对城乡基础设施的管理和维护

哈尔滨市各乡镇、部门在城乡基础设施建设方面往往存在"重建轻管"的现象,城乡基础设施建设完工后,由于缺乏必要的管理和后期维护,致使城乡基础设施使用寿命缩短。因此,既要重视城乡基础设施的建设,又要注重其日常维护,确保城乡基础设施高效利用。一是政府可委托授权专业管理队伍进行指导和监督,管理期间可对相关部门在城乡基础设施方面进行监督,授权其发行专项基金,补充城乡基础设施建设资金;二是强化乡村基础设施管护责任。乡村基础设施是为广大农牧民生产生活直接提供服务的,要强化农民的主体地位,按照谁使用谁维护的原则,鼓励农牧民直接参与乡村基础设施管护工作,加强农牧民相关知识的培训和辅导,提高其管护水平。各乡镇可鼓励乡村土地流转后的富余劳动力组建劳务派遣合作社,形成政府购买服务的"政府引导+合作社"的乡村基础设施管护模式,对各乡镇村场的基础设施划片管理和维护,由政府统一聘请专业人士定期对合作社进行指导,扩大管护面,降低管护成本,增加农民收入。

3. 完善机制创新

一是资金投入方式创新。资金是制约乡村基础设施建设的瓶颈,在积极争取和科学利用中央、区等财政专项资金、支农资金的同时,更应该理清政府与市场的关系,确定各自主导的投资类型和方式,提高投资效益。二是管理方式创新。按照"责随权走"的原则,强化乡村基础设施管护职责,将受益者确定为直接责任人,肩负乡村基础设施管理和维护责任。三是要引进激励机制。采取乡村基础设施建设以奖代补的方式,鼓励镇村两级积极投入基础设施建设,多干多得,不干不得。引导社会经济组织和个人积极投身乡村基础设施建设,设立相关奖励基金。四是创新决策机制,打通自下而上的决策听取通道,定期采取调研、座谈等形式,认真听取和采纳广大农民对乡村基础设施建设的意见、建议,积极鼓励和引导农民参与到乡村基础设施建设中,确保乡村基础设施能够真正满足广大农民的需求。

第三节 城乡融合视域下乡村社区建设用地扩展研究

伴随着城市化和工业化进程的加快,城市在扩张到一定规模后,由于政府行为、资本逐利、公众需求等多方推动,城市不断向外吞噬乡村地区,出现性质上不同于城市又异于乡村的地区——城市边缘区。城市边缘区作为城市和乡村的过渡区,在景观、功能等方面呈距离衰减特征,具有明显的过渡性特征。同时,在城市和乡村的双重影响下,人口结构、产业类型、生活方式表现出明显差异性,土地利用类型也更加复杂多变,城乡二元性特征突出。

一方面,城市边缘区紧邻城市,拥有先天的地缘优势,交通设施较为完善,土地资源潜力大,便于城市空间肌理的延续,成为城市功能外溢的承接地和空间蔓延的前沿区;另一方面,由于城区与边缘区土地利用方式、利益主体、演变机制等都存在差异,城市边缘区发展逐步暴露出一系列城市问题,如土地利用的粗放、经济产业结构的失衡、城乡差距的拉大等。城市边缘区作为多学科交叉的焦点研究,其用地的演变过程和动力机制更为复杂,对城市边缘区用地发展的研究越来越得到政府和学者的广泛关注。

一、城乡建设用地扩展特征

城乡建设用地的扩展是城市经济、社会高速发展过程中在空间的投影,也是当前土地利用变化的研究热点。本研究在对城乡建设用地扩展中从城区整体和圈层单元两个空间层次展开,其中城区整体研究更利于从宏观视角厘清其内部驱动机制;地理单元的个体研究更利于对内生动力较强的乡镇空间进行深入剖析。

随着经济社会的发展,城镇发展将经历孕育、成长、扩张、稳定四个阶段,城镇会有规律地从简单向复杂演化,空间扩展形态表现为“理性扩展”“轴向扩展”“组团扩展”三种。其中,理性扩展表现为在既有空间基础上向周边“摊大饼”式蔓延或内部填充式拓展;轴向扩展表现为城镇扩展呈现沿交通干线或者河流等线性要素两侧向外延伸;组团扩展指在距离建成区域更远的距离呈现跳跃式发展,形成新的用地区域,规模相对较大。

在土地用途管制下，土地用途类型分为农用地、建设用地和未利用地三类，其中城乡建设用地是人们从事社会经济等生产生活的功能载体，我国城镇化步伐的加快加强了对城乡建设用地的依赖，表现为用地的功能特征。在"物权法定"的物权体系中，我国土地所有权包括"国有所有权""集体所有权"两种，表现为土地的"权属"特征。因此，城乡建设用地扩展必然有"功能"和"权属"两条路径。"功能"路径表现为用地的增长速度与强度、用地的比例构成以及农用地和未利用地向城乡建设用地的转化。从"权属"路径来看，在城乡分治原则下，乡村土地转化为建设用地必须通过国家征收程序这唯一"合法通道"来实现，但在行政等级分配"土地年度计划指标"作用下乡镇低层次政府指标很少，集体为了追逐利益，也存在大量的集体土地权属路径下的建设用地的增长。

二、城乡建设用地扩展机制

1. 外部结构性要素

(1)规则要素

在我国城乡二元土地制度以及城市化格局下，城乡建设用地扩展受到土地用途管制、土地征地程序、城市规划的三重管制作用，同时还受到国家发展的宏观政策以及户籍制度的影响，其结果就是城乡一体化中乡村发展空间被无限压缩。

(2)土地制度

保护耕地作为我国的基本国策，土地用途管制制度在保护土地资源以及发挥土地资源配置方面起到了积极作用。土地用途管制可以控制建设用地的总量和结构，从而抑制耕地快速减少的势头。值得注意的是，一方面土地用途管制在管理上仍存在"重城轻乡"的现象，在城镇用地得到控制的同时，乡村居民点用地总量也出现快速扩张的趋势；另一方面土地使用制度也在改革中将市场机制引入了城镇土地的使用，土地价值得到实现，为城镇的发展带来了新的契机。

(3)国家政策

国家政策是指国家为城镇发展指明方向而颁布的宏观政策，是政府直接干预空间发展的手段。政治政策作为"看不见的手"，对小城镇空间形态的影响贯穿城乡建设用地扩展的整个过程。改革开放以来国家为鼓励和引导小城镇发展，制定了一系列的重要方针和政策，作为小城镇的外在动力，都对小城镇的城乡建设用地的扩展起到了一定的作用。不同阶段的小城镇发展所遇到的问题不同，因此我国为解决不同领域的矛盾，颁布了各类发展政策，主要可以归纳为城镇发展战略和产业发展政策两类。其中城镇发展战略为小城镇的未来发展指明了方向，确定了城镇的战略地位；产业政策决定了小城镇的经济产业结构，是城镇发展的“原生力”。

(4)规划引导

城市规划作为一种制度安排，是调配城市空间资源配置并引导空间健康有序发展的重要手段，也是直接作用于城乡建设用地扩展的“看得见的手”。城市规划是对城市空间和用地发展权的争夺，受政治约束严重。

2. 资源要素

城乡建设用地扩展在受到制度因素影响的同时，还受到经济、社会、自然以及交通条件等资源要素的影响。其中经济是用地扩展的核心驱动力，社会是用地扩展的根本驱动力，自然条件是用地扩展的基础，交通条件对用地扩展具有明显引导作用。

(1)经济因素

随着市场经济制度的建立，城市开始积累了大量的资本要素，成为城市建设用地扩展的核心驱动力，经济发展过程中的集聚和扩散效应对城乡建设用地的空间形态具有直接推动作用。城市圈层向外扩展往往表现出周期波动性的特征，这与经济增长周期性波动现象密切相关。同时，经济发展的周期性也决定了用地扩展速度的周期更替。

(2)社会因素

芒福德在《城市发展史》中指出社会因素是城市发展的主要因素。人口是社会因素中最主要因子，也是土地需求的关键因素，直接决定着基础设施投入的规模及居住需求量。人口的集聚必然对就业空间、娱乐空间、居住空间产生更多的需求，而城乡建设用地是人们生产和生活空间的载体，因此，人口规模的扩张将加快建设用地的快速增长速度。

(3)自然生态

自然生态格局是城乡建设用地扩展的基础，决定了城市扩展的潜力和方向。在地形、地貌、水文等自然条件约束下，城乡建设用地扩展往往集中在地势较为平坦地区。一般来说，自然条件很难改变，因此对用地的约束较为稳定，一定时间内不会成为影响用地变化的主导因素。近年来，随着国家和地方政府对生态环境保护意识的觉醒，城市的盲目扩张对自然生态格局的破坏得到抑制，自然生态在城乡建设用地扩展过程中开始发挥愈加重要的作用。

(4)交通条件

交通是城乡要素扩散与集聚的载体,是用地扩展的“筋脉”。交通网络等设施的建设是城市边缘区住宅开发、工业区、经济开发区以及商业活动的前提条件,将会驱动社会经济行为在土地空间上行的蔓延和集聚,推动城乡建设用地扩展形态的变化。一般来说,交通道路建设往往成为城市空间扩展的轴线,对城市扩张具有显著指向性。

3. 能动主体互动

城乡建设用地扩展是多重利益主体博弈的结果,包括各级地方政府为代表的权力主体,政府投资与市场资本所代表的资本主体,城市居民和村集体为代表的社会主体。权力、资本、社会在城乡建设用地扩展过程中往往扮演不同的角色。城乡建设用地扩展的主体互动按主导主体的不同可将研究时间划分为三个阶段:社会主导阶段、资本主导阶段、权力主导阶段。

(1)社会主导阶段

乡镇企业的异军突起是本阶段的主要特征。乡镇企业是指由乡镇、行政村、村民组等集体经济组织或农民主办的各类企业,是一种“自下而上”的乡村工业化发展路径。乡镇企业的创办动机是乡村社区就业和社会福利的最大化,而非一般企业追求的“利益最大化”。本阶段中,潘维认为我国乡村工业的主力军是“乡镇企业”,社会主体在本阶段起到主导作用;政府等权力主体在本阶段主要是对于乡镇企业发展“保驾护航”,从而推动城乡建设用地的扩展,权力在本阶段作用较强;本阶段我国是处于计划经济阶段,市场资本不足,资本在本阶段作用较弱。

①“自下而上”的乡镇企业发展

本阶段我国尚处于计划经济向市场经济过渡期,资本要素短缺;1984年之后,城乡人口流动制度壁垒的逐渐打破,乡村剩余劳动富余;政府对乡镇企业的发展进行引导和政策倾斜。在此背景下,乡村地区所拥有的大量的集体建设用地和乡村剩余劳动力等“替代资本投入”成为乡镇企业发展的基础,“村村冒烟、镇镇点火”的乡镇企业迅猛发展。本阶段乡村剩余劳动力向当地乡村非农产业的转移,形成了“离土不离乡”“进厂不进城”的现象。同时,乡镇企业所带来的产值成为村民主要收入来源,村民以改善居住为主,在本阶段完成对原有宅基地的更新扩建。因此本阶段表现为城镇和采矿用地集体权属路径下的快速扩展,而乡村居民点用地基本稳定。

②政府引导乡镇企业的发展

本阶段政府对乡镇企业的发展主要还是以引导和鼓励为主，虽然乡镇政府或村行政组织与乡镇企业存在千丝万缕的关系，但并非对其发号施令或分配资源，而是在一定程度上对企业进行监督和规范，并予以政策支持。

(2)资本主导阶段

资本推动下的开发区建设成为本阶段的主要特征。1993 年“国家实行社会主义市场经济”写入宪法，伴随着社会市场经济制度的确立，资本、土地、劳动力等社会生产要素市场化进程同步进行。在资本的逻辑下，“空间”成为彻底的商品，资本成为本阶段主导主体；政府在本阶段开始与资本合作，从而推动了城市的快速扩张。本阶段人民群众对城市的发展主要表现为“人口红利”对城市扩张的刺激，作用相对较弱。

①资本推动下的城市扩张

空间生产离不开资本的作用。资本市场化对于城市扩张具有直接推动作用，具体可从开发区和工业园区的建设来解读。

②公众逐利下的空间生产

随着市场经济制度的建立以及城乡二元壁垒的破除，乡镇企业优势不再，乡村剩余劳动力开始大量涌入城市，乡村家庭普遍出现了以代际分工为基础的“半工半耕”结构，即青壮年成员进城务工经商，中老年成员留守乡村承担农业种植和照顾家庭的责任。这种“半工半耕”结构直接导致了乡村人均收入的逐年增高，从而带动了更多的住房建设需求：一方面，进城务工人员为了子女教育和改善生活条件更倾向在城市落户，扩大了城镇人口规模和消费市场，继而吸引了从事第三产业的人员进入城镇生活，形成了人口城镇化的良性循环，带来了开发商的造城运动；另一方面，在传统的小农思想作用下的农民很难割舍与村庄的联系，大部分村民建房的动机向“享受”转变，往往新建住宅，出现大量“一户多宅”、大量闲置宅基地的情况，村庄陷入“人减地增”的怪圈。这一时期表现出三类城乡建设用地面积的同步增长。

(3)权力主导阶段

城市在不同的发展阶段，其影响因素会随时代的变迁而此消彼长。城区城乡建设用地扩展主导主体呈现“社会主体”—“资本主体”—“权力主体”更迭的特征。值得注意的是，在中国特色社会主义制度下，以政府为首的权力主体在不同阶段往往都扮演了重要角色，在城乡建设用地的扩展过程中拥有更多的话语权。

“社会主导”的空间管控宽松期：主要特征是乡镇企业的异军突起。本阶段处于计划经济向市场经济过渡期,资本要素短缺,但乡村地区大量的集体建设用地和乡村剩余劳动力成为乡镇企业发展的基础,加之政府对乡镇企业的扶持,导致了乡镇企业的快速发展。

"资本主导"的空间管控加强期:资本推动下的开发区建设为本阶段主要特征。随着社会主义市场经济制度的确立,市场资本开始活跃,在与政府的合作下以开发区建设为载体推动了本阶段城乡建设用地的扩张。

"权力主导"的空间管控强化期:城乡统筹发展为本阶段的主要特征。随着国家经济的发展,政府开始注重城乡发展的公平性并加强对资本的引导,通过新乡村建设、城乡土地增减挂钩政策、公共服务均等化等系列措施对空间实施全面管控,政府成为本阶段主导主体。

第四节　城乡融合视域下乡村社区空间转型与规划对策研究

一、新型城乡关系导向下的乡村空间转型

通过前文分析可以发现,城乡关系变迁是乡村演变发展的必然结果,乡村空间转型是城乡关系作用下的产物。因此,分析城乡关系与乡村空间演变的内在联系,有助于更好地把握乡村空间转型的脉络和潜在的风险。本章从新型城乡关系出发,在解析新型城乡关系内涵的基础上,以苏南乡村为例,分析乡村空间转型的趋势与隐忧,并结合新型关系的要求提出未来乡村空间重构的优化方向和目标,这对于重新审视乡村空间和乡村规划,实现城乡融合发展具有重要意义。

1. 新型城乡关系下苏南乡村空间转型趋势与隐忧

(1)苏南乡村空间转型的趋势

当前,新型城乡关系作为城乡发展的新背景,在其强有力的介入和推动下,乡村空间表现出明显的转型趋势。基于对新型城乡关系内涵的认识,这里分别从平等、一体和可持续三个角度分析其对乡村空间的影响。

①平等理念下乡村空间的开放化与多元化

回顾以往苏南的城乡关系发展史,无论是城乡对立还是城乡磨合时期,城乡都是一种非均衡的发展关系,城市的生产要素很难流入乡村,乡村生产要素也较多地停留在内部循环。新型城乡关系的前提是城乡的平等发展,包括经济平等、社会平等、空间平等,平等意味着城乡要素流动的制度壁垒被打破,在市场的驱动下,人口资本、信息逐渐在城乡之间、村庄之间自由流动。乡村低廉的生产和生活成本将吸引越来越多的企业和人口(外来务工、务农、居住等)的迁移,乡村空间的开放程度日趋加大。同时,产业和人口的涌入必然会带来空间需求的多元化,而开放的市场环境为乡村空间功能的提升提供循环的动力机制,乡村从过去单纯的农业生产、生活居住演变为集居住、休闲、娱乐、生态观光、商贸服务、工业生产等于一体的多功能空间,从而形成一个开放与多元的聚落系统。

②一体理念下乡村空间的网络化与协调化

城乡的平等促进了人口、信息、技术的自由流动,为乡村构建了开放的发展环境。而城乡一体的经济、社会和空间建设,将促进乡村空间形成网络化与协调化的空间格局,在城乡一体化的经济发展制度和环境背景下,乡村空间将进一步发挥市场在资源配置中的主导作用,形成优势互补、结构合理的生产力布局,进而使乡村空间在功能和结构上形成协调发展的态势。同时,城乡一体的基础设施建设,将加强城乡、村庄之间的空间可达性,带动生产要素在区域内的流动和集聚,最终形成“规模关系”和“S层级”关系明确的多中心、网络化乡村空间。

③可持续理念下乡村空间的集聚化与生态化

无论是从城乡平等还是城乡一体的角度出发构建城乡转型的发展路径,其最终目的都是实现城乡的可持续发展。首先,从产业发展的角度来说,随着苏南乡镇企业的转型与改制,传统“村村点火,户户冒烟”的布局模式宣告终结,集聚化与规模化成为产业空间行为的主导;农业的现代化、规模化、产业化也促进农业空间的集中、连片发展;生态产业、观光服务业等新兴产业的崛起,将推动乡村产业的生态化转型。其次,从社会生活来讲,分散、高污染的居住模式不符合城乡可持续发展的要求。集聚化的居住模式是土地资源有限供给下的必然选择,也是改善生活品质、提高服务质量的必然途径。

(2)苏南乡村空间转型的隐忧

虽然,新型城乡关系是当前快速城镇化发展,以及经济社会转型不断深化背景下的必然选择,在其影响下的苏南乡村出现较大转型,乡村空间开放化、网络化、集聚化趋势日益明显,但转型意味着风险,也会导致乡村空间文化消失、空间资源压缩、生态环境恶化等问题。

①开放环境下空间文化的同质与消退

列斐伏尔认为,空间就是社会产品,每一个特定的社会都会历史性地生产出属于自己的空间发展模式,社会形态的变化必然会导致空间形态的变化。传统的农耕文化造就了水网密集的苏南乡村“依山而建、傍水而居”的乡村聚落格局。在城乡开放和交流程度越来越高的背景下,乡村经济社会结构将变得更加多元和复杂,市场资本和外来人口的入侵将成为乡村空间文化的潜在威胁。

首先,后工业时代,资本通过物质环境建设实现资本的积累。空间作为“商品”,在资本增值的驱动下被大规模、标准化地生产出来。作为全国市场化程度最高的乡村地区之一,苏南乡村在城乡二元格局被打破之后深深地卷入到资本的运作逻辑当中,大量资本投入乡村的空间建设中,导致大规模的工业园区和居住小区拔地而起,很早就有“城不像城,村不像村”的景象。

其次,由于外来人员和企业受不同地域文化背景、价值观念和利益诉求的驱动,与原有本地居民相比,他们缺乏公有的社区精神和责任,在日常的空间行为过程中,必然会对原有的以血缘、地缘所构建起来的社区文化造成冲击,传统“粉墙黛瓦”的建筑风格被“欧陆风”等异地符号替代,伴随而来的是乡土文化的渐渐消退。

在城乡环境越来越开放的背景下,如果不能顺应自然、挖掘村庄特色,乡村空间又将陷入新一轮的低层次复制、同质化建设困境中。

②网络结构下空间资源的压缩与消亡

在新型城乡关系驱动下,网络化和多元化将成为乡村空间结构的主导模式。但同时可以看到,城镇化已成为社会经济发展的必然趋势,特别是在“自下而上”城镇化模式的苏南乡村地区,网络化的空间扩张将加速乡村空间的消亡。

进入21世纪以后,全球化的卷入推动了苏南地区市场化的进程,为了应对新的环境压力,苏南各地都大规模地推进城镇空间结构网络化建设,加快城镇区域化的步伐,未来,随着城乡市场的进一步开放,在资本毫无遮掩的利润追逐本性下,非农化的工业或服务业空间将在乡村大量“生产”出来,乡村城镇化的步伐进一步加快,处于乡村空间网络节点的村庄将逐渐演变成城镇或小城市,乡村郊区化与城市包围乡村已成为当前乡村空间的显著特征。未来,在城镇区域化不可逆转的形势下,乡村空间存在被不断压缩,甚至消亡的风险,可以看出,尽管网络化发展将构建出一个高效、便捷的乡村空间体系,但如果不加以控制,任由市场经济的扩张,将导致传统乡村空间不断减少,甚至消亡。

③集聚模式下空间环境的破坏与污染

集聚化的空间建设本应该成为节约土地资源、改善空间环境的重要手段。但如果缺乏合理有效的统筹手段,空间的过度集聚将成为生态环境的“隐形杀手”。

一方面,改革开放以来,尽管苏南乡村在经历了几轮村庄环境整治之后,基础服务设施有了较大改善,但基础设施的配置和集聚仍然缺乏合理规划,不符合农业生产和农民生活习惯的需求。而为了节约设施建设成本,又很可能回到低效配置、过度集中的布局方式,乡村设施水平和生态环境并未得到有效改善。

另一方面,经济发展模式和制度决定了土地利用方式,行政分权、集体土地产权的模糊性和低成本引发了村镇大规模的“非正式”土地开发,伴随着大量资本和外来人员涌入苏南,在资本利益的驱动下,多数村庄开始大规模集聚建设。

2. 新型城乡关系下苏南乡村空间转型的目标取向

乡村空间转型的目的是最终实现城乡空间融合发展。通过上文的分析,无论是城乡一体化、城乡统筹还是城乡融合都可以将其看作是结果与过程的辩证统一。因此,对于乡村空间转型的价值目标,这里从空间目标和空间过程两方面进行解读。空间目标:“一维”向“三维”转变。

在城乡二元经济结构时期,由于传统城乡空间观过于重视经济空间对城乡发展的作用,这种“一维”的空间发展观作用下形成的“城市→中心镇→一般镇→中心村→自然村落”城乡体系结构是一种自上而下的链状、单循环空间系统,城乡空间关系是一种二元结构。“中心—边缘”的不对等关系。乡村发展的目标是为城市发展和建设提供更多的空间资源(土地、水、生态资源等),城市从乡村获取的资源多于城市向乡村供给的产品。其结果导致乡村空间被过分剥夺、社会生活空间断裂、生态环境空间恶化。要想取得城乡的可持续发展,必须从“一维”向“三维”空间观转变,实现城乡经济、社会和生态“三维”空间的平等、一体和可持续发展。

(1)结构合理的城乡生产空间

一是平等和开放的要素流动空间。城乡二元结构时期城乡在资源要素的获取上是非对等的关系,大都是乡村要素向城市地区的单向流动。尽管新时期以来在新乡村建设的推动下,地方政府加大了城市对乡村的政策投入和资金补贴,但过多地强调纯粹的“输血”,并没有激活乡村发展的潜力和要素获取能力。按照自由流动的原则,要通过建立城乡开放、互通的基础设施网络体系,促进城乡之间人口、物质、信息等要素快速、便捷地流动。

二是协调和互补的产业空间布局。后工业时代,在资本、信息和人才等要素流动和集聚的推动下，社会分工将进一步细化，城乡的产业发展将从依附转变为分工、协调的空间关系。在平衡经济、社会和生态效益的前提下，合理确定生产要素的最佳集聚区位和集聚规模，并通过加强工业、农业和服务业的内在联系，形成分工合理、特色鲜明的产业结构布局，实现城乡优势功能互补。

三是持续和生态的产业发展模式。产业发展的持续性是产业转型升级的最终目的，无论是传统时期的农业生产，还是苏南模式时期的乡村工业生产，都是建立在资源消耗和浪费的基础上。从建立持续生态的产业模式出发，一方面需要转变农业的生产经营方式，加快农业向规模集聚、家庭农场式的生产方式转变；另一方面需要升级工业制造加工方式，通过技术改进、产业集群、组团发展的模式提高工业生产效率；同时要力推以生态旅游为代表的新型、低碳、生态的服务产业崛起，最终，形成低消耗、低污染、生态化的产业发展路径和经营模式。

(2)功能等值的城乡生活空间

一是均等化的公共生活空间。基本公共服务设施不仅是实现公共服务的空间载体，也是实现城乡平等、一体的社会保障制度的基础。基础设施的建设不是以追求城乡之间、村庄之间供给的绝对平均为目标，而考虑其服务功能的均等化问题。以集约化和标准化的空间配套模式为基础，按照城乡规模、等级结构配置合理的公共服务设施，确保城乡居民平等地享有医疗卫生、教育养老和社区活动等公共服务。从一体化规划和均等化建设的角度实现城乡居民公共服务设施共享、公共服务水平等值的目标。

二是一体化的基础设施空间。首先是建立与城乡空间格局相协调的城乡交通系统，合理利用道路资源，优先发展公共交通，形成层次分明、功能合理的城乡交通发展模式；其次是构筑多种交通方式协调发展、覆盖全域、有机衔接的城乡交通体系，区域公路联通城乡，乡村公路通村达组；再次是按照发展片区和村镇规模分等级布置市政基础设施，建立"城—镇—村"网络连接的市政管网系统，并充分利用乡村传统的污水处理等工艺，实现城乡在市政功能上的等值。

三是乡土性的居住空间。居住空间作为人居活动的核心空间，不仅是人类生活居住的场所，同时也是文化特色延续的载体。在当今城市化潮流中，越来越多的乡村被迫接受城市文化的移植，成为精英笔下的"复制品"。从生活等值和文化传承的角度来看，未来在聚落空间建设过程中，一方面，要从人体需求的角度出发，考虑乡村建筑功能的改造和更新，以及公共活动空间和设施的营造，使城乡居民在生活环境上等值；另一方面，从维护地方特色的角度出发，通过建筑形体和色彩的传承，村落布局和空间肌理的延续，体现苏南水网地区的特色，塑造具有地方文化特色的聚落景观。在城乡居住功能等值的基础上，通过与城市空间风貌的差异化建设，最终形成“对峙”而均衡的状态，体现出乡村聚落的“乡土性”。

(3)持续开敞的城乡生态空间

一是生态价值的合理开发。城乡二元结构时期，城乡空间功能和结构的封闭，使大量聚集在乡村地区的自然生态要素相对孤立，生态空间仅仅体现出环境保护和城乡界限区分的功能价值。随着城乡互动交流的频繁，居民的生活和消费结构的转型，以及对人居环境品质要求的提高，生态空间不再局限于传统的强制性保护功能。依托城市的市场环境和技术条件，合理发展城乡生态空间的科普教育、休闲度假、观光旅游等功能，充分挖掘生态空间资源潜在的经济与社会价值。

二是生态空间的网络化建设。过去，由于在功能价值、开发模式上的认知差异，导致城乡生态空间呈现相对封闭的空间关系。面对未来城乡空间不断融合的趋势，城乡生态空间系统规划应该以人类的活动为主体，以生态环境为依托，以功能复合为目的。综合考虑生态、景观、人文、经济等功能，将城市景观空间系统与乡村生态空间系统有机融合，建立以“斑块—廊道—基质”为主体的网络化生态格局。

三是生态环境的长效保护机制。生态空间既是城乡持续发展的基础空间，又是最为脆弱的空间。生态空间的管控需要从多元化的目标出发，从生态功能区划、生态廊道建设和生态开发策略等方面，寻求经济发展与生态保护的动态平衡。生态功能区划主要包括农业生产区、人居保障区、生态培育区。生态廊道的建设包括道路景观带、河流和自然山体等，生态开发策略则是从生态承载力的角度划定开发建设的适建区、限建区和禁建区等。

第五节　城乡融合视域下乡村社区集体经营性建设用地入市机制研究

城乡统筹的进一步发展需要乡村集体经营性建设用地入市为其提供充足的土地要素。城乡统筹发展的过程也是城镇化的过程。我国对建设用地的需求都随着城镇化步伐的加快、城市规模的不断扩大而与日俱增，并在一定程度上激化我国的建设用地供求之间的矛盾。因此，虽然城市建设和产业发展需要大量的土地资源，而我国整体建设用地中比重较大的是乡村集体建设用地，但在我国现行的土地管理制度下，国家严格控制新增建设用地的规模和农用地转建设用地的数量。这就使乡村集体拥有的建设用地利用低效并且无法释放其潜力,而城市发展急需补充新的建设用地也无法得到满足。因此,城乡统筹发展为经营性建设用地入市提供了现实的基础,可以在一定程度上缓解当前建设用地的供需矛盾。

乡村集体经营性建设用地入市工作作为当前我国乡村土地制度三项改革之一,已经获得了国家相关政策的允许,进入了试点实施阶段。经营性建设用地入市,对于盘活乡村分散、低效的建设用地,增加农民财产性收入,缩小乡村与城市收入差距有明显意义。党的十八届三中全会曾明确我国乡村土地制度改革的方向和任务,并为加快落实依法取得的经营性建设用地入市进行理论设计。随着中央《关于农村土地征收、集体经营性建设用地入市、宅基地制度改革试点工作的意见》的印发,全国选取了三十多个县(市)行政区域进行试点,我国乡村土地制度改革正式进入试点阶段。可见,国家已经加快脚步致力于为建设用地入市提供良好的政策环境和制度创新,经营性建设用地入市交易在国家的引导下已经逐步向规范有序的方向发展。

经营性建设用地入市能够加快城乡统一的建设用地土地市场的实现。虽然当前我国经营性建设用地入市还处于试点运行阶段,但这已经表明我国土地一级市场上的土地供应方式已经由单一的国家垄断渠道向多元的追求效益转变。再加上极具特色的各地建设用地流转实践成果也为经营性建设用地入市的试点工作的展开提供了经验支持。但是,社会上对于能够入市的土地范围的界定、入市土地增值收益的分配、土地入市机制的健全等问题也存在争议。因此,细化集体经营性建设用地入市的规范管理,完善我国当前的乡村集体经营性建设用地入市机制势在必行。

一、乡村集体经营性建设用地入市机制创建

机制泛指一个系统中各部分要素之间相互作用的过程。随着我国市场经济的深入发展,乡村集体经营性建设用地入市不再只是利益驱动的市场经济的客观需求,更是市场体制的内在要求。因此,在建立城乡统一的土地市场的大前提下,创建并实现经营性建设用地入市机制能够更容易发现入市过程中存在的现实问题,从而便于扬长避短地推进试点工作的顺利进行。因此,本节总结当前我国经营性建设用地入市普遍存在的障碍的同时,结合哈尔滨社区入市的实践探索,从而构建出具有普遍应用意义的乡村集体经营性建设用地入市机制,并概括其创新点。

1. 城乡统筹视角下我国集体经营性建设用地入市的障碍

党的十六大以来，我国土地制度改革的重点一直都是征地制度改革，而十七届、十八届三中全会逐步开始鼓励集体经营性建设用地进入市场。但在实际中，要在城乡统筹的进程中逐步展开经营性建设用地进入市场，还需面临诸多问题。

(1)土地产权归属不明，确权困难

根据现行法律规定，城镇和城市的土地属于国有，农民集体土地归集体所有。但我国现行的相关法律法规没有明确规定"农民集体"可以作为集体土地的所有者，行使产权代表权限。同时，还存在很多容易导致乡村集体土地所有权的产权不清、归属不明、利用低效的问题。如，乡村因风俗习惯而形成的不成文规定与现行法律法规之间的博弈；由于历史资料的残缺而长期存在的、无法厘清的历史遗留问题；因农民外出务工而导致的乡村土地确权困难等。这些问题的存在，都致使农民集体在市场经济交易中的市场主体地位得不到有效的体现，从而难以更多地享受土地入市交易产生的利益。

(2)国家尚未出台统一的城乡规划和用途管制的政策文件

我国的乡村规划长期比较随意，致使即使我国有城乡规划法也不能起到其应有的作用。对于用途管制，我国目前做得比较到位的是基本农田管制，对于乡村建设用地的用途管制还未能厘清。正是由于规划和用途管制的效用不够具体和细化，导致了乡村建设用地流转的隐形市场十分活跃和经营性建设用地入市的主体不清。因此，为了落实十八届三中全会中关于经营性建设用地合法进入市场进行交易的前提要求，急需国家出台具有全国统一性的土地利用总体规划和用途管制政策，为各地制止不合法行为、鼓励符合要求的入市的行为提供依据。

(3)细化措施和具体配套制度缺乏

虽然各地的探索实践已经形成了一些地方性的入市途径，但要具有普遍参考意义和实施依据的，并能够推广到全国的经营性建设用地入市机制还需要更具体的细化措施和配套的政策制度。像国家授权的试点都是在暂时调整相关法律法规的情况下封闭运行的，但是对于一些具体的配套保障还未有明确的文件出台。在细化措施上，使用权流转的期限、方式、出让金的支付等，都需要相关规则予以明确，这些细化规则能否及时出台并准确反映此次改革的精神，将直接影响改革的成果。在相关配套制度上，例如相关法律制度和各种相关保障制度的缺乏，导致收益分配不尽合理和集体、国家土地收益的双重流失，被征地农民的养老、医疗等城镇社会保障体系的不完善等都不利于经营性建设用地入市机制的有序运行和试点工作的进一步展开。

2. 乡村集体经营性建设用地入市机制构建

本文从准入机制、交易机制和监督管理机制三方面构建我国乡村集体经营性建设用地入市机制(图 5-1)。这个机制是一般普遍性质的,各个地方可根据自己的实际情况因地制宜地细化相关环节。

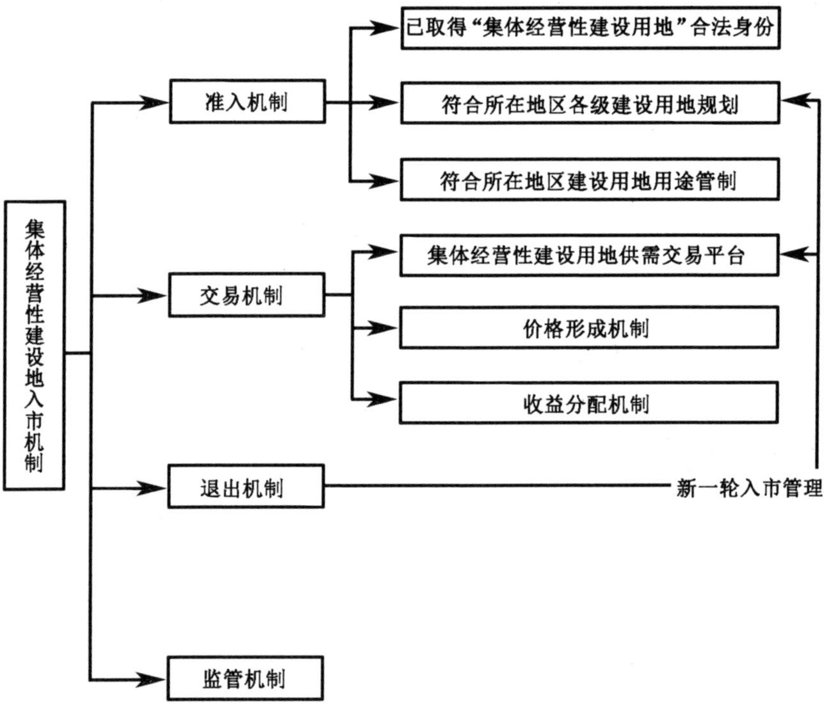

图 5-1　集体经营性建设用地入市机制框架图

(1)准入机制

继十七届、十八届三中全会提出在符合规划和用途管制前提下,允许乡村集体经营性建设用地出让、租赁、入股,实行与国有土地同等入市、同权同价后,社会高度关注的乡村土地制度改革又有了重大推进,《关于农村土地征收、集体经营性建设用地入市、宅基地制度改革试点工作的意见》的出台,为集体经营性建设用地入市机制的构建和运行提供了政策支持，也标志着集体经营性建设用地入市作为乡村土地制度的三项改革之一，即将有可以依靠的国家统一的入市范围和途径的参考标准，从而有序推进试点工作。

截至目前，乡村集体经营性建设用地入市的准入机制要求所要入市的“乡村集体经营性建设用地”必须已经取得“集体经营性建设用地”的合法身份，同时还要符合所在城市土地规划和用途管制，然后再理清土地的相关经济利益关系后，在确保“土地公有制性质不改变、耕地红线不突破、农民利益不受损”的情况下，允许乡村集体经营性建设用地的存量地用地出让、租赁、入股，实行与国有建设用地使用权同等入市、同权同价。之所以设置严格的限定条件，就是为了防止试点及未来的改革出现随意改变土地用途、突破建设用地指标等问题。

(2)交易机制

集体经营性建设用地入市机制的交易机制一般需要包括建立集体经营性建设用地公开的供需交易平台以及价格形成机制和收益分配机制。公开交易平台为集体经营性建设用地交易提供交易场所，它不仅可以收集符合入市要求且想要入市交易的集体经营性建设用地的供应信息，而且也收集企业对用地的需求信息，然后将供需信息进行整合对比，保证符合条件的企业能够及时获得土地供给信息，在国家允许的方式下进行交易，公平参与土地竞争。

同时，公开的交易平台也负责核实买卖双方的资格，对提供供给的土地要求核实其是否满足准入机制的条件，对于需求方则要核实其取得土地后所要进行的项目是否符合地块所在地的土地总体利用规划和用途管制，以此保证交易平台公布的买卖双方信息的真实、有效。价格的形成机制就是要充分考虑当时土地市场的供求条件以及底价的评估等，在为其交易的地块设置合理的交易底价的基础上，直接招、拍、挂出让土地，以市场竞争形成交易价格，提高交易效率。完成交易后，买卖双方应该按照签订的合同履行双方的权利和义务，按照政府所提供的收益分配比例落实款项的到位等。当然，由于各个地区的经济环境和现实条件的不同，可在国家相关规定的前提下，建立兼顾国家、集体、个人三方利益的适合本地区的收益分配方式。

(3)监督管理机制

在监督管理机制的设置上，要充分划分中央政府、地方政府、基层政府的责任和义务，并赋予人民群众充分的知情权。首先，中央政府作为国家大政方针的设置者，要充分发挥其完善法律的强制作用和细化政策的引导作用，为土地交易提供良好的客观环境；其次，地方政府和基层政府土地供需双方的协调者和交易活动的参与者,要为土地交易市场的公平、公正,落实其相关配套服务;最后,人民群众作为土地交易的利益相关者,也要充分使用自己的权利,在整个过程中使用自己的知情权等,全程监督其交易行为。

监督管理机制的体现,一般表现在土地交易项目的相关配套服务设施的落实以及政府相关执法监督的力度上。任何活动的健康长远发展都需要相关的监督管理做保障。乡村集体经营性建设用地入市需要一个合理、规范、多元、全方位的社会服务体系与之相配套,如完善村民委员会等社区组织的土地管理和服务职能,建立健全社会保障制度,这些都需要和经营性建设用地入市同步发展,为入市机制的顺利进行创造良好的经济和社会环境。同时,要对信息的发布、土地的交易到违法的查处等各个环节进行监督管理,保障入市交易公平有序地进行。这就需要政府不仅要从源头的准入机制做好把关工作,还要在其交易机制过程中做好监督工作,并在交易进行后做好后续保障工作。与此同时,更需要做好与其相关的配套设施制度的保障,这就不仅需要政府相关部门的相关政策作为标杆为其提供参考,使各项工作有据可依,还需要政府加强执法力度,对投机倒把的违法行为给予严厉的惩处。同时,因为集体经营性建设用地入市涉及多方利益,特别是集体组织作为土地所有者的利益,因此,也需要群众的监督。

(4)坚持土地利用规划和用途管制,拓展产业发展空间

合理的土地利用总体规划和必须严格执行的土地利用用途管制可以为土地所在地区带来具有前瞻性的城市规划和产业集群,使本地区不仅能够享受土地交易带来的收益,还能够享受产业集聚带来的红利。土地资源的高效合理配置和可持续利用是实现城乡科学统筹发展的前提。党的十七届三中全会精神要求健全严格、规范的乡村土地管理制度,这使得不论是确定我国土地制度改革的任务,还是落实我国土地利用用途管制的要求,都需要进一步加强和完善我国土地的总体利用规划。土地利用规划能够对区域的城市规划、土地利用范围等起到规范作用。土地用途管制能够严格执行我国保护耕地的国策,防止在规划范围内不合理的、变相的占用耕地行为,并能够为区域产业发展的设定提供参考。例如,凤凰社区出让的地块原本就是原乡村集体工业用地,其挂牌入市的要求就是入驻产业必须是新一代信息技术通信终端设备制造业。方格公司竞得的该块土地,将主要用作研发大楼开发建设,公司已经在筹备上市,未来的发展前景可期。实体产业的发展能够带动地方经济的发展,基础设施的不断完善,不仅有利于改善居民生活环境,而且为地区经济发展创造了一个良好的外部环境。

(5)搭建专门的产业用地供需服务平台

土地房产交易机构可以参照哈尔滨产业用地供需服务平台，搭建专门的全国性、地方性相统一的产业用地供需服务平台，负责产业用地供应信息公开、需求信息收集及信息共享等。这个平台即实现产业用地供应信息公开，便于企业充分了解产业用地供应计划，使需求有的放矢，实现了有需求的企业与有建设用地的村集体的对接，又改变了以往企业需要向不同部门提出申请的局面，达到更好地服务企业的目的，还有利于政府收集企业空间需求，制定更加科学、合理、灵活的供应方案，尽量满足企业真实空间需求。

二、城乡统筹视角下乡村集体经营性建设用地入市机制实现

城乡统筹背景下乡村集体经营性建设用地进入市场交易已经进入试点封闭运行阶段，需要国家继续加大改革力度，以正确方式引导其入市交易，并监督其交易过程，在试点基础上逐步尝试、创新，细化具体举措，为其入市健康发展的实现，从以下几方面做出努力。

1 完善准入机制

(1)修订相关法律法规

由于《中共中央关于全面深化改革若干重大问题的决定》关于经营性建设用地入市的规定与我国现行的与土地交易相关的法律有出入，所以如果经营性建设用地是在没有相关法律法规为其做后盾的情况下进入市场进行交易的，不仅会扰乱现行的土地要素市场秩序，还会损害利益相关者的权益，使经营性建设用地入市失去其群众基础和利益驱动力。因此，鉴于我国当前与土地交易相关的法律法规不利于经营性建设用地进入市场，不利于城乡统一的土地交易市场的形成，需要国家在试点先行的基础上，结合试点城市的经验教训修订和完善《中华人民共和国宪法》《中华人民共和国土地管理法》《中华人民共和国物权法》《中华人民共和国担保法》《中华人民共和国合同法》《中华人民共和国城市房地产管理法》等的相关规定作为入市机制的依据和支撑。

针对现行不完备的法律法规，为突破乡村集体建设用地使用权流转的制度瓶颈，适应乡村市场经济发展的新形势，加快乡村集体经营性建设用地入市交易的法规建设，国家已批准三十多个县(市)作为试点封闭运行获取实践经验，对实践证明可行的，修改完善有关法律，以法律形式对参与乡村集体经营性建设用地入市交易的准入机制、交易机制、监督管理机制以及退出机制给予具体的规章制度保障，

以确保经营性入市机制的健康有序运行，并为城乡统筹的进一步发展和城乡一体化土地要素市场的实现做出努力。现在，国家审批的经营性建设用地试点的工作已经开启，具体举措也在酝酿并陆续出台，相信试点的实践经验会为经营性建设用地入市的相关法律法规的修订和完善提供高价值的借鉴意义。

(2)明晰土地产权主体

明晰的土地产权是市场化的重要标志，也是土地市场健康运行的最基本条件。目前，由于乡村土地确权困难导致集体经营性建设用地所有权主体存在模糊地带，所以需要明确其所有权和使用权主体，健全集体建设用地所有权的权能。由于在土地市场进行交易的是土地的各种权利，如果土地产权界定不明、归属不清，土地的交易就无法进行，因此，乡村土地制度改革当务之急是明晰土地的产权主体，从根本上厘清土地入市带来的增值收益的权属问题。鉴于此，要把明晰土地的产权关系作为经营性建设用地入市的前提准备，加快推进对乡村土地的确权登记工作，在建立城乡统一的土地市场的同时，能够兼顾土地利益相关者的各方利益。

(3)深化规划体系，强化土地用途管制

由十八届三中全会精神可知，坚持土地利用总体规划和用途管制是经营性建设用地入市的前提条件。经营性建设用地入市的主体是乡村集体经济组织，所以不能忽略乡、村级土地规划。由于我国乡村规划长期的随意性和近年来城市范围的快速扩张，导致我国土地利用的整体规划和城乡规划相互间的不协调，造成我国土地利用的总体规划总是滞后于城乡现实发展的需要。城乡统一的土地市场建设需要统一的国家土地规划体系。目前，我国土地规划缺少全国性统一的能将各类规划统筹到一起的规划管理，以合理协调不同门类规划之间的关系，解决土地利用总体规划实践中的现实问题，完善土地规划刚性约束。

坚持土地用途管制是乡村集体经营性建设用地入市的必要条件。我国经营性建设用地分布广泛而分散，产权界定不清和适时监督的缺陷都会造成建设用地利用状态的改变。土地用途管制有利于从源头上保证农业用地不被任意侵占，保证符合条件的乡村集体经营性建设用地入市，并利用产业的集聚发展带动区域经济，和城乡统筹发展要求统筹城乡产业发展、统筹城乡管理制度有异曲同工之妙。强化土地用途管制不仅要求对土地进行分类管理，编制土地利用总体规划，还要求严格按照用途审批用地，对违反规划用地的行为严厉处罚。同时，还要为更好地落实土地的用途管制，搞好乡村集体建设用地管理和土地使用权市场的运作，加强地籍管理，为土地使用权的权证交易和所有权的界定提供科学依据。

2. 完善交易机制

（1）构建产业用地供需服务平台

土地交易市场的信息不对称要求建立专门的产业用地供需服务平台以收集和公布土地信息，保证土地交易的公平、有效进行。例如，哈尔滨凤凰社区原乡村集体土地就是得益于哈尔滨产业用地供需服务平台才能够成功入市进行交易的。产业用地供需服务平台与以往发布土地供给信息的平台有所不同，它打破了原来“以供带需”的土地出让模式，不仅公布土地供应信息，还收集企业对用地的需求信息，然后将供需信息进行整合对比，充分发挥市场在资源配置中的作用，建立“按需供给”的土地供应模式，保证符合条件的企业能够及时获得土地供给信息，公平参与土地竞争。因此，可以借鉴哈尔滨的经验建立国家和地方性的产业用地供需平台，土地主管部门随时在产业用地供需服务平台上更新公布用地区位、规模等，以供企业充分了解产业用地供应计划，并提交用地申请，改变以往需要向不同部门提交申请的局面。

（2）完善价格形成机制

经营性建设用地入市价格形成机制的确立，需要建立乡村建设用地交易市场体系，明确其交易的程序规则。价格是商品价值的货币表现，由于土地的价格具有很强的地域性特征，很难形成全国统一的市场均衡价格，因而，土地的交易价格一般是在低于市场上根据供给与需求关系以及该区域的经济发展水平上形成的。因此，合理设定集体经营性建设用地的入市价格便成为入市制度安排的一项重要内容。

经营性建设用地入市价格的形成，不仅要考虑能够影响入市价格的当地经济发展、财税政策、城市总体规划、建设用地使用政策、当地的城镇化发展阶段、当地的土地产权状况等一般经济因素；还需要考虑地块区域内的位置、基本基础设施的配备、国家用途管制的要求，以及自然环境等极具特殊性的因素。因此，需要政府遵循公平、高效利用、供需关系和替代关系等估价原则完善城镇乡村土地的估价体系，做好价格的调控和监督土地市场管理工作，以方便用地企业的投资决策，早日实现城乡统一的土地交易市场，保证土地交易的顺利进行。

（3）建立合理的收益分配机制

乡村集体经营性建设用地入市改革能否成功的关键，在于收益如何分配，这也是今后各地开展乡村集体经营性建设用地入市改革试点所要面临的重要难题。因此正确处理土地利益相关者之间的收益分配关系，是集体经营性建设用地入市交易过程中的一个关键环节。

由于乡村集体经营性建设用地入市的增值收益必须兼顾多方利益和社会公平。所以不仅需要国家通过合理设置土地相关的金融政策和税收手段在保证政府收益稳定的同时，给予集体经济组织最大化的多元收益方式，在合理范围内赋予农民更多的财产性收入，更需要加快建立城乡统一的土地交易市场，缓解城乡土地交易价格差距过大的矛盾，释放乡村建设用地的潜在价值，实现城乡土地交易市场的均衡发展。因此，合理的因地制宜地设置经营性建设用地入市的收益分配方式是保证经营性建设用地入市机制顺利运行以及促进城乡一体化和区域协调发展的重要任务。

3. 监督管理机制

(1)完善相关配套的社会服务体系

对于集体经营性建设用地入市，不仅需要国家健全相关的市场交易规则，设置具有前瞻性的城乡土地利用规划，还需要在社保、投资、金融、税收、审计、监管等与其联系密切的领域对其服务进行完善以保证入市机制的顺利运转。从城乡统筹发展的角度来看，目前城镇社会保障体系已经基本建成，但是乡村的还处于初级阶段。不完善的乡村社会保障体系会加强农民对土地的依赖性，从而一定程度上限制乡村土地进入市场进行交易。基于我国城乡经济发展差距较大的现实，要求建立一个有助于消除或者弱化乡村土地保障功能，逐步使城乡趋于一体的社会保障体系，以缓解城乡居民社会保障不均衡的矛盾，转变农民对土地的高度依赖性，使农民看到经营性建设用地入市会带来的好处，以此建立良好的群众基础。因此，完善与土地交易相关以及与农村居民可持续生计息息相关的各项保障制度，是推动乡村集体经营性建设用地入市机制的健康运行和长远发展的保障。

(2)加强执法与监督力度

集体经营性建设用地入市机制的运行不仅需要政府的引导，更需要其维护市场的公平、公正。因此，政府作为土地制度改革的导向者，有责任充当集体经营性建设用地入市的引导者和监督者。同时，也需要社会各界的监督。

第一，监督准入机制，从源头进行监督。严格遵循试点行政区域只允许已经取得合法身份的且必须符合土地规划和用途管制的集体经营性建设用地入市。所以要求政府土地行政主管部门制定具有可持续发展性的土地规划策略和用途管制政策，并加快土地确权工作的进行，严格审查入市土地的身份。

第二，从价格形成和收益分配角度进行交易机制监督。我国城乡土地交易地位的不平等性造成了我国缺乏统一的土地建议平台，因此要建立专门的产业用地信息交易平台，并逐步完善土地评估及土地使用权交易程序，建立经营性建设用地入市的土地评估制度和最低价格保护制度，以便监督入市土地的价格形成。同时，严格落实经营性建设用地入市成交时所规定的收益分配，保证农民的土地增值收入。

第三，从政策规范引导、纠纷调解、违法查处等方面维护竞争平台的公平有序。在加强政策规范引导的前提下，可以建立专门的、系统的集体经营性建设用地入市的纠纷调解和仲裁机构，以解决各类建设用地入市交易纠纷，保护农民权益，保证建设用地入市的顺利进行。针对入市机制运行过程中出现的违法行为，要给予严惩，以促进土地要素在城乡范围内的合法交易，保证经营性建设用地入市的健康有序进行，推动城乡一体化建设用地市场的形成和发展。

参 考 文 献

[1] 王武朝. 城乡统筹视野下新型农村社区建设研究[J]. 中州大学学报,2013,30(4):11-14.

[2] 蒋炜康,孙鹃娟. 居住方式,居住环境与城乡老年人心理健康:一个老年友好社区建设的分析框架[J]. 城市问题,2022(1):10.

[3] 彭敬康. 城乡统筹发展背景下新型乡村社区建设路径[J]. 乡村科技,2021,12(1):2.

[4] 王中华. 加快党建引领社区服务体系建设,不断提升城乡社区服务效能[J]. 乡镇论坛,2022(4):1.

[5] 徐展新,王鹏图. 彭佳学在全市城乡风貌整治提升暨未来社区建设推进会上强调全力塑造现代化滨海大都市新风貌全面展现未来社区幸福生活新图景[J]. 宁波通讯,2021(20):2.

[6] 高凡. 智慧应用助力住房和城乡建设领域打造社区防线[J]. 中国建设信息化,2020(9):2.

第六章　城乡融合视域下乡村社区文化与教育的建设

第一节　城乡融合视域下社区教育现状及发展对策研究

在社会生产力不断发展、生活水平不断提高的同时,人们对生活质量有了更高的追求。人们开始审视自己与大自然的关系,更加关注生态环境问题,如因恶性消耗给大自然带来的危害,为了人类的可持续发展,人们开始探索更科学的生存方式。随着工作时间的缩短、闲暇时间的增多,人们开始培养个人爱好、丰富业余生活,享受休闲生活成为越来越多民众的追求。在医疗卫生条件不断改善的情况下,由于人类寿命的延长,退休后“第二人生”健康快乐、丰富多彩的生活也成了人们关注的重要课题。人们对自身生存方式的反省,对自身生活状况的优化,都对社区教育提出期望。因此,社区教育是进一步提高民众生活质量、优化民生的手段。

城镇建设需要投入一定的人力和物力,但城镇建设又不能完全依靠国家,还要依靠社区居民的力量。所以,设法提高社区居民觉悟,让其自觉、自愿地投入城镇建设就显得非常重要。增强社区居民建设城镇的热情要依靠社区的凝聚力,较强的社区凝聚力,能够促使社区成员积极投入城镇建设之中。而提高社区凝聚力又要增强社区成员的社区意识,社区的同质性越强、共同利益越明显,社区意识越强。正确的启发和引导能够有效地使社区成员体会到社区的共同利益,能够克服社区内的消极影响,传播积极影响,营造良好的社区风气。而社区教育能够通过传播正能量,积极影响、营造良好的社区风气,形成社区凝聚力,进而提高社区居民参与社区建设的热情。因此,社区教育是城乡接合部建设的重要支点。

一、顺义区社区教育问题分析

在看到顺义区社区教育取得成绩的同时，还应该清醒地意识到社区教育在发展过程中存在的问题与不足。这样，才能有利于把顺义区乃至同类地区社区教育推向前进。本研究在对顺义区社区教育进行实地调研时，发现如下四方面问题。

1. 街办（镇）和社区（村）两级的教育机构数量不足，设施设备简单

（1）室内教育机构面积不足，设备简单

在一些新建社区中，虽然社区服务站中有专门建设的社区教育机构，但也存在类似问题。如港馨第一社区服务站，目前只有一间活动室作为社区教育机构，这间活动室既作为市民学校又作为妇女之家充当社区居民的学习场所。室内设施也比较简单，只有一些桌椅。怡馨家园第二社区，社区服务站内棋牌室和书法室共用一间活动室；乒乓球室只有一张乒乓球台供社区居民活动健身。此外，怡馨家园第二社区的社区活动室建在三层，楼梯狭窄，并不方便社区居民上楼学习、活动，尤其不方便老年人和行动不便人士上三楼进行娱乐活动。

（2）室外活动场所有限，设备简单

本研究在社区实地调研时发现，多数乡村社区没有室外活动场所，几件简单的室外健身器被放置在居民楼空地上或是社区主路两侧。本研究在访谈建北第二社区的社区居民时了解到，该社区没有户外活动场所，健身器材都放置在社区主路两侧。由于社区内没有户外活动场所，该社区居民一般会在社区附近的公园内进行户外活动。

2. 社区教育的专业人员配备不足，志愿者队伍有待加强

经营管理社区教育，要承担多样化的教学、教研任务，需要建立专业化的社区教育工作者队伍。国内外社区教育成功经验也表明，拥有一支专业化的社区教育人才队伍是顺利开展社区教育的重要保障。在调研过程中，本研究发现顺义区社区教育在人才队伍方面存在如下问题。

（1）社区教育的专业人员配备不足，社区工作者专业化不强

社区教育专业人员配备不足，其他社区工作者专业化不强等因素，严重影响了社区居民参与的积极性。因此，有必要增加社区教育相关专业人员数量和社区工作者的培训次数等，这是提升社区工作者服务水平的有效途径。

(2)社区志愿者人数不足

面对社区工作者人数不足而社区居民数量众多的状况,有必要增加社区志愿者人数,壮大志愿者队伍。但同时,本研究还发现,志愿者队伍的工作量偏小、偏窄,仅限于“看守”性质兼有少量服务,而在社区活动中的指导、开发、创新能力比较缺乏,导致社区教育类型不多、活力不足、方法僵化。

3. 社区居民参与社区教育积极性不高

社区居民是否积极参与社区教育活动影响着社区教育的发展。本研究发现,在顺义区社区教育发展过程中,虽然人们居住空间距离上更加紧密,但彼此之间却逐渐失去了交流、合作,互助降低、人际关系淡漠、社会冲突增加。社区居民对自己所在的社区普遍缺乏一种归属感和认同感。

4. 社区教育经费投入不足

社区教育经费是开展社区教育活动的资金保障,教育经费不足,会严重阻碍社区教育的进一步发展。

二、城乡接合部社区教育进一步发展的对策

由于顺义区属于城乡接合部地域类型,因此,针对顺义区社区教育存在的问题及提出的发展对策也能适合于类似地区。基于此,本研究从以下几个方面提出推进城乡接合部社区教育发展的对策建议。

1. 创建资源型、数字化的社区教育

社区教育的各种教育机构、设施设备是开展社区教育活动的重要载体,是顺利开展社区教育的物质保障。随着社区教育的进一步发展,社区教育机构的标准化和规范化建设是必需的。目前,面对该类地区社区教育机构不足,尤其是街办(镇)和社区(村)两级的社区教育机构数量不足、设施简单等问题,大力开发、整合社区及周边教育资源,努力创建数字化学习社区是解决这类问题的有效途径。

2. 进一步推进顺义学习网的发展,努力创建数字化学习社区

伴随着数字化信息时代的快速发展,要满足社区居民日益增长的多元化的、个性化的学习需求,提高社区居民的素质以及生活品质,更好地促进区域经济的发

展，构建数字化学习社区是社区教育发展的必然趋势。

“数字化学习社区是指通过信息网络形式的，以旨趣为导向的线上学习虚拟社群，是一种学习虚拟社区，其实质是对现实社区的一种解放。”宋亦芳教授认为，“数字化学习社区是指能够在社区的数字化学习环境中，利用一定的数字化学习资源，以数字化的学习方式，开展社区教育（学习）的新型社区。它与传统社区的主要区别在于能够为社区居民提供数字化的学习环境、数字化的学习资源，并为居民实现数字化的学习方式进行管理和服务。”要继续推进城乡接合地区学习网的建设，完善学习网的学习服务、统计、互动、咨询、后台管理等功能。不断丰富数字学习内容，加强网站推广力度，满足居民多样化的学习需求，创建居民网络学习中心学习品牌。重点要做好以下几方面工作。

一是广泛宣传学习网。利用电视台、学习网城等媒体宣传区域学习网，还可以举办网络学习指导员的培训班及使用培训会。

二是完善学习网功能。加强区域学习网子平台建设、“知识图文”栏目建设，提升学习网服务能力。

三是充实学习资源。加强区域学习资源建设，将区相关单位的法律法规、体育健身等方面的社区教育资源充实到学习网。

四是加强网站管理。建立网站运维管理队伍、网站相关栏目信息员队伍、组织相关单位网管队伍等，并建立相应的管理制度，确保网站有序运行。

五是举办社区教育网络展示活动。展示各镇、街道社区教育的基本情况、特色社区教育活动、取得的成效和经验等，进而推进社区教育深入开展。

六是开展网络学习之星评选活动。通过逐级评选年度网络学习之星，不断激发居民学习热情，努力提高社区居民学习的积极性和主动性。

3. 社区教育人才队伍建设专业化，志愿者队伍建设制度化

为了大力发展社区教育，进一步推进学习型社会的建设，社区还必须努力建立一支适应社区发展需要人才队伍。

(1)进一步扩大专业人员数量，并定期对社区工作者进行培训

社区教育专职教师是社区教育发展的骨干力量，专职教师的师德修养、专业技能、教学能力、管理方法的高低、优劣对社区教育的有效开展起着至关重要的作用。因此，建设好社区教育的专职教师队伍是开展社区教育的重要任务之一。

针对社区教育专职人较少及培训机会有限的状况，为了壮大社区教育的人才队伍，既要增加社区教育专职人员数量，又要增加社区工作者的培训机会。

第一,进一步扩大社区教育专职人员数量。由于社区工作者所掌握的教育理论知识和教育实践经验有限,因此,可以从各中小学学校、职业技术学校等抽调教师作为社区教育专职教师,扩大社区教育专职人员的数量。

第二,增加社区工作者的培训机会,提高他们专业素质。面对丰富的与社区工作相关的知识,每年一次的短期培训对于提高社区工作者专业化素质的帮助是远远不够的,再加上社区工作者业余时间自学提高社区教育相关知识的时间有限等因素,有必要进一步加强社区工作者培训。

一方面,社区可以开发适合社区实际情况的社区教育工作者培训课程,并依托大城市,聘请社区教育专家和教师来到社区,对社区工作者进行定期的社区教育相关知识的培训和指导,增加社区工作者的培训机会,同时进行广泛交流互动活动,提升社区工作者的专业知识和业务水平。

另一方面,还可以利用学习网,创建社区教育论坛,组织专家、学者、社区教育管理干部等,深度探究社区教育发展进程中的问题,提升社区教育管理者的职业素质和管理水平。

(2)充分利用社区各类人才资源,进一步壮大社区志愿者队伍

为了有效壮大社区志愿者队伍,社区工作者要结合社区实际情况,认真贯彻执行相关政策,如北京市社会建设工作领导小组办公室印发的《关于开展“社区规范化建设示范点”创建活动的实施方案》,使招募志愿者和志愿者服务更加规范。重点要做好以下几方面工作。

①招募志愿者应实现注册登记。社区工作者应采取多种方式,为社区居民提供便捷的登记注册渠道,并为注册志愿者配发社区志愿者卡、号。

②社区志愿者队伍的服务也要趋于规范化。如定期向社区居民发布志愿服务需求,通过购买服务、项目补贴、结对帮扶、邻里互助等方式,开展社会救助、敬老扶幼、治安巡逻、环境保护、优抚助残、心理咨询和法律援助等志愿服务。社区应争取建立几支制度健全的公益服务组织,并努力创建影响广泛、居民认可的服务品牌。

③为了激励志愿者更好地服务社区,各社区还应创建表彰激励制度,如建立规范的志愿者档案和志愿服务记录手册。建立“志愿服务时间储蓄”“志愿者积分”等制度,加大宣传表彰力度,对优秀社区志愿者给予精神奖励和适当的物质奖励等。为了让志愿者更好地服务社区,社区还要对已招募的社区志愿者至少每年开展一次志愿服务培训。

第二节 城乡融合视域下城乡文化整合研究

城乡文化整合,意旨城乡两种平行文化系统中的各种要素相互交融而形成有机的、和谐的文化体系的过程。城乡文化整合既不是两种文化形式的简单相加或机械拼凑,也不是一方同化吞并另一方,更不是毫无原则的折中调和,而是一种创造性的综合,同时也是城乡两种比较近的文化体系消失或改变形貌的过程。城乡两种文化的差异是城乡文化整合的基础,差异化整合是城乡文化整合的前提,差异化发展是城乡文化整合的目的。

一、城乡文化整合的主体行为

动力是推动物体运动的力量,机制是系统内一组特殊的约束关系,通过对微观层面的运动控制、引导和激励,使系统微观层面的相互作用转化为宏观层面的定向运动。动力机制是把二者结合起来,即系统动力按照特定的约束关系所进行的演化运动,城乡文化整合的动力机制是指驱动城乡文化相互作用、整合发展、城乡文化系统演化的力量结构体系及其运行规则,具有相对稳定的构成方式和作用规律。城乡文化整合的动力机制,是对文化整合系统内外影响要素的数量、对各驱动力对文化整合运行发展作用机制的解析;而基于动力机制的文化整合发展模式,则是文化整合在内外驱动力的作用下,所采取的发展策略,其表示形式是简单的理论概括。我国正处在双重转型时期,即体制转型(从计划经济体制向市场经济体制转变)和发展转型(传统的农业社会向现代的工业社会转变),除了要解决文化发展中历史性、常规性所具有的城乡文化二元结构问题,还要借助政府的力量来缩小城乡差距。从这个意义上说,当前强调政府在城乡文化整合发展中的主导作用,具有非常重要的现实意义。这里从政府、企业、非政府组织、城乡社区四个角度诠释城乡文化整合的内外驱动力,以解释城乡文化整合的发展模式。

1. 多元主体:城乡文化整合中的博弈格局

城乡文化整合的时空结构形成与演化尽管有其固有的一般规律,这些规律使时空结构具有宏观上的方向规定性。但就微观层面看,某一时间断面上的空间结构格局的形成是受不同的利益主体控制的。理论上的城乡文化整合的时空结构理想形态在这些利益之手的操纵下会出现扭曲,因此,现实中的城乡文化整合的时空结构重组必须考虑空间秩序中的利益格局和权力结构。形形色色的利益主体最终都会通过城乡文化整合的时空结构重组的实施者体现并落实其空间利益,实际上最大的利益主体就是城乡文化整合的时空结构的实施者。

(1)城乡文化整合的三大实施主体

政府、企业和城乡社区三大实施者也是三大利益主体的代言人,他们之间的利益格局和权力结构共同推动城乡文化整合的时空结构重组。政府的利益需求是宏观文化的可持续发展和社会的安定团结。政府参与城乡文化整合的时空结构重组的手段是尽可能地运用国家权力所赋予的政策工具,调节文化活动的行为者的空间选择行为,体现国家意志。计划经济时期,政府是唯一的权威;在高度自由的市场经济时期,政府是有限的调节者和参与者。

城乡社区代表地方利益,是城乡文化整合的时空结构的管理者,其最大的利益需求是通过城市管理和城市经营促进城市及其腹地文化的可持续发展,培育城市文化区的综合竞争力,与周边城市展开竞争以期通过竞争获得较大区域内的先行者和领导者地位。城市参与城乡文化整合的时空结构重组的手段是尽可能运用管理职能行使其管理权力,如通过用地的计划管理,中央下划财政资金的再分配等,他们可以改变铁路等主要干路的走向,也可以让国家大型建设项目落户小地方。

企业的最大利益需求是以尽可能少的投入获取最大的利益,他们代表着广大经营者——城乡文化系统的真正主人利益。从整体利益的角度看,他们的实际权力在日益上升,因为他们构造了城乡文化系统的综合竞争力,是实现国家宏观文化可持续发展的中坚力量。在代表着城市文化竞争力的新文化区中,往往可以看到大型跨国公司和大型企业左右城乡文化整合的时空结构形成与演化的力量,往往他们选择投资的文化区就代表了新的城乡文化整合空间结构格局的出现,并且他们的身后有一大群的追随者——具有文化产业关联的中小企业和服务企业,更加明确了城乡文化整合的时空结构内生产力的流动方向和将被极化的空间。

(2)城乡文化整合的三边体系

在文化全球化背景下,形成了政府、城乡社区和企业相互制约、相互协调的三边体系。随着城乡文化系统的不断开放,由于加入了多边贸易协定和各种政府间组织,国家行为受制于国际社会和国际条约的多方约束。政府对城乡文化系统发展的控制日益减少,通过行政手段的方式直接干预文化活动的行为日益减少,但是仍然可以通过控制土地、财政资金和国家(区域)宏观政策等三大要素对城乡文化系统的发展进行战略引导,通过对大型项目的区域安排、基础设施尤其是交通设施的空间规划、土地利用方向的调控、城乡文化政策的制定等手段,实现对城乡文化整合的时空结构重组的调控和引导。政府的作用仍然是前瞻的和战略的。

城市是文化行为的直接管理者,其作用是营造一种公平竞争的市场环境,充当服务员角色。随着城市文化区的形成,城乡文化系统重要的文化节点还必须协同城乡关系,促进城乡文化空间结构一体化,调控城乡体系状态,直接推动城乡文化整合的时空结构重组的实现。随着城镇化水平的不断提高,城市集聚的生产力要素日益增加,生产力日益强大,相应地调控城乡文化整合的时空结构重组的能力也日益增长,城市不仅仅是政府代言人的角色,城市既是政策执行者又是经济实体管理者。同时区域内不同城市竞争实力的此消彼长,本身就会导致城乡文化整合的时空结构的重组,城市间的竞争是城乡文化整合的时空结构重组的动力之一。

企业是文化活动的行为主体。随着市场经济的深化和市场体制的健全,经济行为主体的行为导向是价值规律而不是政府权威,趋利的行为主体随时都在进行投入——产出核算和区位、市场的进入和退出的战略评估,企业是城乡文化整合的时空结构重组的最终执行者,在城乡文化整合的时空结构重组中所发挥的作用日益突出。在经济全球化和信息化背景下,生产的分工日益深化,尤其是产业价值链形成的垂直分工体系不断强化,在开放的世界中,几乎不存在游离于分工链条之外的孤单企业,企业依据产业簇群关系在特定地域上集聚,形成新的产业空间和产业集聚区,他们是产业同盟。这种新兴产业集聚区是区域经济竞争力的表现,他们构成城乡文化系统的新文化成分,对城乡文化整合的时空结构的调控能力是巨大的,尤其是有外资参与或有核心大型企业的产业集聚区,其对城乡文化整合的时空结构重组的能量是无法忽视的。

政府、城乡社区和企业共同构成了城乡文化整合的时空结构重组的三方力量,由于各自的利益主体并不总是统一的,三边关系时有冲突。迈克尔·波特认为,在文化上,政府无可避免地要扮演多重的角色,但主要充当三大角色。政府最大的角色是保持宏观文化稳定和政治稳定,要做到这一点,靠的是稳健的政府机构,持续一贯的文化基础架构以及健全的宏观文化政策;政府的第二角色是改善城乡文化系统中微观文化的一般能力,这主要靠改善一般文化资源的效率和品质;政府的第三个角色是建立整体的微观文化规则与监督竞争的诱因。由此可见,谋求政治、经济局面的稳定是任何国家政府的渴求。基于此,政府对文化活动的调控行为总是趋于保守的。这一价值取向在城乡文化整合的空间结构上必然会有响应。追求城乡文化整合的均衡空间结构模式利于缩小区域差异,通过财政补贴和各种挽救局面的政策竭力延缓老工业基地的衰退,如对新的产业空间形式的出现进行滞后的管理,更谈不上积极引导等。这些作为都将延缓城乡文化整合空间结构及时、有效

地重组。(图 6-1)

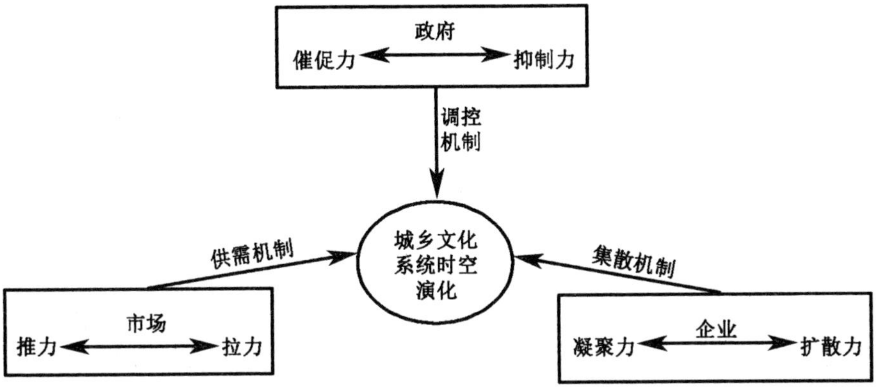

图 6-1　城乡文化系统时空演化的三边机制

(3)促进城乡文化发展的方式

政策体系优化是城乡文化发展方式变革的根本点。“十二五”期间,我国文化体制改革面临国内外更为复杂的一系列环境挑战,要实现我国社会文化大繁荣大发展的战略目标,就要着力解决制约城乡文化发展的突出问题,着力构建有利于城乡文化健康发展的体制机制,优化政策体系是城乡文化发展方式变革的根本点。

①把握城乡文化发展的新规律

城乡文化管理部门要树立社会主义文化大繁荣大发展的战略目标,做到充分地把握城乡文化发展规律。如文化全球化、文化产业综合发展、城乡文化整合等。城乡文化产业的重组促进了文化资源流向新文化区、文化发展全球化等局势。进一步解放思想,从而推进城乡文化管理机制的创新,努力提高文化专业化的管理水平。同时,要充分认识到文化既是社会进步的重要手段,也是社会文明发展的重要目标;文化发展既直接关系到民生幸福,又在社会经济增长速度和质量中发挥重要作用。城乡文化发展的最高目标是社会主义文化的大繁荣,增强个人在城乡文化发展中的使命感和责任感。

②构建城乡文化的新型领导体制模式

文化管理部门要逐步完善城乡文化发展的体制机制,为城乡文化体制改革提供政策保障,努力构建新型文化领导体制机制。文化体制改革、文化建设、文化发展等应该被纳入文化管理部门,并纳入社会发展总体规划和科学发展考核评价指标体系中,建立健全工作体制和领导机制,积极掌握文化发展的主动权。在财政上提供文化发展的物质基础保障,尽快提高文化事业的投资力度,改变每年低于医疗、教育、科技投资费用的局面,优化财政投入结构。

③建构城乡文化的多元化融资体系

积极推进城乡文化产业融资制度的改革,努力建构市场化、社会化、多元化的文化融资体系。首先,改变财政投入方式。在继续发展和完善文化专项基金的同时,设立国家级文化发展基金,遵循"社会监督、专家推荐、政府出资、间接资助"的原则,完善文化发展体系。其次,积极整合国内优秀的城乡文化资源,推动竞争实力较强的文化产业诞生,通过股份制改革的文化企业积极推进在资本市场的上市。利用资本的投融资结构,充分调整文化产业的功能,培育文化市场潜在的投资者,不断优化我国的城乡文化系统、文化产业结构等。再次,要加快发展市场化、社会化、多元化的文化融资体系,如组合投资、风险投资、文化创业投资、文化产业投资基金等。最后,放宽非公有制资产进入文化产业领域的政策许可,积极引导国有文化企业的股份制改造工作,进一步完善以公有制为主体、多种所有制共同发展的文化产业格局。

④培育良性竞争的城乡文化市场

鼓励城乡文化产业科技创新,积极引导城乡文化市场的良性竞争局势。大力发展城乡文化科技产业,建设多层次的科学技术支撑体系;大力发展高端的文化产业;在全国统一的、开放的、良性的市场竞争环境下,促进城乡文化发展新模式的产生和城乡文化空间布局的改善。

2. 政府行为:构建城乡文化整合的保障体系

城乡文化关系的变迁是一个国家和地区现代化的一条主线。一个国家和地区,如果城乡文化关系失衡,那么它绝不可能实现现代化。无论是发达国家还是发展中国家,在农业社会向工业社会过渡的过程中,由于城市本身的聚集功能和工业较高的比较利益,要素收益差异吸引而发生的、由乡村地区向城市流动的回波效应,使得城乡发展差距的形成实际上是一个自然的、历史的过程。从发达国家的实践来看,随着工业化进程的推进,二元文化结构可以发展到现代文化结构,但其自然演进是一个漫长过程,因此一些发达国家在其工业化进入中后期时,都采取了一些政府干预措施以加快其演进。由此,城乡文化关系的演进是随着工业化、城镇化的进程不断变化的,总的趋势是从工业化初期阶段的逐步失调,到工业化中后期阶段的逐步协调。但是,这种从失调到协调的演进并不完全是一个自然而然的过程,还与当政者是否把握规律和积极作为密切相关。

中国是一个乡村人口占多数的国家，工业化、现代化的重点和难点都在乡村。中华人民共和国成立以来，尤其是改革开放几十年的艰辛努力，中国乡村社会已经发生了巨大变化，取得了令人瞩目的成就。作为工业化进程中不可避免的问题，城乡文化失衡问题是党和政府关注的中心所在，依然是工作的重中之重。党和政府在制度安排、制度创新方面所做的努力，为改善城乡文化关系、解决新时期的城乡文化问题奠定了一定的基础。

政府的保障作用体现在对城乡文化网状设施建设的引导和保护。城乡间的道路、电力、电信等公共性基础设施一般由政府投资或通过"建设、经营、转让"的市场化模式进行建设，在建设中政府的导向尤为重要。政府通过公共投资的倾斜将带动特定区域的基础设施建设进而带动相关地区的文化发展。网络设施中的点状设施是城市文化传播的重要节点，作为公共性的服务节点，政府应加大政策投入和资金投入，这也是提高公共服务设施服务水平的重要手段。

(1)出台国家方针政策

中央顶层设计"深化文化体制改革"，号召加快城乡一体化文化建设，主旨是统筹城乡文化发展。这是遏制城乡文化发展差距拉大、扩大乡村市场需求的根本出路，是解决"三农"文化问题和全面建成小康社会的重大战略举措。要打造中国文化的升级版、实现中国梦，就必须在更高层次、更宽领域、更广视野上，探索能够跨越中等收入陷阱的体制机制、战略和结构，就必须加快转变发展方式，推动包容性文化发展、平衡性文化发展、可持续性文化发展。

(2)创新文化动力机制

①创新宏观文化管理机制

首先，调动各方面力量参与文化事业的积极性，实现文化管理主体、文化管理手段由单一向多元的转变，坚持走"部门出钱、政府出面、社会出谋、共同出力"的路子，以创建社会主义文化工作先进区为抓手，逐步形成党委领导，政府挂帅，文化部门主管，群团组织配合，社会各界努力，国家、集体、个人共同参与的大文化格局。其次，创新文化内部管理机制。加快推进以"主管负责制、专业岗位聘任制、个人责任制"为主要内容的文化站、图书馆等内部管理体制机制改革，逐步使站(馆)长和业务主干的选聘、培训、考核、奖惩实现制度化、规范化。重点搞好人事分配体制改革，激发站(馆)内部活力，调动文化从业者创造性地做好本职岗位工作的积极性，形成科学高效的运作格局。再次，创新文化设施运行管理体制机制。统筹文化、教育、科技、文化活动场所的规划建设和综合利用，努力做到相关设施共享，着力解决乡村文化设施匮乏、分散的问题。对电影院、歌剧院等设施，在确保文化功能不变的前提下，鼓励其进入大型文化集团，或实行所有权与经营权分离的模式，采用公办民营、委托经营的方式，更好地提供文化服务、文化设施，更好地对农民群众开放。

②建立城乡文化整合制度体系

引领制度创新，率先建立以公平为核心的城乡文化整合制度体系。改革开放以来，凭借在改革开放中形成的经济基础和体制优势，中国实现从资源向经济、农业社会向工业社会、基本温饱向全面小康的三大跨越。21 世纪以来，保持经济高速增长、社会全面进步的良好发展势头，跨入了工业化中后期新的发展阶段。处在工业化中后期阶段，既有破解难题、加快发展的历史机遇，也有制约增长、结构失衡的严峻挑战，统筹城乡发展，推进城乡文化一体化是事关全局和长远的重大战略，如何进行有效的制度安排成为工作的重心所在。必须坚持以人为本，认真落实全面、协调和可持续发展的科学发展观，围绕建设小康社会、提前实现基本现代化的目标，统筹城乡文化基础设施建设，统筹城乡环境保护和生态建设，逐渐缩小城乡差别，使城乡居民共同富裕、共享现代文明。统筹城乡发展、推进城乡一体化，规划是龙头，改革是动力，工业化、城镇化是支撑，农业乡村现代化是基础，投入是保障。各级政府要切实加强领导，集中更多精力统筹城乡发展；要协调各方面力量，整合各种资源，形成强大工作合力；要分类指导，从实际出发，因地制宜，有序推进；要遵循客观规律，大胆探索，务求实效，切实维护群众合法权益，把实事办好、好事办好。此外，文化行政体制管理改革也是城乡文化整合制度体系改革的一个重点。

③构建城乡文化空间整合体制

秉承城乡文化均衡发展理念，构建城乡文化空间整合发展的体制机制。推动城乡文化均衡发展，旨在保障农民文化权益和满足群众文化需求。针对城市圈中乡村文化发展相对滞后以及可用文化资源比较匮乏等问题，全力构建创新型的城乡文化空间整合发展的体制机制。首先，积极探索并促进城乡文化体制的市场转型。其次，健全城乡文化空间整合发展的保障机制。建立专门工作机构和工作队伍，为统筹城乡文化发展提供坚强有力的组织保障。制定完善的管理和考核体系。各级政府要发挥文化主管部门和文化服务单位的职能优势，共建各尽其责、共享意识和密切协作的运行机制，完善文化服务和产品供给市场多元化供给模式。

二、城乡文化整合发展模式解析

1. 城乡文化整合发展模式的特性

城乡文化整合发展模式具有区域性、时间性、系统性、社会性等多种特性。研究城乡文化整合发展模式,不应只局限于文化发展的某些具体领域,而应从社会哲学的高度,着眼于城乡文化系统的整体结构和发展的全进程,进行整体性的研究和审视。城市文化和乡村文化作为城乡文化系统中两个相对独立而又相互连接的子系统,具有各自的发展规律和特点。城乡文化整合进程中的城镇化,不只是乡村人口向城市的转移或集中,而是城市和乡村这两个文化子系统的升级、分化和整合,是城乡文化系统的整体演变。在现阶段的实践中,要真正做到统筹城乡文化发展,必须强调城乡文化关系的整体协调发展。

(1)区域性

城乡文化整合的发展模式具有区域性。千里不同风,百里不同俗,各个地方的文化发展模式差异是很大的,城乡文化整合的发展模式也是不同的。城乡文化整合发展模式不是人们计划的结果,而是在一定的文化生态环境中长时间形成的。尽管文化创造是人类的一种有意识的行为,但是,要任意设计一种文化模式,让人们去遵照生活,恐怕是不行的。

(2)社会性

城乡文化整合的发展模式具有社会性。社会是城乡文化整合发展模式的载体。在人类的生存和延续过程中,社会是整个文化的承担者或载体,是各种文化的生产和再生产以及各种文化功能相互整合的单位和代表者。只有把城乡文化整合发展模式放到人类社会发展中,即引进“社会”这个变量,才能从根本上说明他们发展的历史过程,因为文化是在群体参与、互动中产生和发展的。文化是社会发展的产物,是人在社会化过程中的一种创造,任何文化都不能脱离社会及社会化的人而存在。文化不仅有维护社会体系的功能,也是指导人们社会行为的规范。社会系统是非常庞大的,这里简单地从文化信息流、文化易感知者、最短文化传播路径等要素探讨城乡文化整合模式的时空变迁。城乡文化整合发展模式一般受制于三个条件:一是城乡之间的利益关系;二是城乡之间生产的技术状况;三是城乡文化商品经济的发达程度。而从总体上看,由于乡村文化模式变动慢,是相对静态的,而城市文化模式则是动态的,因而城乡文化整合发展模式的变迁更多地表现为伴随城市文化模式的变化而改变。

(3)系统性

城乡文化系统由城市文化和乡村文化的各种要素共同组成,是城乡文化产品、文化设施、文化传播路径、文化传播媒介等要素的多向度的透视。用系统的观点来分析城乡文化系统,首先要把城市文化和乡村文化看作一个有机的整体(整体观);其次,要分析城乡文化系统内部的各组成要素(局部观),以及要素间的相互联系(联系观);再次,从城乡文化系统和环境整体中,城乡文化系统和要素中,要素与要素的关系中进行综合处理,以达到最佳目的。城乡文化系统不是文化各要素的简单相加,其大于各文化和旅游部分之和。城市文化、乡村文化融于系统之中,各部分按其内在规律组成有机整体,充分发挥城乡文化系统的意义和功能。城乡文化系统是一个有机的整体,这个整体是由许多文化要素组成。一种文化,首先应该对它本身做系统的分析,分析其内部更小的系统和这些系统的关系,方能把握这种文化的意义和本质;其次,把它放在更大的文化系统中考察,才能认清它的地位作用和发展规律。如城乡文化系统,首先应该对城市文化系统、乡村文化系统做出充分认识、定位,明白每个要素的发展优势、劣势及其之间的相互关系,然后将其置于城乡文化系统的大环境中,解读城乡文化系统的结构、类型、发展模式等。

城乡文化整合的发展模式具有系统性。城乡文化整合的发展模式是城市文化和乡村文化两种文化的各个特质丛(内容)相互联系整合成为协调一致的城乡文化系统(整体)的结构状态或复合体的特征。城乡文化整合的发展模式主要从城市文化和乡村文化内部的协调一致的整合中区别其内在结构。简单地说文化可分为物质文化系统与精神文化系统。这些不同的文化系统在长期的历史发展过程中,依据不同的文化特质及其发展方式构成了一个复合体的不同特征。城市文化和乡村文化在传播、扩散的进程中是趋于整合的,城市文化、乡村文化的各种文化特质只有通过整合才能成为协调一致的城乡文化整合的发展模式。城市文化和乡村文化的各种文化特质是否能实现整合,取决于这些条件:

第一,城市文化和乡村文化的各种文化特质、文化要素的发展水平相近似;

第二,以城市和乡村的民族文化各种文化要素、文化特质为整合基础;

第三,城市居民和乡村居民共同的心理结构和文化追求,如对美的追求,对幸福的渴望,对舒适的向往,趋利避害等。

2. 城乡文化整合发展模式演进

城乡文化关系是在社会分工发展的推动下不断地向前演进的。在生产力和生产方式变革的影响下,城乡文化整合的发展模式大致经历了前工业化时期的萌芽阶段、工业化前期的形成阶段、工业化中期的聚散阶段、后工业化的兴盛阶段四个阶段,各个阶段的城乡文化整合发展模式表现出不同的形态与特点。

(1)斑状式发展

文化模式是人类在不同“生态环境”中文化创造、文化积累的结果,由于“环境”的不同,应对“环境”和解决生存问题的方法、手段不同,其文化模式的结构及价值体系有很大差异。城市文化与乡村文化之间是相互联系和相互作用的,这种相互联系和相互作用是城乡文化整合的基础,并通过城乡之间的文化易感知人口、文化传播路径、文化设施、文化投资、文化信息流等在空间上的不同分布形式表现出来,形成了点与点、点与线、线与面、面与面之间的各种理论模式。

斑块式发展模式一般出现在前工业社会时期,城乡呈现离散状态,城乡文化结构相互独立,城乡之间、城乡与区域之间的关联少。文化从空间内的一个斑点萌生出来,然后扩散到相邻地区,形成斑块式文化发展模式。这种“斑点”是文化发展的核心区,也是文化圈的生长核心。

社会发展模式是城乡文化关系的“拮抗”。城市文化是从乡村文化中分化出来的。农业的兴起代替了狩猎游牧的生产,建立了永久和固定的居民点,成为最初的农业人口。由于劳动分工的加强促进了城市的兴起,进而促进城市文化模式的出现。城市文化形成以后也经历了逐步发展的过程,但城乡文化总的格局则是由于农业活动在各地区的文化活动中占据主导地位,文化活动集中在乡村。这一时期是乡村文化统治的阶段,城市的发展不是取决于自身的实力,而是依赖于农业繁荣,城市对农业文化生产的依赖性较大,农业生产力水平左右着城市文化的兴衰,城市文化内容也与乡村生活关系密切。全国的经济是依靠广大乡村的生产,乡村养活了城市。城市文化没有形成独立的生产方式,生活方式也带有浓厚的乡土性,称之为“城市文化乡村化”阶段。

城乡文化的发展和生产力发展水平相适应。生产力发展水平往往从文化导向、文化需求、文化行为、文化精神等各个方面渗透在文化系统之中,对城乡文化整合的结构、机制和模式诸方面产生影响。生产力发展水平和文化系统在某一特定地域中存在简单对应。实际上,生产力和文化的发展往往是彼前此后的,表现为时空上的二维运动,在时序上二者都有超前或滞后的现象。一般来说,只有在生产力发展到一定程度时,才可能产生相应的比较成熟的文化系统。一定生产力的发展,对文化系统会提出新的要求,将不断刺激文化系统发生进化和变革,这是文化发展的一般规律。因为文化并不能凭空产生和发展,而是随生产方式的变革而发展的。

多数地区都表现为文化受制于社会发展水平,生产力为先导,以社会综合实力开拓文化、发展文化,而文化系统的发展反过来又促使社会的进一步发展。

(2)城乡文化分离的过程

手工业和农业的分工是城市文化和乡村文化发生分离的基础。伴随着文字的发明及应用、农业的拓展,人们除了种植豆科植物、谷类植物和水果以外,还掌握了制作植物油、葡萄酒的生产技能,人类开始由野蛮社会向文明时期过渡。加工业、织布业等行业的发展丰富了手工业的生产方式,革新了生产技术,增加了个人掌握财富的拥有量。人口数量的增长直接带来了农业劳动力的剩余,农业剩余人口逐渐从农业生产中脱离,并投身于手工业生产。早期物品交换和手工业生产的场所是城市,它和乡村有明显的界线,城市文化与乡村文化的差异也逐渐拉大,城乡文化出现了分离。纺织业、金属加工业以及逐渐分离出来的手工业,凸显日益进步的生产技术和日趋多样化的生产方式。如此多种多样的活动,一个人已经无暇顾及,于是便出现了手工业和农业的第二次社会大分工。这个过程是私有制日益形成的过程,也是城市文化和乡村文化差异日益拉大的过程。

第三节　城乡融合视域下社区的文化建设研究

一、城乡接合部社区文化特征

寻找城乡接合部社区文化特征,需要从城乡接合部的特征追根溯源。城乡接合部社区文化的特点归根结底是由城乡接合部的特点决定的。城乡接合部是一个复杂的地域范围,总体呈现出复合型和变异性两个显著特征,具体表现为地域的边缘性、经济结构的动态性、资源高度的集聚性、人口结构复杂性、生活条件提高、生活方式多元化等几个方面。这些都潜移默化地影响着城乡接合部社区文化的形成,因此,城乡接合部社区文化呈现以下特征。

1. 双重性

城乡接合部社区文化兼具现代性和传统性双重性质。

第一,物质文化兼具现代与传统性。如城乡接合部社区布局趋向于城市布局,但是相比城市社区布局又更加保守;建筑方面,城市建筑显得更加现代性和紧凑性,城乡接合部的建筑却带有乡村建筑的影子且空间感更强。

第二,思想意识方面。由于城乡接合部城市人口与乡村人口混杂居住,城市新潮的文化理念和乡村保守、淳朴的文化特质在此地交融,呈现出城乡接合部社区居民在思想意识方面的现代性和传统性。

第三,经济结构转变形成不同的文化观念。城乡接合部以前是以第一产业为主的乡村地带。但随着城市化进程的发展,以前的乡村面貌越来越少,取而代之的高楼林立,第二、三产业不断兴起。这里不仅有自然而生的乡村乡土风情,同时也出现以盈利为目的的文化产业。

这两种不同的文化特征在城乡接合部这一特殊区域聚集交融,兼有现代性与传统型,最后形成了独特的文化特征。

2. 兼容性

城乡接合部主流文化与乡土文化并存。城乡接合部乡土文化是在当地长期的社会实践过程中自发形成的,主要包括封建信仰、风俗习惯、节气庆祝等。城乡接合部地区人口结构的转变,为主流文化的渗透提供了滋润的土壤,使城乡接合部地区居民的价值观念、行为模式、生活方式等发生了变化。例如:在衣食住行方面,城乡接合部居民在穿衣方面更加时尚,吃住方面更加注重健康,交通更加快捷便利,但是同时也兼有保守、传统、节约等乡风民风特质;在娱乐方式层面,城乡接合部社区居民既有唱歌、跳舞、体育运动等比较时尚的生活方式,又有喝茶、摆龙门阵、织毛线等比较传统的生活方式;在信仰结构层面,城乡接合部群众既有对社会主流意识形态的信仰,也有在小农经济基础下形成的比较传统、保守的思想文化。

3. 过渡性

过渡性就是城市文化与乡村文化在交融中体现出的桥梁作用。城乡接合部是城市和乡村的过渡地带,是乡村转变为城市的中介地带,这里的一切都表现出过渡性或者中介特质。在文化设施上,城乡接合部文化设施低于城市社区但是高于乡村社区。在文化活动选择上,城乡接合部居民文化活动选择与城市居民文化活动选择存在有一定的差距,城乡接合部社区文化活动选择可能性和多样性介于城市和乡村之间;从文化活动内容来看,城乡接合部文化活动具有城市文化活动的影子,但是内容却包含乡村文化内容。在思想观念上,城乡接合部居民也与城市居民和乡村居民不同,这里的居民既有追求城市文化的心理,又有传统封建文化的束缚,当二者出现矛盾冲突时,城乡接合部居民会采用折中的价值观念,避免矛盾升级。

4.冲突性

城乡接合部的复杂性,决定了城乡接合部是一个社会矛盾聚集、冲突频发的地区。城乡接合部亦城亦乡、亦工亦农的地理区位和经济结构、人口结构决定了城乡接合部的文化具有冲突性。外来文化与本土文化、城市文化与乡村文化、主流文化与乡土文化这些都会在生产生活实践中产生冲突和摩擦。由于城乡接合部是一个逐渐开放的区域,封闭的地域性渐渐被打破,导致了文化在发展过程出现了差异性与不平衡,这也表现为文化的冲突性。但是这些文化并没有好坏、优劣之分,只是需要我们根据实际情况在矛盾冲突中辨别是非,取其精华、去其糟粕,继承和弘扬优秀文化,这就需要提高城乡接合部社区居民文化素质。

二、进一步加强城乡接合部社区文化建设的对策思考

1.提升城乡接合部文化建设主体的思想认识

(1)加强主流文化意识形态建设

文化建设需要把握方向,不能脱离社会倡导的主流意识,离不开社会主流意识形态的引导。加强城乡接合部社区文化建设需要用科学的理论进行指引,用正确的舆论引导人,用科学文化知识提高人,用优秀的传统文化激励人。

用科学的理论指引人。就是要用马克思列宁主义、毛泽东思想、邓小平理论、“三个代表”重要思想、科学发展观以及习近平新时代中国特色社会主义思想去指引城乡接合部社区文化建设。文化工作者应深刻理解、掌握这些思想内涵与精神,把这些思想贯穿于文化建设当中,通过丰富多样的文化载体去教育和引导社区群众,让社区成员形成正确的世界观、人生观、价值观,把社会主义核心价值体系作为提升社区群众团结奋斗的共同思想基础,倡导社区群众努力践行社会主义核心价值观。

用正确的舆论引导人。城乡接合部社区是一个矛盾聚集的地方,人口多且流动性大,一件不好的小事就可能引发“蝴蝶效应”。这要求政府和社区工作者在进行文化建设的时候必须及时正确地引领舆论导向,营造正向的社区氛围。如红光镇本土涌现出很多的道德模范、哈尔滨好人、身边好人,政府可以通过文化活动等载体向社区群众传达正确的价值取向,营造积极向上、充满正能量的社区文化舆论氛围。

用科学的文化知识提高人。城乡接合部外来打工人员多，受教育程度不高，文化程度参差不齐。提高社区群众的科学文化知识水平也是社区文化建设的一个重要方面。社区是进行社会再教育的一个很好的平台。城乡接合部社区文化建设应注重社区教育，开展多样的科普活动，提升社区居民科学文化知识，降低社区居民成为文化边缘人的风险。如开展知识竞答活动、阅读活动、知识讲座、技能培训等活动都是提高社区群众知识文化水平的有效方法。

用优秀传统文化激励人。中华民族是一个历史悠久的民族，在中华上下五千年进程中，留下了很多至今还在弘扬的优秀传统文化。文化是根，文化是魂。社区作为社会的细胞，是弘扬优秀传统的重要基地。社区文化建设要重视用优秀的传统文化激励人，培训社区群众养成良好的社会公德、职业道德、家庭美德。形成和谐的邻里关系、家庭关系，构建和谐、文明、健康的社区环境。

(2)加强文化建设主体对社区文化建设的重视

城乡接合部社区文化建设需要政府、社区、居民形成合力，共同构建文化共建、共享平台，任何一方的缺位都难以完善城乡接合部社区文化建设。

政府加强对文化建设的重视。一是明确定位。政府在社区文化建设中应是引导者而不是决策者，这一点需要政府明确定位。二是增强意识。政府还应通过学习提高对文化建设的认识，真正理解社区文化建设的重要意义。只有政府重视文化建设，才能上行下效影响社区文化工作者和社区居民积极参与社区文化事业中。三是把文化建设指标纳入政绩考核之中。政绩考核要告别“唯 GDP 论”，把文化建设指标纳入政绩考核之中，通过制定硬性文化指标，强化政府人员对文化建设的重视。

社区工作人员加强对社区文化建设的重视。一是社区党委和社区居民委员会要提高对社区文化建设的重视。社区两委是社区工作的主要实施者，如果不加强社区领导班子对社区文化的重视，就算社区居民积极参与社区文化建设，也会出现“有力无处使”的尴尬局面。二是社区工作人员应准确把握文化建设的内涵，营造社区归属感、认同感。文化建设不是单纯地开展文化娱乐活动，真正的文化建设既要注重物质文化建设也要重视精神文化建设。面对物质文化建设，社区应加强文化基础设施建设；面对精神文化建设，社区应通过大力宣传社会主流意识，营造和谐的社区氛围，提升社区居民归属感、认同感。

社区居民加强对文化建设的重视。一方面，社区居民要明确定位，充分认识到自身是社区文化建设的受益者、参与者与维护者。社区居民在社区文化建设中不能有“事不关己高高挂起”的思想，在社区文化建设中，政府、社区、社区居民都不能独善其身。另一方面,社区居民要提高参与意识。要想搞好社区文化建设,社区居民应该踊跃建言献策,营造社区文化共享、共建、人人参与的好氛围。

2. 加强城乡接合部社区文化机制建设

(1)建立科学的管理运行机制

有正确的目标理念,还需要有运行流畅的机制和体系,城乡接合部社区文化建设的滞后性要求建立科学的管理运行机制,这样城乡接合部社区文化建设才能有序高效。文化建设要想高效,必须做到以下几点。

第一,政府角色的科学定位。一直以来,学术界批评社区文化建设存在行政化严重的问题,这是因为政府没有明确在社区文化建设中的地位。政府在社区文化建设中应扮演好引导者和管理者的角色。政府作为社区文化建设牵头人,应该把握城乡接合部社区文化建设方向,制定总体规划,实施管理。此外,政府还应该明确社区和社区居民在文化建设中的主体地位,放权给社区和社区群众,在一定范围内让其有权决定本社区文化建设的内容和形式,这样才能使二者积极地参与到社区文化建设的事业中来。

第二,建立科学的运行机制。城乡接合部社区发展时间较短,社区文化建设还没有形成系统的运行流程,需要党和政府给予更多的指导和支持,对城乡接合部社区文化工作做统一的系统的规划,建立科学的运行机制。首先,要找准城乡接合部社区文化的负责主管部门,理顺城乡接合部社区文化建设的组织管理运作体系。成立城乡接合部社区文化建设专项部门,全面负责各项工作,协调城乡接合部社区文化建设各主体之间的关系。其次,制定文化工作目标。政府要明确并完成短期目标为实现长期目标打下基础。如果没有明确的工作目标,城乡接合部社区文化建设就缺少方向性和针对性,结果只会导致不必要的人力、物力、财力的浪费。最后,建立合理的考核、宣传、培训等运行机制。文化工作定期考核,利用宣传栏和网络等工具加大社区文化宣传,对文化工作队伍进行培训,这样才能保证社区文化建设有序地进行。

(2)优化群众反馈机制

优化群众反馈机制建设,实现城乡接合部社区群众从被动地接收文化到主动地接受文化的转变。传统型的社区文化建设是政府主导式模式,政府在帮社区居民挑选文化形式和文化内容而忽视了群众文化需求,进而导致在城乡接合部文化建设中缺少人性化,缺少了温情。在城乡接合部社区文化建设过程中,政府和社区应多听群众的心声,拓宽群众发声渠道,建立科学的反馈机制,这是搞好城乡接合部社区文化建设基础。加强群众反馈机制建设应该做到以下几点。

第一,不定期地组织政府工作人员和社区人员深入社区收集居民意见和建议。工作人员可以通过多种形式了解本社区群众关于社区文化建设方面的信息。比如,可以通过平常的对话或者访谈法,以轻松的方式让群众说出他们关于文化建设的想法和建议。也可以定期组织社区群众开展文化交流会,让群众畅所欲言。还可以通过发放调查问卷的方式收集信息。

第二,拓宽群众参与社区文化建设的范围和表达渠道。城乡接合部人口素质偏低、缺乏主体意识导致社区群众参与到文化建设的积极性不高。一是政府和社区工作人员应该充分利用网络资源加强文化宣传教育,让大多数社区居民了解社区文化建设并鼓励其积极参与到城乡接合部社区文化建设中来。二是政府和社区要运用网络等新媒体,拓宽群众表达渠道,保证社区群众随时能利用各种平台表达自己的意见。在这一方面,红光镇具有可取之处。红光镇开通了官方微博、微信并且在办公地点粘贴公众号二维码,让群众随时能通过新媒体渠道发声。

3. 加强城乡接合部社区文化阵地建设

(1)完善文化基础设施建设,提升文化供给能力

完善的文化基础设施是提升整个城乡接合部社区文化建设质量的基础,城乡接合部社区发展时间短,对公共文化基础设施建设多处在起步阶段,量少质差是主要存在的问题。因此,加强城乡接合部社区文化基础设施,应该做到以下几个方面。

第一,完善文化基础设施建设,保持其持续的供给力。政府是整个文化基础设施建设的主体,是主要的建设者和管理者,因此不能忽略政府的作用。政府应该加大对文化基础设施的建设,增大投资力度,平衡投资比例,提升整体文化基础设施水平,避免不必要的重复建设,建设社区群众真正需要的文化基础设施。一是政府部门应对社区内的文化基础设施展开全面的普查工作,对社区基础设施的存量情况和质量进行统计,并按照人口数量或社区区域划分合理配置基础设施。在人口多的社区可以适当增加基础设施的配置,如体育设施、文化活动中心等。如红光镇金仪社区人口多,但是该社区的文化活动室却很小,这就可以根据具体情况进行基础设施的配置。二是及时对文化基础设施更新换代,真正提升文化供给的质量。如红光镇金土社区的电子阅览室只有两台电脑,电脑的配置也低,社区应该提升电脑配置。

第二,完善对文化基础设施的管理和维护,提升文化供给的质量。公共文化基

础设施属于公共设施，城乡接合部社区人口多、文化素质程度参差不齐，公共文化基础设施很容易陷入“公地悲剧”。特别是在使用高峰期，基础设施损坏的概率就会增大。首先建立定期检查基础设施制度。至少保证每月进行一次全面的文化基础设施检查，并做好检查记录，并且可以将此工作作为年终考核内容。其次，建立合理的报修制度，设立公共文化基础设施专项基金，聘请专人对文化基础设施进行维护和管理，保证文化基础设施能够安全地供社区群众使用。最后，要及时更换存在安全隐患的基础设施，减少安全事故发生概率。红光镇作为典型的城乡接合部，文化基础设施管理和维护方面做得还不够。虽然工作人员会定期检查体育设施，但对损坏的体育设施并没有及时进行维修和更换，这给社区居民带来一定的安全隐患，尤其是社区里的小孩，极容易因为基础设施的损坏而发生安全事故。

第三，鼓励社会组织参与文化设施建设。城乡接合部拥有乡村不具备的资金、技术、人才优势，利用城乡接合部优势资源，政府可以建立合理的引入机制，在政策上给予偏向，在资金上给予补贴，鼓励非政府社会组织参与城乡接合部社区文化基础设施建设，搭建资源共建、共享平台。如红光镇龙城国际小区的游泳池实行对外开放，并且需要向社区居民收取一定的费用，但是却完善了该地的文化基础设施建设，让当地群众能更加方便地享受到文化服务。因此，政府和社区应吸引外部资源参与到社区文化建设中来，完善社区文化基础设施建设，提升城乡接合部社区文化建设整体建设水平。此外，政府还可以通过购买第三方服务来优化和完善城乡接合部社区文化建设。如红光镇合兴社区购买了阳光社工服务，该机构就会定期在社区开展多样的文化活动，不仅提升了文化建设的质量，而且还丰富了社区群众的文化生活。

(2)整合文化资源，加强校地合作

相比城区，城郊地价优势明显，很多高校迁至城市郊区，城乡接合部成为高校落户的首选地。因此发挥学校资源优势，合理利用学校资源加强校地合作是完善城乡接合部社区文化阵地建设的关键，也是切实加强文化阵地建设的重要方面。以红光镇为例，该镇辖区内有学校 22 所，其中幼儿园 13 所，大中专院校 6 所，学校资源丰富。在文化活动方面，红光镇每年都会委托辖区内幼儿园为红光 3.16 活动准备节目，并邀请西华大学、四川传媒学院、电子科技大学等高校参加活动。此外还定期与银杏酒店管理学院、电子科技大学、西华大学等高校开展校地合作。红光镇开展校地合作是结合自身实际情况，发挥学校资源优势的创新做法。但是，我们也不能忽视其中存在的问题。一是学生志愿服务时间短，次数少，起不到真正改善整个红光镇文化建设的作用。二是发挥平台少且小，高校志愿服务范围主要集中在固定的社区;且开展的活动比较小型,影响范围具有局限性。三是由于项目牵头人的人员变动,校地合作项目并没有形成稳定的合作机制,变化性较大。

第一,建立相对稳固的校地合作机制,这个合作机制不会因为领导人的更换而导致校地合作项目的搁置。政府和学校可以通过签订合同等手段来稳定合作项目。其目的是保持学校与城乡接合部的长期合作,让校地合作项目成为文化建设常态化的措施,发挥其持久的影响力,从而改善城乡接合部社区文化建设。此外,校地合作参与团队可以延长时间,范围扩大。如学校安排的志愿服务团队不仅能在上学期间参与服务,还能在放假期间参与到社区建设,不仅局限在一个区域还能交叉地参与建设。

第二,聘请高校的专家和教授开展讲座。位于城乡接合部社区的大部分居民是进城务工的农民,他们的文化程度不高,对技能知识需求迫切,政府和社区要合理利用高校的教师资源,聘请技能型教师定期在社区开展科普知识讲座、技能培训等活动,提高城乡接合部社区居民的科学文化素质和技能水平,让知识和科技走出校园,走进城乡接合部社区,推动校地合作往更高和更深的层次发展,从而加强城乡接合部社区文化阵地研究。

第三,充分利用学校文化体育设施资源。资源共享不仅能提高资源的利用率,还可以避免不必要的重复建设,减少人力、物力、财力的浪费。学校可以把空置的教室租用给政府开展一些文化活动;学校的图书馆可免费向社区居民开放;学校的体育馆可以视情况向社区群众开放,实现资源共享。特别是暑假和寒假,学校的体育文化设施闲置,学校可以定时地向社区居民开放,提高设施利用率。

4. 加强城乡接合部社区文化队伍建设

(1)建立人才管理和引进制度

提升城乡接合部社区文化建设需要一批有文化、有道德、有素质、有理想、专业水平高、责任心强、热爱社区文化事业的人才。城乡接合部社区建设时间较短,对人才培养机制的建设还不完善。人才管理上:没有为文化人才提供合理的薪酬,也没有激励措施来留住人才,从事社区文化的工作者自身专业素质不强。人才的培养上:参加文化培训的人员名额少,机会少。同时,文化工作者年龄偏大,思想比较固化,缺少创新。所以,要想所需的文化人才源源不断地补充到社区的文化队伍当中来,输入新鲜血液到社区中需做到以下几点。

第一,建立以培养、激励、评价为主要内容的人才管理制度。定期组织对从事文化工作的人员进行培训,提升文化工作者的专业水平,及时更新其科学文化知识，提高他们对文化建设事业的敏锐性。坚持以人为本，杜绝官本位思想，扬其所长，避其所短，让人尽其才，充分发挥工作人员主观能动性，投身于基层文化建设之中。城乡接合部社区属于城郊也属于基层组织，一些优秀的文化人才因为待遇、交通等各种因素不愿意到基层工作。政府应制定合理的评价机制和激励机制，这是吸引人才、留住人才的关键。用严格的评价制度规范文化工作者行为，同时还必须对优秀的基层文化工作者给予适当的激励，包括精神奖励和物质奖励，提高其工作的积极性和主动性。

第二，人才引进制度。一是通过社区公招和人才选调的方式对符合报考条件的考生给予参加社区公招的机会，并择优录取。通过社区公招能有效避免“关系户”的存在，择优录取可以从根本上提高社区文化队伍的专业水平。二是通过选拔和调动机制引进人才。如果一些表现优秀的基层文化工作者有机会被抽调到上级部门任职，那么基层文化工作者的积极性会提高，流动性会减少。三是鼓励上级部门或单位的文化工作人员走入基层参加工作，增加他们的基层经验。四是提高社区文化工作者的待遇，营造和谐优美工作环境来吸引人才。待遇高低是影响人才去留的主要因素，制定合理的薪资体系，让社区实现自我造血功能，不断吸引新鲜血液到社区。如红光镇社区工作人员基本工资在 3 500 左右，年终奖金也具有不确定性，这样的薪酬待遇并没有吸引力。优化工作环境也是重要的方面。社区虽小，五脏俱全，营造一个和谐温馨的工作环境，能使人心情愉悦、工作效率提高。社区基层组织可以定期开展文化体育活动来加深同事之间的感情，因为良好的情感基础也是留住人才的一个因素。

(2)加强文化队伍的管理和培训

第一，加强对文化骨干队伍的管理。文化活动要想好，文化队伍少不了。高质量的文化队伍是搞好文化活动的关键；专业性强且稳固的文化骨干队伍是社区文化建设的重要力量。加强对文化骨干队伍的管理需要政府、社区、镇老年体育协会(简称镇老体协)三方形成合力，做到政府牵头，社区协助，老体协全力配合工作模式。首先，明确分工。合理协调政府、社区、镇老体协三方关系，明确分工任务，提高工作效率，减少工作矛盾。其次，加大对文化骨干队伍的支持力度，包括场地、设备、资金等方面。如红光镇六支骨干队伍中，只有威风锣鼓队的资金相对较多，服装套数较多，资金勉强维持活动需要。而其他五支队伍的资金少，甚至文化活动表演时用的服装、化妆品都需要私人提供。文化队伍形象是文化活动的门面，代表的是政府形象、社区形象，政府应为文化骨干队伍提供其所需的文化资源。再次，对骨干队伍进行定期的考核和培训。考核内容可包括专业知识考核与专业技能考核;参加文化活动的次数考核;参加文化训练情况考核。此外,政府还应邀请专业的老师定期对文化骨干队伍进行培训,提升其专业性,这是建立专业核心文化队伍的必经之路。最后,建立文化骨干队伍奖惩政策。对表现好的队员应及时进行表彰,对考核不合格的队员要及时帮助其提升。

第二,重视社区文化志愿服务队伍。文化志愿队伍是利用自己时间、金钱和文化技能为社会免费提供文化服务的志愿服务人员,是社区文化建设不可忽视的团队力量。首先,要加强对老年志愿者的重视程度。城乡接合部人口基数大,老年人较多。虽然大多数老年志愿者已经年过花甲,但是他们依然在为社会奉献自己微薄之力。其次,加强城乡接合部社区青年志愿队伍建设。老年志愿者不可忽视,但更要重视青年志愿队伍的建设和管理。青年志愿服务队伍是社区文化建设的有生力量,加强青年志愿服务队伍建设,不仅能提高社区文化服务能力,还能为年轻人提供走入基层、服务基层的机会,实现双赢。利用城乡接合部丰富的学校资源,可以把学生吸引到社区参加志愿服务活动,同时应加强青年志愿服务队伍的管理。

(3)充分利用社区社会工作者队伍

城乡接合部人口多、矛盾多,需要社会工作团队发挥力量解决社区问题。政府购买社工服务不仅能弥补政府服务不足的问题,还能从整体上提高城乡接合部社区的文化建设。一是增加政府购买社工服务的经费投入,这需要政府充分认识到社工在城乡接合部社区文化建设中的作用。二是社区和社工组织建立长期合作机制。社工是一支有活力、有思想、专业化的团队,他们能为社区群众提供多样服务。社区应联合社工开展群众喜闻乐见的文化活动,丰富社区居民的文化生活。如红光镇合兴社区购买了一家社工服务——阳光社工。阳光社工每个星期都会开展各种活动,包括手工课、唱歌比赛、乒乓球比赛、第三课堂(免费为社区小孩补习功课)等。因为城乡接合部矛盾突出,需要社工团队加入社区文化建设中,甚至需要的数量应该大于城市社区和乡村社区。

习近平总书记在哲学社会科学工作座谈会上强调,“我们说要坚定中国特色社会主义道路自信、理论自信、制度自信,说到底是要坚定文化自信”。新时期以来,党和国家对文化高度重视,把“三个自信”上升为“四个自信”,并指出“文化自信,是更基础、更广泛、更深厚的自信”。大力繁荣文化事业,要以基层为重点。随着城乡一体化进程的进一步推进,城乡接合部社区文化建设受到越来越多的关注。社区文化建设是社区之魂、社区之根。加强城乡接合部社区文化建设可以增强社区居民的归属感和认同感,从而有利于城乡接合部社区矛盾的解决,构建和谐的社区。

在整个研究过程中，笔者一直保持着严谨认真的态度。但是，本课题所包含的内容很广且难度大，同时由于个人时间和科研能力有限，对该课题的研究依然存在很多不足之处，比如对城乡接合部社区文化建设对策的思考不够，搜集的资料也不够全面，这是笔者深感遗憾之处。我真诚感谢各位专家老师给予批评指正，我将在以后工作和学习中对本课题继续进行研究。

参考文献

[1] 张晓容. 学习型社区文化教育体系建构与拓展:评《社区教育内涵发展论》[J]. 中国教育学刊,2020(11):1.

[2] 董治佑,张彩云. 由虚拟回归现实:大学生社区文化建设的一个分析框架与路径探索:以 CL 大学为例[J]. 中国成人教育,2022(1):6.

[3] 张庆环,吕慧. 城市社区安全文化建设的主要问题与对策建议[J]. 社会治理,2021(5):5.

[4] 辛治杰. 社区教育与社区文化推动社区治理的路径及实践研究[J]. 中国成人教育,2021(11):6.

[5] 刘涛. 学生社区思想文化建设方法与路径[J]. 区域治理,2020(48):2.

[6] 李进华. 县级市城市社区文化建设问题的分析[J]. 国际教育论坛,2020,2(2):63-64.

[7] 郑英菊. 合唱艺术与社区文化建设完美结合的策略研究[J]. 进展:科学视界,2020(2):4.

[8] 都雅男. 终身教育视域下我国社区教育推进研究[D]. 太原:山西大学,2020.

第七章　城乡融合视域下的乡村社区养老建设

第一节　城乡融合视域下社区养老服务需求与发展路径研究

一、乡村社会养老服务的发展概况与问题表征

1. 乡村老年服务保障的历史演进

(1)从古至中华人民共和国成立初期:家庭(宗族)福利为主,国家临时性救助为补充

从古至中华人民共和国成立初指封建时期到人民公社成立前(1955 年)。这个时期,乡村延续传统的家庭养老模式,政府以临时性的救助为补充。

家人是我国传统社会最主要的养老提供主体。家人养老以家庭为依托,由子女或其他家庭成员无偿提供养老资源,是一种家庭福利。依靠家人养老有着深厚的经济和文化渊源。小农经济是其经济基础。小农经济是一种以经验积累为主、高度依赖土地、非货币的经济形态。在这种经济形态下,家中的长者有着崇高的地位。家庭往往就是一个生产和消费单位,不再需要通过外部交换获得生产和消费资料。家庭中的老年人的供养和照顾也由家庭自身解决。儒家孝道是其文化基础。在儒家经典著作中,有许多强调子女奉养父母的论述。《孝经》第十章纪孝行章中有,“子曰:孝子之事亲也,居则至其敬,养则至其乐,病则至其忧,丧则至其哀,祭则至其严,五者备矣,然后能事亲”“谨身节用,以养父母”,要在物质和精神上侍

奉父母。

古代宗族作为家庭的扩大和国家政权的缩影,为族内老年人提供养老资源,既是血脉相连,也是在践行国家的施政观念和政策,实是家庭养老模式的扩大化。宗族的公共财产是宗族养老的基础。自宋代以后,很多宗族都有购置的义田和设置的义庄。宗族在家庭养老的基础上,用族规、宗规肯定老年人的地位,提高老年人的供养标准,并责无旁贷承担起困难老年人的供养和照料责任。中华人民共和国成立初实行土地改革后,宗族赖以生存的义田、义庄等财产被没收。宗族养老瓦解后,取而代之是松散的邻里之间的相互照顾。发生在"熟人社会"中的邻里照顾是主动且临时的,他们的照料具有无偿性、及时性和情感性的特点。

这个时期,国家在养老服务上的作用体现在对部分特殊老年人的临时救助。汉代开始,国家设置类似于现代敬老院性质的"居养",配备相应的食物、衣物、药物,专门收养孤寡、流浪、乞讨老年人。中华人民共和国成立后,基层政府在实际工作中也会对乡村孤寡老人实行照顾性制度倾斜。在组建农业互助组时,将孤寡老人分配到劳动力强的互助组中。

(2)人民公社时期:家庭福利为主,集体制度性救助为补充

经过中华人民共和国成立初期短暂的农民个体土地私有制后,在人民公社时期,国家迅速推行集体经济公有制的变革。乡村集体经济从高级社到"三级所有、队为基础"的人民公社体制。在人民公社体制下,我国第一次有了集体养老服务的保障机制——"五保"制度。

1956年提出的《1956年到1957年全国农业发展纲要》中明确,农业生产合作社对于社内缺乏劳动力、生活没有依靠的鳏寡孤独的社员实行吃、穿、住、医、葬"五保"。集体对这部分社员的责任包括物质供给,也包括生活照料。这时的五保经费主要依赖集体分配或公益金补贴,属于制度外渠道筹资,国家没有资金补贴的责任。加之这一时期,国家为了完成工业化和城市发展的原始积累,实行农产品统购统销和工农产品价格剪刀差政策,乡村集体经济收入薄弱,乡村集体养老保障水平相应较低。1958年,为了落实"五保"制度,通过了《关于人民公社若干问题的决议》,"要办好敬老院,为那些无子女依靠的老年人(五保户)提供一个较好的生活场所"。不仅如此,当时部分地方的集体会发放适当补贴,用以资助家有失能老年人的家庭,针对仅有部分劳动能力的老年人也有相关的参与劳动上的照顾。

总的看来,当时乡村养老服务呈现出家庭照料加集体性的、公社成员的低福利的服务保障模式。入住敬老院的孤寡老年人,由集体提供基本的养老服务,其他乡村老人则通过配给制度由集体提供物质保障,由家庭负责老人生活照料和精神

慰藉。

(3)转型时期:自我照料为主,开始探索其他类型的养老服务

1978—1998年是我国经济体制转型时期,撤销人民公社设立乡镇,全面推行土地家庭承包经营制度,开始了社会主义市场经济体制改革。随着经济体制的变化,该时期家庭仍然是主要的养老服务主体,同时以敬老院的改革为突破口,以社区养老服务兴起为特征,开始探索其他类型的养老服务。

土地家庭承包经营制度改变了过去以集体为依托、按劳动分配的分配制度,使得原有乡村集体组织的职能也相应发生较大变化。除“五保”老人外,集体不再为其他乡村老人提供养老物质保障,家庭成为养老保障的全面责任主体,既要提供相应的资金保障,又要承担生活照料、精神慰藉等赡养责任。值得注意的是,这一时期的家庭养老与传统社会中的家庭养老有所不同。此阶段由于计划生育政策的实施,乡村剩余劳动力的转移,家庭养老很多情况下是子女提供经济支持的自我养老。相比之下,家庭供养水平较之以前有了大幅度提高。

但是,保障弱势老年人的五保制度却不断萎缩。以集体分配或公益金补贴为主要资金来源的五保制度随着集体经济的解体而失去了经济支撑,敬老院运转困难,相续取消,幸存的也是规模萎缩。1982年至乡村税费改革前,五保供养的经费来自“村提留、乡统筹”。在这种情况下,五保制度在很多地方只剩下粮食的供给,五保对象生活上的照料无人过问。1984年,国家首次明确提出社会福利社会办,鼓励社会各界兴办资助敬老院,敬老院收养对象扩大至社会老年人。1994年,国务院公布实施《乡村五保供养工作条例》,五保供养制度法治化。但无论是老农保,还是五保供养,由于没有明确政府的筹资责任,成效均不明显。

同时,乡村集体主义全面控制的解体,造就了宽松的社会环境,部分乡村地区的村集体经济得到了良好的发展,集体经济实力增强,开始出现了一些如村级养老金、老年活动中心和村级养老物品。与此同时,村集体公共服务功能的缺失,也使宗族替代村集体成为公共产品的直接提供者,得到了快速的复兴。在一些乡村地区出现的老年协会就具有明显的宗族组织的性质。老年协会有自己独立的财产,组织村庄内的公益事业,并且对村庄正式权力机构产生一定的影响。

(4)老龄化时期:多元化养老服务

老龄化时期是指自1999年我国进入老龄化社会开始至今。就当前乡村养老服务整体情况而言,尽管家庭养老压力增大,但仍占据乡村养老的主要位置,70%以上的乡村老年人靠家庭养老,五保户则通过集体和养老院养老,其他养老服务方式正逐步开展,标志着我国乡村开始正式步入多元化养老服务时期。

20世纪90年代末,计划生育政策效应日渐显现,加之乡村青壮年劳动力大量外出务工,使得乡村老年人日常生活照料问题日益突出。这个时期国家成立了全国老龄工作委员会,密集出台了许多关于鼓励社会力量参与养老服务建设的政策文件。这些政策文件,提出了社会养老服务体系概念,强调了充分调动社会各方面力量,建设多元化老龄服务体系。

政府除了在政策上引导多方参与外,在资金上也直接承担着五保供养的责任。税费改革后,五保经费大体有四大来源:财政转移资金、农业税附加、村级集体经济收入和“一事一议”筹款。形式上,财政转移资金加入五保经费中,保证了稳定的经费来源。实际上,五保资金还是主要依靠村级集体经济收入。2006年,新修订的《乡村五保供养工作条例》第十一条规定,“农村五保供养资金,在地方人民政府财政预算中安排”,乡村集体经营收入只是起补助和改善五保对象生活的作用,这才真正实现了五保供养国家承担的历史转变。

2014年,中央政府选择了全国42个地区,在“以居家为基础、社区为依托、机构为支撑”大的养老格局下,结合各地具体情况,开展养老服务业综合改革试点,以总结经验,全国推广。现阶段,许多地区按照“9064”或者“9073”比例来布局三种养老服务,居家养老服务模式是建设的重点。

(5)社会养老服务的发展动因和路径依赖

从养老服务的发展史上看,家庭和社会始终都是并存的养老服务提供主体,只是在不同的历史阶段侧重不同。家庭养老服务在我国养老历史上自始至终起到了极其重要的作用,对我国老年服务保障和养老文化有着深远的影响。政府则是社会养老服务中最主要的提供主体,并且政府在社会养老服务多元化的变迁中起到了强有力的推动作用,是“多元”中的重要一元。

每一种养老服务模式都有其历史基础。以家庭服务为主,以农民互助、政府救济为辅的服务模式是一种以个体经济为基础的传统型乡村社会保障。那个时期尚未实行计划生育政策,乡村家庭规模较大,子女孝敬和赡养老人既有思想观念基础,又有客观实际条件。于是,在孝道盛行的传统社会里,老年人得到了家庭无微不至、全方位的照料。直到人民公社和转型时期,乡村集体经济的解体、家庭结构的小型化,不可避免地瓦解了集体供养,削弱了家庭养老的能力。到人口老龄化时期,由于家庭结构的变迁、老年抚养比的上升、女性职业化以及代际关系观念的转变等因素作用,家庭养老服务的供需均衡被打破。为了提高老年人获得服务保障的概率,扩大老年人获得服务的多样性,切实减轻各个服务主体的压力,社会养老服务开始得到重视。

在制度变迁理论上，社会养老服务发展的动因，一是，能够切实减轻各照料主体的压力，尤其是不堪重负的家庭的照料负担。人口老龄化后，对我国乡村经济社会产生了诸多影响，尤其是对老年人晚年生活质量产生直接影响。家庭规模的缩小和空巢化使许多乡村老年人失去了最主要的照料资源，需要转而依靠自己或配偶来料理日常生活，子女用经济上的供养替代生活上的照料。因此，多元参与的社会养老服务体系的提出，使老年人有了除家庭养老服务外的其他选择，在一定程度上减少了老年人无人照料的可能性，减轻了家庭作为直接提供者的负担。而通过政策引导民间资本参与养老服务的筹资，提倡发动广泛的社会力量参与养老服务的提供，由全民分担养老服务的风险，可减轻各个养老供给主体的供给压力，尤其是政府的养老压力。二是，能够使老年人获得家庭养老服务不能给予的养老满足。家庭一般只能提供生活起居照顾和情感支持。社会养老服务则以生活照料、康复护理、精神慰藉、紧急救援和社会参与为服务内容，能够满足老年人多层次、多元化的需求，并区分居家、社区、机构三大养老服务平台的功能，以保障老年人就近、有选择、有针对性地获得所需的社会养老服务。

我国乡村社会养老服务发展不可避免地存在家庭养老的“路径依赖”。我国家庭养老观念决定了在中国推行社会养老服务体系，一定要注重人们家庭养老的习惯。其实，作为非正式制度的养老服务的变迁更侧重老年人对家庭以外的养老服务的需求来诱导社会养老服务的发展，而不是采用政策引导等强制性方式实现变迁。社会养老服务发展的家庭路径依赖正好说明了老年人对社会养老服务需求意愿的重要性。所以，社会养老服务一定是肯定家庭作用的养老服务，社会养老并不意味着养老服务只能由政府提供，而是强调在家庭基础作用的前提下，提倡社会各方参与到养老服务中。这样的社会养老服务的发展方式不仅可以减轻家庭和政府的照料负担，也尊重老年人居家养老的选择。

2. 乡村社会养老服务存在的问题及原因

(1)服务模式的分割性。首先，当前乡村普通老年人获得的主要是家庭养老服务，五保老人以政府集中供养为主。由于缺乏居家和社区养老服务的供给，许多五保老人无法选择居家养老，而只能入住敬老院，一些有家人的空巢老人却无法入住公办养老院。其次，无论是机构养老服务还是社区养老服务，均对服务对象有严格的限制，只限于本村范围内的老年人享受。再次，居家养老和机构养老两大平台存在政策分割，居家养老服务补贴只能在社区服务中使用，而对养老服务机构则采取运营补贴的方式间接补贴入住老人。这种政策设计实际上是没有看到老年人身体机能的衰退是一个连续的过程，开始需要居家养老服务，可能最后才需要机构养老服务，居家养老服务起到一个预防和保健的作用。社会养老服务的分割性使得有需要的乡村老年人无法自主选择合适的养老服务。

（2）服务市场化严重不足。乡村社会养老服务只见政府，不见市场。政府既是提供者也是筹资者更是监管者，介入过多，既会造成资源浪费，也偏离了老年人的需求。以国外的经验来看，政府不再直接举办养老机构，而是交给社会组织和市场去办。政府的责任是为困难老年人提供基本的养老服务，起"兜底"的作用。实际上，就满足需求而言，市场才是公认的最有效的方式。

（3）养老服务以行政化的方式自上而下提供。养老服务评估工作的指导意见已于 2013 年由民政部制定并下发，但各省市基本没有制定相应的实施方案。各地政策制定的滞后和脱节，导致老年人的基本需求表达没有得到充分体现，养老服务的供给仍然主要采用自上而下的体制。各省市缺乏养老服务评估方案，忽视老年人的话语权，对不同老年人的需求分析不细致，不利于养老服务的专业化和精细化。

（4）服务人员不足，且综合素质偏低，稳定性弱。养老服务的劳动强度大、时间长，收入和职业地位相对较低，造成服务人员不足，流动性大。加之人力资源管理制度滞后，缺乏有效的激励机制，致使专业护理工作者和社会工作者流失。乡村养老服务人员只能就近招聘年龄较大的农民或下岗工人。许多招聘来的人员文化程度不高，大部分没有经过专业知识的培训，还需要边干边学，更谈不上开展专业护理工作，一来无法满足乡村老年人对护理、文化娱乐、法律援助等的需求，二来导致许多养老机构只能接受能自理的老年人，出现福利反导向现象。

（5）服务政策与管理体制上的不规范、粗糙性和碎片化。如实施方案没有进一步设立居家养老服务的最低服务标准，不利于政府评估购买的服务，并根据服务的质量确定是否付费、付费多少，从而不利于推动服务的专业化，保证服务的质量。又如，从拿地、建设到运营，营利性和非营利性民办养老机构享受的优惠政策各地尚无明确规定，不能对养老机构进行分类管理。再如，专门为老年人提供生活照料、康复护理等服务的设施占用土地可确定为养老服务设施用地，纳入国有建设用地供应计划，而市场运作的商业性设施占用土地尚无归属类别，且可获得性与价格优势都十分缺乏。社会养老服务政策的缺陷将大大影响和阻碍社会养老服务的发展。

（6）区域和城乡发展不平衡。尽管社会养老服务的发展水平并不与地方经济发展水平完全重合，但是一般而言，经济发达省份的发展水平高，发展速度快，同样的差距也存在于城乡之间。实际上,区域间和城乡间的老年人的基本养老服务需要是一致的。社会养老服务区域和城乡发展不平衡,剥夺了乡村老年人享受均等的养老服务的权利。

二、乡村社会养老服务的发展路径

现阶段,乡村养老服务正经历着如费孝通先生所言的以家庭为中心,“波浪似的向外扩散,犹如投入水中一个石子后的水波,一圈圈地推出去,越推越远,也越推越薄”的一种“差序格局”。只是,在家庭养老服务功能外化的过程中,邻里、朋友的身影渐渐隐去,正式的社会力量已然成为其中的一圈又一圈的水波。如何基于老年人的现实需求,综合各种力量,提供乡村老年人乐于接受、能够接受的,效率高、可持续的社会养老服务是核心问题。本章的主要任务是,基于乡村老年人的社会养老服务现实需求,明确乡村社会养老服务的框架体系、具体方案、配套制度,最后简要提出相关对策建议。

1. 乡村社会养老服务发展的核心问题

从理论上讲,以人本主义需要的角度看,老年人均有养老服务需要。可以推测在人口老龄化程度不断加深、家庭供养能力不断弱化的趋势下,老年人都会产生社会养老服务需要,并且需要量巨大。社会养老服务需要的产生源于人口老龄化和老年人服务需要的提高导致家庭养老功能的弱化。评价社会养老服务需要的关键因素包括,老年人口数量、分布区域、健康状况和家庭支持。满足老年人社会养老服务需要是社会养老服务的远期目标和根本目标。这是我国当前提出加快发展社会养老服务的立论依据。

因此,乡村老年人需要社会养老服务以弥补家庭养老的不足,但需求意愿和支付能力均较低。将需要等同于需求,将需求等同于现实需求。这不仅是当前乡村社会养老服务供给绩效低下的原因所在,也是进一步发展要重点关注和解决的问题。换言之,以需要为本,建立需求导向型的乡村社会养老服务体系的最大难题是如何将需要转化为需求,且提高老年人的支付能力。总结相关文献,老年人社会养老服务需要向现实需求转化的影响因素为家庭支持、健康状况、主观意愿和收入水平。乡村社会养老服务的发展是以上四个核心因素的综合考虑和组织协调。

当然,尽管乡村老年人的社会养老服务需要并不等同于需求,但是乡村老年人需要与需求的特点存在一致性。一是,无论是社会养老服务的需要量,还是需求量,随着人口老龄化和社会的不断发展,都呈增加的趋势;二是,乡村老年人服务需要和需求的服务项目都包括日常生活照料、医疗护理、精神慰藉和文化娱乐,并以照护服务为主。这些共同点也是发展乡村社会养老服务要考虑的地方。

2. 乡村社会养老服务体系构建

(1)需求意愿与服务对象

我国政府相关文件明确指出,社会养老服务的目标是提高老年人的生活质量,而不是弥补家庭照料的不足,也不是满足老年人的某些特殊需要。因此,理论上应该遵循普遍性的原则,将所有老年人纳入社会养老服务体系。但是,一方面考虑到我国是一个典型的"未富先老"的国家。一般国家在人均 GDP 达到 10 000 美元后才进入老龄化社会。而我国是在 865 美元的时候,于 1999 年进入了老龄化社会,2013 年人均 GDP 达到 6 629 美元,养老的物资储备依然相对不足。另一方面考虑乡村老年人社会养老服务意愿不高,遵循普遍性原则无疑会增加有限资源的浪费。在近期,乡村社会养老服务的对象选择标准建议遵循选择性原则,重点和优先考虑有社会养老服务需求意愿的老年人和特殊老年人(高龄老人、失能老人、独居老人)的基本需求。这也与我国当前适度普惠的社会福利理念是一致的。也可以说,所有老年人是乡村社会养老服务的潜在服务对象,有社会养老服务需求的老年人和特殊老年人才是乡村社会养老服务的客观对象。

(2)需求内容与分配内容、提供主体

国际上,奥地利推行的是非受限的现金补贴,德国兼有实物服务和非受限现金补贴,荷兰的是实物服务。在我国的一些地区推行居家养老票券。票券分为"养老券"和"服务券",服务券发放对象为政府补贴规定的人群,养老券是由老年人及其亲属自行出资购买或者是由社会人士捐资购买。正如 Gilbert 分析的,现金补贴侧重个人自由和选择,服务侧重社会控制和集体利益。我国乡村老年人以健康老年人为主,且经济收入较低,为了避免出现现金补贴另作他用的现象,乡村社会养老服务分配的内容应在混合形式的基础上,以服务或服务券提供的形式为主。

老年人对服务内容的需求决定社会养老服务的提供主体。从前文可知,乡村老年人对社会养老服务的内容要求遵循先生存后发展的原则,对生活照料服务和医疗护理服务的需求尤其强烈。生活照料服务属于一般服务。一般服务可以由没经过特殊训练,无特殊技能的普通服务人员提供,如邻里朋友和志愿者等。医疗护理属于专业服务。专业服务相对一般服务而言,对提供主体有较高的要求,需要具有能够为老年人提供康复服务、药物管理、心理疏导、文化娱乐、护理服务等知识和专业技能，多由专业团体、组织、社会工作者提供。这样，社会养老服务的提供主体包括政府、市场、非营利性组织、志愿者、邻里朋友等各种社会力量。

(3)需求方式与服务递送方式

本文遵循老年人的养老服务方式意愿，按照先就地后机构的原则选择服务递送方式，构建乡村社会养老服务体系。当前绝大多数乡村老年人意愿家人提供养老服务。长远来看，如果社会力量介入家庭养老，为家人提供喘息服务、专业指导，甚至出资购买家人的服务，这未尝不是传统家庭养老服务的社会化转型，纯粹的家庭养老服务转变为居家养老服务。这样，以家庭为平台组织的居家养老服务必将是乡村社会养老服务的主要的服务递送方式。

居家、社区、机构这三种服务组织递送方式更多意味着服务的分工，而不是需求满足方式的分割。各方式的功能互补，并且相互联系，将乡村老年人需要的服务项目有机地结合起来，使它们不至于因为提供者、专业的不同导致的分割而影响使用。因此，由这三种服务组织递送方式构成的乡村社会养老服务体系是一个整合性的系统。整合性的理论基础是生命过程论，核心是服务的连续性。乡村老年人可以根据需要在不同的供给者那里获得服务，在不同的养老模式中流转。

3. 乡村社会养老服务补贴制度设计

(1)设计原则

在现阶段，我国不能像丹麦、瑞典和挪威等国一样，实行普惠型的养老服务补贴制度，乡村社会养老服务补贴制度是一项补缺型的，更像社会救助性质的福利制度，是为了使没有支付能力的乡村老年人获得其需要的服务而设。目标在于促使乡村老年人的潜在需求转化为现实需求，并同时保障乡村社会养老服务的可持续性。

(2)监管和实施部门

政府是养老服务补贴制度的监管部门，民政部门负责具体的实施，包括服务对象的划定、补贴标准的确定和补贴的发放。服务对象评估工作外包给公益型事业单位，或者符合条件的社会组织。补贴制度的绩效考核可以外包给第三方评估机构与服务对象的评估机构不是同一机构，也可以由当地民政、工商、老龄、残联等部门及镇、村提供养老服务的组织分别评定，也可以由接受服务的老年人评定。

(3)资金来源

养老服务补贴所需资金主要来自国家财政。中央财政和地方财政按照一定比例分担，具体比例可以根据地方财政的实力而定，中央财政兜底。其他来源可以是民间资金支助，也可以是福利彩票公益金提取。

(4)补贴的发放

补贴的形式有服务（包括服务券）和（或）现金两种，主要采用发放服务或者服务券的形式，由养老服务的供给者直接发放给老年人，做到补贴到人，费随人走。如果发放的是有面额的服务券，这种服务券实名使用，不得转让，不能支付养老服务外的其他服务，有一定的使用期限，过期作废。

三、对策建议

1. 发展符合乡村老年人需求的养老服务内容和形式

用乡村老年人乐于接受的方式供给合意的养老服务，能够解决供给过剩的问题，提高供给的效率。

一是，建立乡村老年人需求表达机制。我国现行的自上而下的行政化乡村公共产品供给决策机制，往往会导致乡村公共产品供给内容和方式偏离乡村老年人的实际养老服务需求。供给内容和方式上的扭曲在一定程度上反映了乡村老年人需求表达的渠道不畅，乡村老年人影响养老服务决策的能力有限。因此，要提高供给的效率，必须给予乡村老年人话语权。首先，调动乡村老年人参与社会养老服务供给的积极性和主动性。其次，民主选举村委会的领导人和基层人大代表，使其真正成为乡村居民的利益代表；再次，政府减少对老年组织的干预，培育老年协会等老年组织的独立性，强化老年人利益的表达能力。

二是，建立和完善需求评估机制。针对不同的人群设计有针对性的供给制度，制定和统一老年人养老服务需求的评估标准和方法。各地根据当地的经济状况、老龄化状况，科学确定养老服务需求评估标准。评估的标准包括老年人的经济、身体和非正式照料状况，其中身体和非正式照料状况是主要的参考指标。评估工作可以由第三方专业机构或者由民政、医疗、社会工作者组成的团体进行评估。评估结果形成社会养老服务对象的信息化数据库，数据库随时更新、动态调整。服务的供给依据数据库的老年人信息而定。一般而言，经济状况良好，能自理并与家人同住的老年人，无须提供额外的支持，只需提供一些如文娱活动、社会参与、精神关爱之类的支持性服务；经济状况较差，生活尚能自理的老年人，可以给予一定的扶助，服务的方式以居家为主，服务的内容以尽可能保持和延长老年人的健康生命、寿命为主；生活不能自理的老年人，以机构为方式，提供护理、临终关怀之类的服务。

三是,充分考虑并尊重乡村家庭养老传统文化和经济收入低等客观现实。尽管家庭核心化,但是老年人普遍愿意选择家庭养老。老年人对家庭的依赖对社会养老服务内容、提供方式具有重要的指导意义。按照我国养老传统和乡村实际的经济情况,家庭内部能解决的老年照料问题,不会假手于人。因此,一些指导家人如何更好照顾老年人的介入性项目,或者缓解家庭照料压力的喘息项目及日间照料服务尤为重要。

2. 推动乡村社会养老服务的多方参与

发掘和协调多方参与乡村养老服务,主要是为了缓解家庭和政府的养老服务压力,推动形成乡村养老服务多方参与的局面,为构建一体化的乡村社会养老服务夯实基础。

一方面,善于挖掘当地的养老服务人力资源。在老龄化程度不断加深的乡村地区,养老服务资金来源的广泛性作为社会养老服务可持续发展的关键得到普遍的认同。首先,树立因地制宜的开发观念。养老服务人力资源的数量和质量与当地劳动力市场有密切关系,当地的人口结构决定养老服务人力资源的供给。其次,鼓励家人持续照料老年人。如政府为一些需要长期照料老年人的家庭提供经济上的补助或给予照料者个人收入所得税款减免。再次,通过提供初级医疗、辅助工具、家居改善、护理康复等服务,提高老年人自养的能力。最后,挖掘现有的老人资源、邻里资源进行义务帮扶和互助。

另一方面,鼓励多方参与乡村社会养老服务。政府在鼓励多方参与上起主导作用。对于营利性组织而言,由于养老服务是投资时间长、收益缓慢的事业,政府考虑在建设资金、运营资金、税收上给予一定的优惠,并简化和通畅民间资本投资养老服务的审批手续;对于非营利性组织,需要在用地、资助和税收上给予与营利性组织的区别对待;对于专业人员而言,将其在基层服务的经验作为升迁的考核项目之一;对于一线工作者而言,提高他们的职业声望和工资待遇,做好职业升迁规划。

3. 改革乡村社会养老服务的筹资制度

乡村养老服务的费用支付涉及公共产品供给的核心价值——公平问题。改革乡村养老服务的筹资制度,变一方为多方,有利于激发乡村老年人的社会养老服务意愿,也有利于乡村老年人社会养老服务潜在需求向现实需求的转化,保证乡村社会养老服务对象的广泛性和普遍性。

(1)近期的改革目标

政府保底+市场筹资+多种收费方式是近期乡村养老服务筹资制度改革的三大措施。首先,政府保底是指政府负责低收入失能老年人的基本服务补贴。高龄老年人、女性老年人和西部地区的乡村老年人还需加强补贴的力度。补贴的标准参考市场上年度平均的护理费用,补贴的形式可以选择补需方。补需方也可以以养老服务券或者现金补贴的形式出现。相对而言,补需方比补供方给予了老年人更多的选择权,现金补贴还可以购买家人提供的服务,是政府支持家庭养老的一种手段。为了实现长效的养老服务补贴制度,要建立可持续的财政资金为主渠道的保障机制,亦即中央政府要建立养老服务补贴的专项资金,加强对现有补贴制度的整合。其次,市场筹资,包括发行国债、成立专项基金、大力发展乡村金融支持养老服务。政府围绕养老服务的市场筹资设计激励政策,如财政贴息或税收优惠等。再次,多种收费模式保障老年人在其支付能力范围内能获得一定的服务,既确保有支付能力的老年人自己承担费用支出,又保证没有支付能力的老年人不因支付不起费用而无法享受服务。"费用价目表常常试图解决消费者之服务付费预期、消费者之支付能力、服务之实际成本和机构增加额外收入之需要四者之间的冲突问题。"可以参考英国的居家社会服务收费的四种模式,浮动收费制、基于服务水平的收费制、基于财产收入的收费制和基于财产收入和服务水平的收费制。弹性收费制隐含着政府是最终的责任人之意。

(2)中远期的改革目标

中远期以长期护理保险推行为目标,将养老服务责任由多方共担,风险分担以保险的形式确定下来。长期护理保险是发达的工业化国家用于应对老龄化日渐加深、护理费用负担沉重而设的一项保险制度。长期护理保险初期可以先实行自愿参加的原则,最终秉持风险分担的原则采用强制性的社会保险体制,由法律强制实施。保险缴费由政府、企业、个人分担或者由政府、个人分担。承保范围由最初的护理费用报销,逐步扩大到其他日常照料服务项目。

4. 建立和完善乡村社会养老服务的质量控制体系

乡村老年人获得的服务的质量直接关系其个人生活质量高低,间接影响相关利益共同体的生活质量。只有建立和完善乡村社会养老服务的质量控制体系,才能保证乡村老年人获得持续高质量的服务。

(1)质量控制的责任主体和职责分工

中央政府、地方政府和乡村社区一些老年人组织是质量控制的责任主体。中央政府承担法律制定颁布、完善统一行业标准、人力资源培养和物质资源分配的责任；地方政府执行中央政府制定的标准，分配资源和监管养老服务质量。具体包括当地行业标准的制定，调适中央制定的标准，人才的教育培训和具体奖惩制度的制定；老年协会或社区其他老龄服务组织由于贴近老年人生活，最了解其需要，作为政府监管工作的协助者，充分发挥其化解矛盾、维护和谐稳定的一线平台作用。

(2)质量控制的对象和内容

养老服务由一定的人和组织提供，其质量控制的对象主要是从业人员和服务机构，内容包括人员培训、对正式和非正式服务提供者的监督、老年人信息系统的建立、服务标准设定以及指导纲领的发布。

(3)质量监管方法

对于公办养老服务机构，应当由村民自治组织与政府管理机构共同监管，成立相应的监管机构，按照制定的行业标准，开展定期检查和抽查，提出完善的建议。如服务机构不能达到国家最低的行业标准，则采取限期整改，甚至取消资格的执法行动。对于其他性质的养老服务机构，应建立起出资人负责制，通过订立合同保障质量。比如，养老服务机构作为中间人，签订合同承诺如其派出的服务人员和老年人发生争端时应承担调解的责任。

(4)其他补充控制措施

除政府监管外，体制外的评估也越来越重要。如由多学科专家组成的第三方评估、媒体曝光等。

5. 加大乡村社会养老服务的宣传引导工作

加大对社会养老服务的宣传，提高乡村老年人对社会养老服务的了解度和认同度，是促使乡村老年人转变养老观念、提高社会养老服务意愿的重要对策之一。

(1)宣传的内容

宣传内容的重点是居家养老服务和社区养老服务。作为新型的养老服务模式，居家养老服务和社区养老服务有别于传统的家庭养老和机构养老。它们既充分尊重老年人在家养老的意愿，又将各方力量引入养老服务领域，是乡村社会养老服务发展的方向和重点。但是，由于是新生事物，许多乡村地区还没有实施或者刚试点不久，老年人对二者认识度很低，直接影响了居家和社区养老服务的推广。因此，必须加强对这两种养老模式的宣传，包括对服务方式、内容、收费、补贴申请、典型例子的介绍。

(2)宣传的方式方法

由地方民政、人社、村委会等相关组织牵头,开展宣传工作。可采取上门宣传,进行面对面的交流;定点,如在集市开展现场宣传活动,解答政策疑问;利用乡村墙体广告、乡村小广播等多种方式进行宣传。并在村里人流量大的地方悬挂横幅、发放宣传海报、宣传单等。

第二节　城乡融合视域下乡村养老社区空间环境与景观设计研究

一、城乡融合视角下乡村养老社区景观设计的相关理论研究

1. 乡村养老生活的核心思想

(1)生活环境——安静、闲适

乡村田园生活最重要的特点就是安静、生活闲适,中国人对于田园养老生活的向往古已有之。东晋隐士陶渊明便有诸多关于田园养老生活的描写,“种豆南山下,草盛豆苗稀。晨兴理荒秽,戴月荷锄归”,表达了诗人对于乡村养老生活的喜爱;唐代诗人孟浩然也有“故人具鸡黍,邀我至田家。绿树村边合,青山郭外斜”这样对于田园生活的细致描绘。对于当代中国老人来说,安静、舒心的晚年生活是他们的必需品。

(2)生活目标——自给自足、获得感

在乡村田园生活的目标上,老人依然有着两方面的需求:一方面要有物质上的保障,另一方面要有精神上的获得感。在乡村养老生活中,这两点能够得到比较好的满足。自给自足是中国农耕文化中重要的特点之一,当地社会中,老人回到乡村养老的物质保障已然比较充分,但自给自足的特点一方面能够给物质生活上以补充,享用到一些自己动手得来的物品,另外也可以让老人感受到自己动手、运动之后的获得感,从而获得精神上的满足。

(3)生活方式——质朴、回归自然

在乡村养老生活中,老人可以通过种植、耕作、饲养等活动回归到自然之中,享

受质朴的田园生活，愉悦自身身心的同时，也是对自然环境的保护和再利用。除此之外，老人还可以通过一些其他文化活动，如音乐、绘画、书法等，陶冶自身情操，真正过上“日出而作、日落而息”这样质朴的田园生活。

(4)社交关系——淳朴、热情

在乡村养老生活中，人与人之间的距离被迅速缩短，由于乡村的平面化构造，邻里之间的实际距离和心理距离都相对缩小，同时，由于年龄层次上的接近性，老人之间会有更多共同话题和娱乐活动，相比较城市中的高楼大厦，人与人之间总是存在着一定的陌生感和距离感，田园生活中的人会感受到社会交往关系更加淳朴和热情，邻里之间和睦共处，互相帮助，也是乡村养老的一大优势。

2. 乡村养老社区景观审美意向

由于提起乡村生活，人们总会想起“小桥流水”“男耕女织”“依山傍水”这些美好的、理想化的印象词——既是人们以往的对乡村生活的共同印象，同样也反映出人们对乡村养老生活的美好愿景。传统的乡村景观在城市化、城乡一体化的推进中逐渐发生了演变，不少传统乡村告别了曾经的特色。而在以自给自足的小农经济为主的农耕时代，人类活动开发的破坏性较低，生活相对恬适安逸，乡村景观特征主要表现为人与自然的和谐相处。乡村养老社区的景观可类比乡村景观，分为自然景观、经济景观与人文景观。

(1)自然景观

自然景观，在广义上包括季相变化、地文、水和动植物景观四个种类。

中国是一个受季风影响比较大的国度，大部分城市一年四季分明。随着四季变化，乡村的色彩和自然肌理也会随之发生改变，诗中常有“人间四月芳菲尽，山寺桃花始盛开”的季相描绘。季相是乡村景象变化的基础——春天繁花似锦，万物开泰，充满了生机；夏日炎炎，万物翠绿，田园避暑好去处；秋天里充满了收获的喜悦，景观上则呈现出红、黄等颜色；北方冬季多雪景，乡村景观多为冷色调，蕴藏着来年的希望与生机。

地形地貌为乡村生活提供了良好的条件，无论是广阔的田野，还是近山傍水的人居，都是依托地形地貌展开的。作为田园景观的重要因素，同样也可以作为我们养老社区景观的基础，所有的乡村养老也必须考虑到各个地方不同的地形地貌，因地制宜。

水对于田园景观来说非常关键，古语有云“无水不成活”，自古以来，人们逐水而居。乡村的水环境相比较城市更佳，因此在乡村养老社区的建设中，水景也是重要的审美意向之一。

丰富的动植物是田园景观中最能淋漓尽致展现其特点的景观，是乡村生活有别于城市的最大特征。一方面，在乡村中，人类可以饲养鸡鸭鱼牛羊等各种家禽家畜，也可以拥有狗、猫等伴生的宠物，另一方面人类还可以通过自己的感官感受到乡村中各式各样的野生动物，如昆虫、鸟类等。植物是自然的象征，也是田园景观的重要元素，在乡村养老社区的景观建设中，我们必须要考虑到植物形体、色彩、功用、象征意义等，方可创造出一个综合效益好的景观。

(2)经济景观

前文提到，生产性是乡村养老生活的核心特征之一，人类的生活绝对离不开生产，在乡村生活中更是如此。现代社会中，生产过程已经发生了一定的演变，经济生产景观包括了“乡村房屋建造”“饮食种植”“农业设施”等多方面的要素，而集中表现为“农业生产”和“乡村聚落”，前者主要满足乡村养老基地生产所必需的基础，而后者则代表着人类对农耕文化的欣赏与升华，如建筑风格、街道布置、休闲场所等。经济景观中的人类劳动者及其生活方式也成了乡村聚落景观表达的重要部分，同样具有农业生活的魅力。

(3)文化景观

乡村民俗文化也是田园生活的重要组成部分，在满足了基本的生存需求以后，人们对于文化的享受变得更为重要。文化是人类精神生活的支柱，养老生活同样也不能离开文化。以老年人为主体的养老文化包括了社会养老文化、地域养老传统等方面，其内在包含了人类对于老年群体的态度和人类对于未来生活的假想。无论是农业生产文化还是民俗、民族、宗教传统等，都是乡村养老社区景观建设需要重点考察的问题。

二、城乡融合视角下乡村养老社区景观设计研究

1.基于城乡融合的乡村养老社区选址

由于乡村养老社区不同于城市的养老社区或养老公寓，其乡村景观与田园生活的特点决定了乡村养老社区对自然环境的高度依赖。要在兼顾环境的同时选择方便家人往来探望的地方。在这个范围内，除了考虑自然环境因素以外还应考虑人文环境。交通设施、基础设施以及区域发展规划等因素，这些因素直接影响到乡村养老模式的构建。

(1)自然环境因素

对比位于市区及乡村的养老社区,宜人舒适的自然环境是吸引人群选择前往乡村度过养老生活的重要原因,也是较市区养老的一大优势,良好的各方面环境因素都将有利于老年人的身心健康,同时也有利于提升养老生活的质量。

在自然环境中,温度、光照、湿度、空气质量和噪声强度是养老院选址必须参考的因素,适宜的温度、充分的光照以及舒适的湿度能够成为老年人外出的积极因素,有利于进行户外活动,因为这直接影响老年人能够健康而舒适地生活。而山水景观和田园景观也是养老院选址可以参考的因素,有这些景观会影响到养老院田园生活氛围的营造。

(2)交通因素

不同于城市中四通八达、成熟的交通体系,乡村的交通系统相对简单,老年人属于弱势群体,生活中可能出现健康问题,交通是保障老年人养老生活健康的必要条件,乡村由于距离城区较远,对交通提出更高的要求,这需要通过道路建设与公共交通情况共同决定。首先应确保通往养老基地的道路路况良好,且路程不宜过远,便于紧急情况下救护车辆的通行,是乡村养老社区中老龄群体生命健康的保障。其次公共交通的情况在一定程度上能够对家人与朋友前来探望提供便利,可直达的公交或地铁,或是由养老社区提供固定班次的往返班车是解决距离城市较远问题的途径之一,也能为社区内老年人参与城市生活、与社会进行沟通提供方便。但考虑到自然环境因素中噪声与空气质量方面,不宜邻近交通主干路。

(3)服务设施因素

不论是位于市区的养老社区或是乡村的养老社区,都应将服务设施纳入选址考量中,这是养老生活质量的决定性因素。包括基础设施、功能性配套设施、适老化三方面,水、电、暖等是生活基础设施的必备,除此之外,网络也已成为生活中必不可少的基础需求,不少现代的老年人也有上网与使用社交软件进行沟通的习惯,因此乡村养老社区选址时也需将网络作为必要的基本生活需求。选址应充分调研周边既有功能性配套及公共空间,在新建养老社区时可适当利用现有的超市、餐饮等服务性配套,以及可利用的医疗资源,可减少一些不必要的重复建设,也可作为社区服务设施的补充,在新建养老社区时将部分服务性场所开放,包括新建的配套医疗设施等,方便周边居民的生活。整体规划的大型养老社区中,对于周边适老化程度的要求不高,但对于定位为既有聚落改造型的养老社区,周边环境的适老化程度较为重要,老年人在此类社区中的户外活动依赖于道路及公共空间的安全性,适老化也是各类养老社区建设过程中的重要一环,应给予足够的重视。

(4)人文因素

养老基地所在区域的人文因素关系到老年人的精神建设,也是建立老年人归属感的重要方面。社会发展过程中,不同的地域逐渐产生了不同的风土人情,不同的习俗、信仰与审美差异会影响人们对环境的判断,因此规划大型养老社区时,应充分考虑面向客群的差异,在尊重与适应当地的人文因素的前提下进行选址。

2. 基于城乡融合的乡村养老社区景观规划设计原则

(1)安全性原则

安全性原则作为一个公众场合每每都被提及的重要原则之一,面对老年人这类弱势群体的使用者,养老社区中安全性的意义在于当老年人在使用社区外部环境时,场地与环境不会对身体造成伤害。这也是进行养老社区景观规划设计时需考虑的首要设计原则。

养老社区景观设计的安全性原则主要是各类空间的安全考量,包括道路规划的合理、公共设施的完善、植物配置的安全等,社区内的各类空间应相对独立于车行道,在适当的分离中寻求联系,活动场地应有良好的视野且平坦无阻,同时还要保证充分的夜间照明。在养老社区中尽量实现人车的分流,运用慢行道路增加老年人的活动空间,保证内部活动空间的相对独立,可通过在主路中设置减速带、减速标牌等方式增强安全性。尽量减少在社区中活动场地的高差,在无法避免较大高差时应设置滑坡及运用不同色彩设置警示标志,除此以外还应注意道路平整性及材质的选用。公共设施需确保老人使用时的安全性,注重防滑与尺度,同时充分提高其适老化程度。植物配置的安全性体现在避免有刺、有毒的植物,减少易飞絮植物,多选用无污染不易有坠落或分泌物滴落的植物。

(2)文化植入原则

城市化进程中,乡村发展丧失自我特征,趋于同质化的现状导致乡村的旅游资源减少,吸引力下降。立足于乡村自然景观资源与良好的生态环境的养老社区应将地域特色与文化融入其中。传统的农耕文化、地城文化,既有的聚落风光以及自然景观元素,都会在一定程度上影响乡村养老社区的景观规划。

基地应在景观营建中突出乡村独特的风貌,与城市的景观特征有所区别,重点展示地域的乡土风情与文化景观,在建筑、景观构筑物、各类活动空间中融入具有代表性的地域文化符号,丰富的文化体验能够激发老年人的乡土情结,同时还可增强社区整体的识别性,使得各地不同的养老社区形成鲜明的特点。

(3)生态持续性原则

生态持续性原则可分为生态可持续与生态美观两方面。

乡村养老社区作为新型养老的重要模式之一,又是乡村经济发展的新途径,其建设过程中坚持生态持续性原则是保护乡村景观特点、保障城乡融合健康发展的关键一环,是乡村养老社区景观规划的核心。尤其对于社区内的园林植物应用与设计更为重要。在乡村养老社区景观规划设计中,首先应在减轻对自然生态的破坏下,维持良性的动植物生活环境,提升人居环境质量。生态持续性原则是在自然生态的基础上建立一个循环可持续的健康景观。

进行生态持续性景观设计首先要尊重当地的自然地理特质,在植物的选取、水景的营造以及建材的选用方面应遵循地域性特征,尽量选用乡土植物,减少对原有状态的破坏,就地取材,使得人为设计对地方生态的负面作用降到最低,且有利于降低管理与维护成本。同时应将社区内的景观设计与整体自然环境相结合,作为一个整体进行全面的规划设计。运用多学科的理论基础相互协作,在满足老龄群体对社区的景观需求的同时兼顾动植物的生活环境,对自然生态环境资源进行开发的同时兼顾资源保护,最终达到生态可持续的整体优化目标。

生态美观性原则主要是针对社区内植物的合理配置,注重植物景观丰富的层次变化以及丰富的季相变化。根据植物的生长特性进行乔、灌、草的多层次搭配,多利用植物进行空间的围合,减少硬质材料的使用,尽量使基地景观的观赏期得到合理安排,落叶、常绿、开花、色叶植物的合理使用,使得四季均有景可观,展现植物空间的季相之美。植物景观应将非农作物景观与生产性景观有机整合,兼顾经济与景观。

(4)健康舒适原则

在城乡融合的大背景下,对于养老居住环境健康与舒适性的需求是乡村养老社区应运而生的重要原因。因此在进行乡村养老社区景观设计时,应遵循健康舒适原则。

健康舒适性是从身体与精神两方面开展的,社区环境的舒适度与老龄群体在环境中活动的积极性成正比,主要体现在公共设施、适宜的空间尺寸在满足老年人对私密性、安全性等不同空间的需求的同时,可以提升空间使用的舒适感与利用率,材料的选取考虑老年人的体质,环保无毒与木质材料为佳。充分合理的光照。尽量设置带有靠背与扶手的休憩座椅,也是提升舒适度的一方面。在植物的选择上,选择可分泌抗菌物质、净化空气、提神醒脑等具有保健效果与药用价值的植物。在这个原则下营建空间舒适、安静、健康、合理的乡村养老社区。

(5)人性化原则

人性化原则的核心是以人为本。老年人是乡村养老社区的主要使用者,应明确老龄群体与其他人群在生理心理上的区别,理解并尊重每一个老龄个体,从老年人本身出发,养老社区的景观应兼具实用与美观的特性,不同的空间由于其功能的不同,景观也应具有相应的侧重点。给予每一位老年人人文关怀,对于生存状况的关怀,重视老年人对外界环境的在声、光、行等方面的特殊需求,包括创建方便老年人使用的无障碍行动的环境,如:无障碍通道、室外座椅旁预留轮椅停靠空间、台阶与走廊等处设置便于老人起身行动的扶手等。营造安全方便的“老有所养”的养老环境,从物质层面出发,进而着力于精神层面的建设,通过合理的规划设计满足老年人的心理诉求,缓解孤独、失落等消极情绪,满足老年人对于自我完善的需求,营造积极、自由的养老环境氛围。从而提高养老生活品质。

3. 乡村养老社区景观规划设计策略

养老社区主要由景观与建筑两个部分组成,结合前文针对乡村养老社区的相关调研分析结果,乡村养老社区的景观需以安全性为基石。室外景观环境关系着老年人的交往、锻炼、休憩等大部分活动,因此社区环境必须符合老龄群体的生活习惯,同时充分利用建筑、植物、构筑物等元素为老年人提供所需的交往娱乐空间、文化娱乐空间、休闲园艺空间、健身活动空间以满足老年人的室外活动需求,尽量避免出现场地中急剧的高差变化,各类空间与道路中都应有简明有辨识度的标识系统,对基地环境的风、光、声进行定位后将休憩座椅等设施避开风口,社区应有明确的功能分区且将动区与静区进行合理地划分,既相互独立又能产生呼应的关系,考虑到家属携儿童前来探望的情况,将儿童活动区合理地融合进社区的户外模块中,各空间充分利用景观元素进行点缀与过渡,整体景观应突出乡村田园特色。从使用者本身的需求出发将社区按空间类型进行划分,以形成更符合老年人需求的具有针对性的景观设计。乡村养老社区景观设计内容包括道路设计、植物配置、各类活动空间景观设计与生活区景观设计。

(1)生活区景观设计

生活区主要由建筑与宅前绿地两部分组成,是养老社区中对老年人养老生活质量产生较大影响的部分,其重要性不言而喻。据调查,不同生活环境的老年人对于居住空间与居住形式的偏好有所差异,因此需根据养老社区的规模提供满足相关的设计标准与规范公寓式、院落式等多种居住形式的居住空间。居住空间选址应在社区内地形平坦、自然条件各方因素最优区域,保证充足的光照与良好的通风,水电等基础设施的正常使用,以确保选址的合理性。

乡村养老社区中,建筑形式本身也是景观的一部分,能够对景观起到增色与相辅相成的作用。可将乡村养老社区分为既有乡村建筑的适老化改造与新建乡村养老建筑两方面来进行设计。久居城市的老龄群体,很大一部分人已习惯于居住在高层、小高层等多层建筑中,因此新建公寓式的5~6层小楼(参照荣华·清荷园)是城市景观的体现之一,既能满足此部分老年人的需求,也能够使得养老社区的接收数量得到一定的保障。院落式的居住空间,是乡村建筑特点的突出体现,也是乡村景观的重要组成部分。新建院落式乡村养老建筑,具体的布局形式可参照当地民居的布局,能够满足对于乡村田园生活有强烈意愿的老年人的居住需求。其选材应选用当地传统的建筑材料,与时代特点、现代建造技术相结合。具体的建筑风格可根据当地的自然环境、气候与地城文化等方面的特点进行设计,但整体建筑外墙的色彩应符合老年人的色彩审美,且能够通过色彩对不同的使用功能进行区分,色彩不宜杂乱,避免破坏原有的聚落特点,配套景观应突出乡村生活气息,以乡土植物为主,符合当地的景观特征,注重景观与建筑风格的呼应,二者相辅相成,此类居住空间配套功能方面更加灵活,利于提高养老服务质量,但成本较高。既有乡村建筑的改造能够既保持原有的建筑风格和特点又减少养老设施的建设成本(如国奥颐悦乡村休闲养老社区),根据养老生活中老年人对于居、住、行等方面的使用需求对原有建筑进行改造,提高建筑的舒适性,并使改造后的乡村养老建筑符合相关的养老设施标准,在传统乡村民居的基础上结合现代化的建筑设计元素,赋予其新的使用功能。

目前养老社区的居住空间在社区内的布局可分为聚集分布、散点分布两种。

聚集分布式布局指将所有功能性的空间与居住空间聚集在一个或几个较大体量的建筑之内,一般适用于规划面积较小的乡村养老社区。聚集式布局的建筑多为需新建的多层建筑,因此与周围既有的建筑风格可能存在较大的差异,与周边的自然环境融合度较低。该居住空间的布局形式能够有效增加一定面积内老年人的室外活动空间,对社区内的服务动线与交通空间会有更高的要求,以减少聚集带来的相互影响与冲突。

散点分布式中居住空间的建筑形式多为院落式的单层或低层建筑,较适用于地形有较大高差的地块以及对已有乡村民居改造的养老社区中。低矮的建筑与乡村的自然环境与周边建筑的融合程度较高,不同院落形成相对独立且宽敞居住空间,院落内能通过田园小景等营造更加浓郁的田园休闲特色,院落的面积可大可小,景观设计多样,能够在更私密且安全的区域享受养老生活与自然环境。因此,在为老年人提供舒适的居住空间的同时,要营造出变化更为丰富的景观环境。

针对乡村养老社区不同使用者对于居住空间与景观等需求的不同,提出复合式布局形式。即将具有服务功能的各类室内空间统一集中在单个多层建筑之中,结合老年人的居住意愿在多层建筑中设置部分居住空间,其余居住空间以院落的形式结合地形与交通,呈散点状分布在主体多层建筑周围,在两类居住空间独立性的同时以风雨连廊、林荫步道等形式进行联系。公寓住宅形式缺少庭院空间,部分向往田园牧歌生活的老龄群体可能对此会产生排斥的心理。为贴合乡村生活的特征,在进行景观设计时应通过微地形、植物围合和小尺度的铺装、弧形小径等形式与周边环境进行融合,放置石磨、农具等农业主题的景观小品,展示与体现农耕文化。形成私密、半私密的空间,提供丰富的室外活动场所,营造山林之趣的同时对老年人身体的健康起到积极作用。

此类居住空间布局形式的乡村养老社区既能够满足现代城市及乡村老龄人群对于居住空间的需求,又能够减少配套设施不必要的重复建设,在多层建筑与院落居住空间之间形成多种类型的空间,有利于老年人的户外活动与交流。适用于在城乡融合背景下的面向城乡各类老龄群体的较大面积的高品质乡村养老社区。

(2)道路交通设计

乡村养老社区内的交通空间主要分为一般交通空间与服务交通空间两部分。社区内的交通空间在安全性为首要原则的前提下,要确保道路的无障碍性,设计应达到交通便捷与人车分流。整体道路设置需因地制宜,由于乡村的历史特殊性,可能存在古树、遗迹等,道路设计时需对其进行保护性避让。充分利用已有的合理道路,减少对于乡村自然生态环境的破坏。

①一般交通空间

乡村养老社区内的一般交通空间可将社区内的路网交通分为主要道路、次要道路与慢行道路三级。根据具体的选址情况判断交通流量,以此作为主要出入口、次要出入口及停车场设计的依据。主要道路承载着各主要空间的连接作用,是实现人车分流的第一步,也是对外交通的重要组成,参照居住区相关设计规范,为保障老年人急救与消防的要求,社区内道路类比居住小区级道路,路宽应设置在 7~9 米的范围,使用透水混凝土为路面材料并在路旁需设置人行道,社区内的次要道路需作为主要道路与居住空间的中间一环,需与主要道路形成健康的环形路网关系,增强各类居住空间的可达性。

次要道路主要为内部交通道路,路宽设置在 6 米为宜,对于面积较小的养老社区,路宽控制在 4 米亦可,使用透水性混凝土为路面材料。慢行道路主要指连接居住空间与其他室外空间之间的道路，该分级道路以步行、老年人用代步车等为主，不涉及机动车的使用，需满足交通与游览两部分功能，可再分为一级人行道、二级人行道与三级人行道。为方便老人户外行动，人流量较大的一级人行道路段路宽以2.5~3米为宜，也是社区内老年人归家的最短路径，其余路段的路宽可适当调整，二级人行道作为社区内连接功能活动区的主要休闲人行道，以适当的曲线的形式，注重舒适性与趣味性，路宽不宜低于1.8米，三级人行道主要是活动区内部的通行道或者小路，强调功能性，路宽以1.2~1.5米为佳，可选用洗石米、烧结砖等材料，慢行道路由于其与老年人的关系最为密切，应选用符合老年人心理需求的材料，路面以防滑的石材为宜，高差尽量使用缓坡代替踏步，风雨连廊等慢行步道可采用防腐木等材料，慢行道旁应设计植物层次、种类、色彩较为丰富的路旁绿化，但避免形成杂乱无章的植物景观。慢行道路需重视路面收边，强调道路边界，可以通过彩色的条带等形式提醒老年人注意脚下安全。道路中的踏步的高度可适当调整至10~12厘米，以适应老年人行动能力的下降，踏面的宽度不小于30厘米，尤其避免过多的连续台阶。

②服务交通空间

养老社区的正常运作与老年人的日常生活服务离不开社区内的工作人员，医养结合与老年人对于医疗保健的需求，使得构建完善的服务交通空间的重要性逐渐显现。医护人员与工作人员往返于社区各处的工作活动具有很强的持续性与阶段性。因此室外交通空间的尺寸与动线除了考虑老龄群体的需求外，对于散点式布局的养老社区，还应考虑到工作、护理人员的行为与空间需求，以保障护理工作的正常开展。

服务人员在具有功能性的空间与居住空间、工作空间之间的服务动线需要独立于一般交通空间，避免出现过多的相互干扰，但也要有必要的联系，以便于观察老年人在户外的活动情况，处理老年人在室外可能出现的各类状况，一般交通空间的主要道路与服务交通空间的功能相仿，因此可作为服务交通的一部分，此外，根据社区的功能分区与各空间功能、人流量适当设置服务交通道路，路宽宜设置在3~6米，便于日常工作，可应对多数情况。

第三节　城乡融合视域下完善城乡社区养老服务体系路径研究

一、哈尔滨养老服务体系发展的困境与机理

1. 哈尔滨养老服务体系的供给与需求的差距分析

（1）供给特征

第一，城乡差异显著。从内部看，经济发展水平、养老保障水平、养老政策和服务的供给水平都出现了城镇高于乡村的情况。哈尔滨城乡基本的养老金待遇、养老机构、社区居家养老服务以及医疗资源地都显示出明显的城乡差异，并且这些差异反映出的是城镇老年人拥有更优质的养老服务资源。经济发展水平是养老服务水平的前提，并且老龄化程度也影响着养老服务的供给，在城乡经济水平和老龄化水平存在差异的条件下，城乡养老服务水平差异的存在有其合理性。但是通过横向比较发现，哈尔滨养老服务体系的发展状况不容乐观，无论是与经济水平相似的省份还是老龄化程度相似的省份相比较，哈尔滨养老服务体系的供给水平和城乡差异都处于落后地位。需要指出的是，结合上文样本调查数据可以发现，哈尔滨老年人的养老方式以居家为主，其入住养老机构的意愿不强，因此受到需求的影响，哈尔滨养老机构发展落后于其他省的情况具有一定的合理性。

第二，社区养老服务水平落后。一方面是供给数量少，横向比较的结果显示哈尔滨社区服务水平远远落后于其他省份；另一方面是供给效率低，不能有效地满足老年人的社区服务需求。CLHLS 的调查显示，哈尔滨各项社区居家养老服务的供给率与需求率的差距都巨大，同时供给利用率很高，尤其是在生活照顾、上门服务和保健知识的利用率已达到或接近饱和，但需求满足率却处于低位，说明还有许多需求没有得到满足。

第三，供给方式较为粗放。一是重数量轻质量，尽管提供住宿的养老服务机构和设施已有一万余个，但多为互助型养老服务机构，难以提供专业的养老服务；二是养老服务体系供给忽略了老年人的需求，导致养老机构空置和社区养老服务需

求满足率低的矛盾出现；三是政策供给落后于现实，且政策主要关注于服务内容，对于养老服务项目的“上游”，即专业人才、土地、税收、行业标准等方面的相关政策还比较缺乏。

(2)需求特征

总的来说，目前哈尔滨城乡老年人的养老方式还是以家庭养老为主，对机构养老的需求低，对社区养老服务的需求旺盛。在具体的服务内容上，城乡需求结构相似，尽管在不同的居住方式下老年人的需求有所不同，但都集中于上门服务、保健知识和心理咨询方面，先提出老年人的社区养老服务需求更多在于基本生活照料之外的服务。而城乡老年人的差异主要在于养老服务水平，一是哈尔滨老年人整体经济收入水平较低，更愿意选择经济实惠的养老方式，尤其是乡村地区老年人收入水平低，难以承担更高水平的养老服务花销；二是由于哈尔滨社区养老服务供给不足，城镇老年人社会参与的机会比乡村更多，他们对社区养老服务需求更大、要求更高。

另外，由于身体健康状况和家庭构成相似，哈尔滨城乡老年人养老均主要依赖于家庭，但是随着家庭小型化与老年人高龄化的发展，失能、半失能老人比例呈上升趋势，因此未来对生活照料以及医疗护理的需求必将大大增加。同时，受到文化水平和居住环境的影响，城镇老人能够接触到更多新兴的养老服务类型以及消费观念，更容易接受社会化的养老方式；乡村老年人受教育水平低，思想难以解放，受传统观念的束缚更深，对社会化养老方式认识不深，对子女的依赖更大，这也是CLHLS 的调查结果——乡村老年人社区居家养老服务需求低于城镇。

2. 哈尔滨养老服务体系发展困境的机理分析

(1)城乡养老服务体系定位模糊

一方面是养老服务供给结构定位模糊。一是哈尔滨城乡养老服务体系缺乏统一的规划，导致了双方巨大的差异。二是养老服务体系中的各个部分在向老年人提供服务时，忽视了老年人的主观意愿。哈尔滨老年人的需求主要是对社区居家养老服务的需求，但目前体系对其的供给还十分缺乏。尽管有关文件明确指出“居家为基础、社区为依托、机构为补充”的体系构成，但从实际情况看，目前哈尔滨社区服务水平仍跟不上需求，社区的依托作用没有充分发挥，居家养老的方式还不能实现其基础作用，而机构养老资源则存在闲置的状况。

另一方面，养老服务体系供给层次定位模糊。政府、社会、市场和家庭作为服务的供给主体，没有划分明确的担责领域，且缺乏沟通与合作机制，难以形成共同完善养老服务体系发展的合力。一是政府、社会和市场的服务供给多为基本层面，不仅不能满足支付能力强的老年人的更高层次的需求，而且同质化的服务还会造成养老资源的浪费。在城镇存在着公办养老机构的入住难和民办机构空置率高的问题；在乡村，随着脱贫攻坚不断推进，哈尔滨的扶贫工作取得巨大成效，许多老年人具备了接受社会养老服务的经济条件，但乡村地区养老服务机构收养的老年人范围仅限于经济困难的老年人，这就导致许多老年人享受不到机构养老服务，同时还与部分五保村无人问津的窘境形成鲜明对比。二是养老服务机构往往缺乏一个明确的性质界定，仅仅机械地以"公益"或"盈利"作为自身的性质界定，容易造成管理运营模式的混乱，不利于机构本身的发展。三是供给的社会化程度不高。结合福利多元主义，社会福利的供给主体除政府外还应该让市场、社会、家庭共同参与进来。就哈尔滨目前来看，各主体都没有充分发挥应有的作用，公共财政支持力度有限、社会力量参与不充分、市场发展方向模糊。同时，哈尔滨养老服务体系的建设主要依赖政府的公共财政资金，社会捐助以及市场运作的资金几乎处于空白状态，导致了养老服务体系在完善过程中缺乏足够的人力、物力与财力。

(2)落后的观念制约

哈尔滨对养老服务体系建设问题的理论研究起步晚。20 世纪 90 年代后，哈尔滨进入老龄化高速发展阶段，老龄化问题才开始受到重视。虽然近几年学术界对养老服务体系的论述越来越多，但是多以实践领域为主，理论研究较少，对出台的相关政策没有进行更深层次的理论探究，导致了哈尔滨养老服务研究领域重实践、轻理论的现象，影响养老服务体系持续健康发展。

哈尔滨有些乡村属于贫困落后地区，相应的老年人思想也比较陈旧，尤其是乡村地区的老年人，大多不愿接受社会化养老服务，尤其是入住养老机构，他们文化水平低，不容易接受现代化的养老服务方式。因此，他们的养老服务需求被极大地抑制，不利于他们改善自己的晚年生活。

二、城乡二元结构下哈尔滨完善养老服务体系的路径

1. 供给层面

(1)破除城乡二元结构壁垒，建立城乡一体化社会保障体系

实现社会保障国民待遇的应有之义包含了建立一个城乡一体化的社会保障体系。

第一,宏观层面上要加快推进社会保障法治化建设,不仅要在全国层面上加快法律法规的出台,还要在操作层面强化落实相关法律法规。

第二,要统筹城乡社会保障发展。在二元结构下,应坚持城乡并重的发展思路,而在哈尔滨现有的经济条件下,应该首先实现乡村基本社会保障的全覆盖,统筹规划适合农民工和被征地农民这样的特殊群体的社会保障制度。这样的特殊群体处境尴尬且规模巨大,妥善处理他们的社会保障问题也能为实现城乡社会保障一体化建设提供宝贵的经验。

第三,要完善公共财政的投入机制,提高用于社会保障支出的比重,这既是向公共服务型财政的转变,也是使所有居民共同享受经济成果的必然要求

(2)推进城乡养老服务一体化建设

基本公共服务均等化要求中央政府通过制定相关国家标准,在财政上确保各级政府具有提供基本公共服务的能力,确保每个公民能够不分城乡、不分地区地享有、接近法定基本公共服务项目。一方面要扩大养老服务对象范围,将城乡所有老年人纳入服务范围,使城乡普通老年人成为养老服务体系的消费主体,在城乡二元结构下实现老年人享受养老服务的“机会平等”。另一方面要将优惠政策向乡村地区倾斜,鼓励养老服务项目及专业人才向乡村地区供给。

政府财政投入首先要弱化城市偏好。首先,政府的财政资金应优先考虑重点优抚对象、城市“三无”老人、乡村孤寡老人以及特困低保老人,同时加大投入改善城市福利院、乡镇敬老院的基础设施,在经济条件允许的情况下将五保村发展成为乡村社区服务中心。其次,要支持面向普通老年人的养老服务机构,通过政府补贴的方式资助民办非营利养老服务机构发展,也可以通过公建民营的方式为民办养老服务机构提供场地支持;对于城市中盈利性的高端养老机构则可以提供土地供给和税收减免政策。最后,对于选择居家养老但又需要社区或机构上门服务的老人,政府可视实际情况给予一定补贴。

2. 明确政府在养老服务体系中的角色和定位

(1)从服务供给到制度供给

目前哈尔滨养老服务主要依靠政府来提供,城镇地区的社会福利院、敬老院、社区服务机构大多采用公办公营模式,乡村地区民办服务机构数量更少。在这种模式下,养老服务供给的数量受到政府财力的严重制约,远不能满足老年人的需求,也不利于养老服务体系的进一步完善。

基于养老服务的公益性,政府在对基本养老服务的供给上有不容推卸的责任,

因此政府的首要责任是保证基本养老服务的供给。具体来讲就是加快公办养老机构的提质增效工作,在起到为困难老人托底作用的同时向民办机构发挥示范效应促进整体质量提升。尽管政府在养老服务体系建立完善过程中处于主导地位,但这并不意味着政府要承担养老服务供给的全部责任。在保证基本养老服务有效供给的基础上,政府要将工作重点逐渐向制度供给转移。一方面要在原有政策基础上,尽快推出相关实施细则。目前哈尔滨养老服务体系相关政策仍停留在政策规划层面,落实到各部门、各地市的具体细则鲜有出台,不利于基层政府工作的执行。另一方面要制定规范化要求,以一系列系统性标准衡量养老服务体系在完善过程中出现的问题,及时调整政策措施。

(2)从“运动员”到“裁判员”

过去,政府是养老服务供给的参与者与政策制定者,这种“既当运动员又当裁判员”的做法一方面分散了政府的行动力,另一方面容易产生寻租空间。因此,政府应该将角色定位为养老服务体系的监督者,通过制定一系列切实有效的监督机制、评估机制来保证养老服务体系的健康发展。这就要求政府大力推进社会养老服务标准化和规范化建设,建立起养老服务业的进入和退出机制和行业标准、社会养老服务质量认证体系、城乡养老机构服务质量评审机制,按照“计划—实施—评估—执行”方式加强过程控制,建立健全城乡老年人服务质量规范,维护养老服务市场秩序,从而保障老年人在享受养老服务过程中的权益。另外,要通过立法形式明确各级政府在养老服务体系中的职能作用,辅以质量评估为导向的政府绩效管理,保证政府的履职效率。

3. 形成多元化多层次的养老服务体系

可及性以及可得性是养老服务有效供给的基础。这二者的提高不仅能够解决养老服务“难”和“贵”的问题,也是完善养老服务体系的必经之路。要提高养老服务可及性,必须提高服务的供给水平;而提高可得性则是要求扩大养老服务的覆盖面。因此,利用服务主体、对象以及模式的多元化来增加养老服务的有效供给,提高服务内容和水平的层次性,保障各老年群体享有应得的养老服务,是提高养老服务可及性和可得性的重要途径。

(1)形成多元化的养老服务体系

第一,服务主体的多元化。坚持政府主导、社会力量参与的养老服务体系,整合社会资源,利用社会资本,引导和鼓励支持社会力量兴办养老服务机构。福利多元主义告诉我们,政府、家庭、市场和社会都会出现“失灵”的可能,其在养老服务供给上都可能有“缺位错位”的情况出现，不利于整个体系的有效运转。从政府角度出发，要给予民办养老机构财政补贴或是在场地、税收等方面提供优惠政策，激励民间资本参与到养老服务的供给中来；同时大力发展公建民营养老机构，引入社会资本参与养老机构建设管理。从市场角度出发，党的十八大提出“让市场在资源配置中起决定性作用”，因此要充分发挥市场在养老服务供给中的积极作用，在市场竞争机制下，老年人的需求能够更为及时和准确地被发掘，同时提高服务的供给效率和质量。从社会角度出发，公益组织、慈善组织以及志愿组织等非政府组织是养老服务供给的主体之一，要充分发挥非政府组织灵活性、多样性等特点，对政府和市场的供给不足进行补充。另外，为了充分发挥市场和社会的作用，需要放松行业准入管制，在保证质量的前提下丰富养老服务的供给。最后，家庭在养老服务供给中要发挥基础作用，家庭养老目前仍是老年人养老的最主要方式，而血缘关系是其最大特点，因此家庭的作用是不可替代的，家庭要保证对老人经济物质上的赡养，同时要关注老年人心理健康状况，满足其他主体无法提供的情感需求。

第二，服务对象的多元化。享受基本的养老服务是每个公民应有的权利，因此养老服务体系不仅要涵盖经济困难老人，还要向城乡普通老人提供养老服务。尤其是要提高乡村老年人的养老服务可得性，要通过一系列政策以及财政投入，使养老服务在乡村实现全覆盖。同时在城乡户籍制度分割的背景下，还要将进城务工农民工、被征地农民单独分类制定适合的养老服务方案。

第三，服务模式的多元化。从单一的家庭养老模式向多元化模式转变是改革的应有之义。除了已有的居家社区养老、机构养老外，还可以采用其他模式为老年人提供服务。如建设“虚拟养老院”，在 12349 公共服务平台的基础上，通过互联网技术为居家养老的老年人提供线上线下养老服务。目前哈尔滨 12349 平台还推出了“老年人优先打车”服务，方便了哈尔滨老年人的出行，值得向其他城市推广。

(2)形成多层次的养老服务体系

一是养老服务内容的多层次。马斯洛需求层次理论将人的需求分成生理需求、安全需求、爱和归属感、尊重和自我实现，因此在完善养老服务体系的过程中，既要满足其生理和安全需求，还要将关注点放在医疗护理、精神慰藉等领域以满足老年人更高层次的需求。

积极促进医院与养老机构合作，鼓励部分养老机构向老年病医院、康复医院、护理院、中医医院、临终关怀等机构转型，符合条件的还可以纳入城乡基本医疗保险定点范围。鼓励更多医院开设老年病科，并为老年人就医提供“绿色通道”。同时，丰富老年人的精神文化生活，让老年人不仅“老有所养”，还要实现“老有所为”

“老有所乐”。一般来说,老人的心理障碍始于身体健康状况下降,随后则出现疼痛失眠等问题,如果没有及时干预,会造成严重抑郁或痴呆等疾病。家庭对于老年人心理疏导的作用是不言而喻的,同时还要动员社会力量丰富老年人的精神世界。如建设老年大学,开展老年志愿服务,在民族地区开展具有民族特色的老年文化项目等。尤其在乡村地区,要针对当地老年人的文化水平和兴趣爱好来提供相应的文化娱乐活动,避免资源的浪费。

二是养老服务水平的多层次。由于生活条件以及个性心理的不一致性,老年人的养老服务需求也不尽相同,甚至同样条件的老年人也有不一样的个性化需求。个人意愿和支付能力是老年人养老需求的主要影响因素。老年人大致可分为无支付能力、有一定支付能力、有较强支付能力三类。对于无支付能力的老年人,要为其提供保障基本生活的经济支持和基本养老服务,这主要由政府提供;有一定支付能力的老人可以选择一般性的养老机构或居家养老,由政府提供一定的补贴;而支付能力较强的老年人则可以选择一般性养老服务或是高端养老服务。因此,在完善养老服务体系的过程中,不能只关注困难群体,对于城乡普通老年人的需求,甚至是对价格高昂的高端养老需求也不能忽视。只有形成一个多层次的养老服务体系,才能让全体老年人享受到能够符合自己需要的养老服务,实现对美好生活的向往。

三、需求层面

1. 提高老年人的经济能力

哈尔滨未富先老的特点使得老年人仅仅从政府、个人储蓄或是子女供养中获得的养老资金远远无法满足其养老服务需求。国际上普遍采用个人、社会及国家的自助、互助联合的方式,全方位地对老年人的收入水平进行保障,确保满足老年人的基本生活和日常照料需求。

首先,要提高社会保障水平,进一步完善基本养老金正常调整机制,稳步提高城乡居民基础养老金水平,为全社会的老年人提供稳定、安乐的老年生活保障。其次,坚持城乡统筹的发展思路,在实现乡村居民的基本社会保障全覆盖的基础上逐步缩小城乡居民的社会保障待遇差距。最后,要弘扬少数民族的敬老养老传统,深化子女对赡养老人的义务与责任意识。尤其在留守老人较多的贫困山区,要利用《中华人民共和国老年人权益保障法》监督子女履行赡养老人的义务。

2. 提高老年人的养老服务消费意愿

仅仅提高老年人的收入水平是不足以让更多的老年人进行社会化的养老服务消费，还必须从养老服务水平和老年人思想观念两方面入手。

一方面，要提高服务供给质量，这是哈尔滨养老服务体系健康发展的关键。这里的供给涵盖基础设施及场地等硬件条件，以及专业人才、规章制度等软件条件。目前哈尔滨养老服务项目主要是日常生活照料，少数养老机构能提供医疗康复护理服务，但一床难求。

另一方面，要加大养老服务宣传力度。哈尔滨养老服务体系面临的一大问题就是自身观念陈旧，尤其是乡村地区的老年人对社会化养老接受度低。乡村老年人对"孝"的理解比较狭隘，认为子女将老人送去养老院是逃避责任的不孝行为；同时五保村的生活条件低下，给老年人造成了不良印象。因此各级政府要在优化养老服务质量的基础上，加大宣传力度，在城市社区活动中心组织敬老、助老活动，建立起信息系统，及时关注辖区内老年人的动态，让老年人感受到社区服务的便利；在乡村地区开展文化下乡行动，以通俗的表现形式展现社会化养老的优势，改变老年人陈旧的养老观念，以开放的心态积极接受更优质养老服务供给。

第四节　城乡融合视域下失能老人社区居家照护服务差异及对策研究

一、城乡失能老人社区居家照护服务差异的原因分析

1. 失能老人方面

城市社区老年人健康意识总体优于乡村社区。健康意识是指老年人对自身身体状况的一种感知意识，它表现为老年人充分了解自己的身体健康状况，预防、治疗两不误，保持身体健康。良好的健康意识有利于老年人及时发现自己身体机能的变化并采取有效的应对措施，保持自己身体健康。健康意识差导致乡村老年人健康状况不乐观，乡村社区仍存在"小病抗一抗"的传统思想，病情严重到无法忍

受时才选择就医。不仅做不到提前预防,甚至延误了最佳诊疗期。观念的淡漠和认识的不足在我国城乡社区养老服务中都或多或少地暴露出来,一些职能部门和社区管理部门对开展和加强社区养老服务的重要性和迫切性认识不足,以及老年人的儿女或者老年人本身认识不足。近 10 年来城市老年人自评健康状况和生活自理能力一直明显好于乡村老年人,且这种差距未呈缩小趋势。城市社区健康意识总体优于乡村社区,但城乡很大一部分老年人健康状况自我评价过高,对常见症状认知低。如访谈中很多老人认为慢性病不是病,将其视为人体老化的自然规律;“血压随着年龄的增加而增高是人类增龄过程中不可避免的一种现象”的错误认知比比皆是。

2. 社区工作人员方面

对比分析调查数据可知,城镇社区工作人员文化程度总体高于乡村社区,大专学历高于乡村 12. 2 个百分点,本科及以上学历者高于乡村 13. 7 个百分点。数量上城镇社区工作人员也多于乡村。如哈尔滨市每个城市社区都配备有数名助老员,为符合条件的老人提供居家养老服务,但乡村社区未配备专门的助老员。对哈尔滨 13 个街道 131 位助老员的调查发现,助老员队伍以女性为主,学历低、年龄偏大,服务主要以环境清洁卫生、饮食服务、探访服务、陪同服务为主。因不了解失能老人的生理、心理特点,缺乏专业培训,在服务过程中曾发生过 16 起意外事件,其中摔倒 4 起、心脏病突发 3 起、老人对助老员不轨行为 1 起、责任纠纷 8 起。

二、缩小城乡失能老人社区居家照护服务的对策

1. 对城乡社区失能老人及其家人进行健康教育培训

健康教育培训就是预防老年疾病的恶化,尽可能长地维持老年人的生活自理能力,减少失能老人的数量,这应是社区居家照护的主题。社区的健康教育培训应针对一般老人预防老年疾病、失能老人本人、失能老人的家人三方面进行。

针对社区老年人进行一般疾病预防教育,社区需要与医疗单位联合加强老年人疾病预防教育,不是等病了才加强服务,而是重点放在预防上。社区卫生服务中心、村卫生所应利用现有资源在为老年人建立健康档案的同时定期体检,对慢性病、老年病等常见病做到提前预防、保健、康复、健康教育、行为方式引导,广泛宣传、提高自我护理能力及防范意识,比如高血压等常见病的自我监测对治疗有很多

帮助，做到健康老龄化和积极老龄化。

对失能老人本人主要进行康复知识和技巧以及心理方面的培训。失能后的恢复是一个缓慢的过程，帮助失能老人了解保健和恢复功能的常识，做好长期锻炼的心理准备，有充分的信心与疾病作斗争。在失能初级和长期保健服务中发挥自身优势和能力，以“积极参与”为原则，尽可能自我护理，改变生活方式，学习新技能。主动发挥老年人的主观能动性，积极维持可利用的日常生活功能。

对失能老人家人除进行康复知识和技巧培训外，还要注重教会他们如何做好疏导失能老人心理的方法。家庭成员作为失能老人的照护主体，其服务知识、技能直接影响失能老人生活质量，应有针对性地培训失能老人护理技巧、注意事项、应急处理等，尽可能让失能老人在生活照料外，能享受康复护理、精神慰藉、社会交往、临终关怀方面的服务。与失能老人分开居住的，应经常探望、问候，提供精神慰藉和心理疏导。

2. 不断完善社区老年服务人才队伍建设

人才队伍建设是社区居家照护服务实施的建设基础，尤其是培育健康意识和评估老人健康状况，加强正式与非正式老年服务的协调和监督方面。一方面，提高社区老年服务人员的社会认可度；另一方面，提升老年服务行业的薪资水平，加强职业吸引力。

西方发达国家非常重视老年服务的专业人才体系，并且根据服务的性质、人数和范围，对服务机构的人员专业、人数配备做出明确的规定。我们应借鉴发达国家经验，据城乡失能老人的不同状况与需求，科学合理培养、配备专业人才。目前养老服务行业职业吸引力低、需求大。中共十六届六中全会通过的《中共中央关于构建社会主义和谐社会若干重大问题的决定》明确指出：“造就一支数量宏大、结构合理、素质优良的社会工作人才队伍，是构建社会主义和谐社会的迫切需要。”因此，为城乡社区居家照护服务做好人才招募、培养和发展尤为迫切。

3. 积极推进长期护理保险的建立

城市社区长期照护保险的可接受度高，可先在城市社区试点推广，乡村社区对政府政策支持反应快，在推广长期照护保险时可政策先行。推进长期护理保险的建立，解决资金瓶颈问题，集中社会力量帮助失能老人获得长期照护服务。中国的老龄化越来越严重，失能老人数量越来越多，解决好这部分老年群体的长期照护问题事关整个社会的和谐发展。长期照护服务需要专业的护理和大量的资金投入，传统的单个家庭养老方式已远远不能满足老年人的护理需求,也对家庭带来了巨大的经济压力。通过借鉴国外发达国家实施的长期照护保险的成功经验可以看出,在中国建立长期照护保险可以有效地缓解老龄化带来的压力,满足老年人,尤其是失能、半失能老人的照护需求。

政府引导和推动这一保险制度的建立,可借鉴国外的做法,采取对年龄稍长的人进行补贴的形式鼓励其参保,还可以帮助各单位与保险公司协商适当降低保费由雇主方出资部分实行集体参保。另外,在政策上应向乡村倾斜以缩小城乡社区服务的差距,尤其是低保对象和因病返贫的乡村人口由政府买单参保。在缴纳护理保险费方面,以政府为主导,号召个人积极参保,对于经济有困难的社会群体,政府可以考虑减免参保费用;对于乡村支付能力低的老年人推行一定的货币补贴。在选择长期照护保险模式时,应坚持长期照护社会保险与商业保险的充分结合,长期照护社会保险用以满足普通民众的投保需要,长期照护商业保险可以充分发挥其灵活性,设置有弹性的缴费档次,根据不同的缴费档次提供不同的护理服务,以满足不同层次老年人的照护需求,实现为老年人提供长期照护服务的多样化。

4. 增加农民收入,加大政府照护服务资金投入

乡村失能老人照护问题的最有效解决办法是发展乡村经济,增加农民收入,提高农民自我保障能力。民政部门通过开展村民自治、引导农民建立乡村专业经济组织、实施老区扶贫项目等,来促进城乡非农产业发展,增加农产品附加值,推动乡村产业结构调整,提高农民的收入,以增强农民自我保障能力。健全乡村社会保障体系,

一方面应使社会保障的项目比较完备。社会救济、社会优抚、社会保险、社会福利都应是乡村社会保障体系的组成部分。当然,由于各地乡村经济发展不平衡,不同的地区,甚至是同一地区的不同乡镇之间,各保障项目在保障体系中的地位也有所不同。

另一方面构建多层次的社会保障体系,以弥补单一层次的乡村社会保障模式不能适用各地要求的不足。可行的办法是,建立以中国法定基本社会保障为主体、乡村集体保障和乡村储蓄保障为补充的多层次的保障体系。基本社会保障以全体乡村社会成员为保障对象,不论是否从事农业生产活动都必须参加。

照护服务资金严重缺乏制约了失能老人社区居家照护服务的发展。政府对社区居家照护服务的投入可谓雷声大、雨点小。乡村失能老人作为弱势群体,失去生活自理能力后无力自保,需要依托社区和他人才能得以生存。政府应将社区服务

的资金列入各级政府的财政预算,还要随经济地发展和老年人口、失能人口的增加而加大财政的投入,形成稳定的财政投入机制。

一方面是将失能老人社区居家照护服务这一关系民生的大事纳入到政府采购范围。通过政府购买服务这一国家战略,在对失能老人需求摸底调查与分析评估的基础上,引进竞争机制,通过合同、委托等方式,决定购买哪些服务,向谁购买。政府购买资金在财政预算的基础上,可鼓励吸引民间资本加入进来。加大政府服务类项目采购规模的比重,逐步形成统一有效的政府购买平台和工作机制,再建立比较完善的政府购买服务制度。

另一方面是做好老年人优待工作,立足国情,针对老年人的特殊需要,逐步拓展优待项目和范围、创新优待工作方式、提升优待水平,让老年人更好地共享经济社会发展成果,不断提升老年人生活质量。鼓励地方建立八十周岁以上低收入老年人高龄津贴制度;对生活长期不能自理、经济困难的老年人,要根据其失能程度等情况给予护理补贴。保障失能老人尤其是乡村失能老人能够享有政府主导的制度性覆盖的社区服务。

5. 完善照护服务正式支持系统,补充非正式支持系统

对社区居家照护的正式支持涵盖经济支持、医疗支持和社区支持。经济支持方面加大城乡投入的同时,注重城乡统筹。医疗方面要优先为辖区内 65 周岁以上常住老年人免费建立健康档案,每年至少提供 1 次免费体检和健康指导,开展健康管理服务。定期对老年人进行健康状况评估,及时发现健康风险因素,促进老年疾病早发现、早诊断、早治疗。积极开展老年疾病防控的知识宣传,开展老年慢性病和老年期精神障碍的预防控制工作。为老年人就医提供方便和优先优惠服务,为行动不便的老年人提供上门服务。通过完善挂号、诊疗系统管理,开设专用窗口或快速通道、提供导医服务等方式,为老年人特别是失能老年人挂号(退换号)、就诊、转诊、综合诊疗提供便利条件。社区方面包括社区服务人员数量的增加和素质的提高、开展入职及在职培训制度、养老护理员认证制度,适当提高社区服务人员待遇,保证服务标准化、规范化、专业化。

积极动员社会各方力量,为失能老人照护服务提供有力支持。失能老人社区居家照护服务除家庭成员承担主体责任外,还需要政府、社区工作的管理人员和医疗人员、社会工作者、志愿者、个人等多主体共同参与。在此过程中政府要提供顶层设计,采取购买服务等创造条件,营造良好的社区居家照护服务环境,社区要组织社会工作者和医务工作者协助和支持有失能老人的家庭,提供便利条件,实现全方位的照护服务,对于经济条件差的失能老人社区管理人员要着重解决他们的经济困难问题,对于缺乏康复信心和精神状态差的失能老人,社会工作者要着重进行心理慰藉和疏导;对于文化程度低和缺乏医疗知识的失能老人,社区医务人员要着重上门进行康复常识的传授。社区管理机构还要联系志愿者参加到社区照护服务中来,倡导互助,培育老年志愿者组织,规范管理志愿者服务,大力开展慈善宣传活动,建立慈善工作网络。社区还要善于整合各种社会资源帮助失能老人以及他们的家人共同克服困难,失能老人的社区居家照护服务体系才能建立。

参 考 文 献

[1] 郭玲,王舒琪,凌玮蔓,等.智慧城市背景下智慧养老社区建设的现状调研与探究[J].智能建筑与智慧城市,2021(7):3.

[2] 康轶群,郑志丹,郅海纯,等.乡村集中养老社区建设的新构想[J].中国商论,2020(2):3.

[3] 巩晨.我国养老社区规划建设模式研究[J].城镇规划,2021(4):24.

[4] 戴源.徐州市泉山区加快社区养老服务圈建设[J].中国社会工作,2021(23):1.

[5] 王益兰.老龄化背景下湖南省加强社区居家养老服务模式建设的思考[J].卫生职业教育,2020,38(12):3.

[6] 九三学社中央.关于提升城乡社区养老服务水平的提案[J].中国建设信息化,2020(11):6-9.

[7] 任泳霖.互助养老理念下对社区既有养老服务设施改造设计研究[D].济南:山东建筑大学,2020.

[8] 黄丽琼,李婉华,叶依,等.幸福院模式视角下的社区老年文化建设探析[J].经济与社会发展研究,2020(19):2.

[9] 刘婷,邓胜有.遂宁市社区养老服务设施发展探讨[J].居舍,2020(4):188.